LE
CAPITAINE FRACASSE

II

PARIS. — IMP. P.-A. BOURDIER ET COMP., RUE MAZARINE, 30.

LE CAPITAINE
FRACASSE

PAR

THÉOPHILE GAUTIER

TOME SECOND

PARIS

CHARPENTIER, LIBRAIRE-ÉDITEUR

28, QUAI DE L'ÉCOLE

—

1863

Réserve de tous droits.

LE
CAPITAINE FRACASSE

X

UNE TÊTE DANS UNE LUCARNE.

Le duc de Vallombreuse fut assis avec précaution dans une chaise à porteurs, le bras bandé par le chirurgien et soutenu d'une écharpe. Sa blessure, quoiqu'elle le mît hors d'état de manier l'épée de quelques semaines, n'était point dangereuse ; sans léser artère ni nerf, la lame avait traversé seulement les chairs. Assurément sa plaie le faisait souffrir, mais son orgueil saignait bien davantage. Aussi, aux contractions légères que la douleur imprimait parfois aux sourcils noirs du jeune duc, se mêlait une expression de rage froide, et sa main valide égratignait de ses doigts crispés le velours de la chaise. Souvent, pendant le trajet, il pencha sa tête pâle pour gourmander les porteurs, qui cependant marchaient de leur pas le plus égal, cherchant les endroits unis pour éviter le moindre cahot, ce qui n'empêchait pas le blessé de les appeler « butors, » et de leur promettre les étrivières, car ils le secouaient, disait-il, comme salade en panier.

Rentré chez lui, il ne voulut point se mettre au lit, et se coucha adossé à des carreaux sur une chaise longue, les pieds recouverts d'une courte-pointe de soie piquée qu'apporta Picard, le valet de chambre fort surpris et perplexe de voir revenir son maître navré, cas qui n'était point ordinaire, vu l'habileté à l'escrime du jeune duc.

Assis sur un pliant près de son ami, le chevalier de Vidalinc lui présentait de quart d'heure en quart d'heure une cuillerée d'un cordial prescrit par le chirurgien. Vallombreuse gardait le silence, mais il était visible qu'une sourde colère bouillonnait en lui, malgré le calme qu'il affectait. Enfin son courroux déborda en ces paroles violentes :

« Conçois-tu, Vidalinc, que cette maigre cigogne déplumée, envolée de la tour en ruine de son castel pour n'y pas mourir de faim, m'ait ainsi perforé de son long bec? moi, qui me suis mesuré avec les plus fines lames du temps, et qui suis toujours revenu du pré sans une égratignure, y laissant au contraire quelque galant pâmé et tournant de l'œil entre les bras de ses témoins !

— Les plus heureux et les plus adroits ont comme cela leurs jours de guignon, répondit sentencieusement Vidalinc. Le visage de dame Fortune n'est pas toujours le même ; tantôt elle sourit et tantôt fait la moue. Jusqu'à présent, vous n'avez point eu à vous plaindre d'elle, qui vous a mignotté en son giron comme son enfant le plus cher.

— N'est-il pas honteux, continua Vallombreuse en s'animant, que ce fantoche ridicule, que ce hobereau grotesque, qui reçoit des volées et gourmades sur les tréteaux dans d'ignobles farces, ait eu raison du duc de Vallombreuse jusqu'alors invaincu ? Il faut que ce soit quelque gladiateur de profession caché dans la peau d'un saltimbanque.

— Vous savez sa qualité véritable dont le marquis de Bruyères se porte garant, fit Vidalinc ; toutefois, sa force nonpareille à l'épée m'étonne, elle passe les habiletés connues. Girolamo ni Paraguante, les célèbres maîtres d'armes, n'ont un jeu plus serré. Je l'ai bien observé en cette rencontre, et nos plus fameux duellistes n'y feraient que blanchir. Il a fallu toute votre adresse et les leçons du Napolitain, pour n'être point féru grièvement. Votre défaite est encore une victoire. Marcilly et Duportal, qui pourtant se piquent d'escrime, et comptent parmi les bonnes lames de la ville, seraient, à n'en douter pas, restés sur le terrain avec un semblable adversaire.

— Il me tarde que ma blessure soit fermée, reprit le duc après un moment de silence, pour le provoquer de nouveau et prendre ma revanche.

— Ce serait une entreprise hasardeuse et que je ne vous conseillerais point, dit le chevalier ; il pourrait vous rester au bras quelque faiblesse qui diminuerait vos chances de victoire. Ce Sigognac est un antagoniste redoutable auquel il ne faut pas se frotter imprudemment. Il connaît maintenant votre jeu, et l'assurance que donne un premier avantage doublera ses forces. L'honneur est satisfait de la sorte, la rencontre a été sérieuse. Restez-en là. »

Vallombreuse intérieurement sentait la justesse de ces raisons. Il avait lui-même assez étudié l'escrime, où il croyait exceller, pour comprendre que son épée, quelque habile qu'elle fût, n'atteindrait point la poitrine de Sigognac défendue par cette garde impénétrable contre laquelle s'étaient brisés tous ses efforts. Il s'avouait, bien qu'il s'en indignât, cette étonnante supériorité. Il était même contraint de dire tout bas que le Baron, ne voulant pas le tuer, lui avait fait précisément une blessure qui le mettait hors de combat. Cette magnanimité, dont un caractère moins orgueilleux eût été touché, irritait sa superbe et envenimait ses ressentiments. Être vaincu ! une semblable idée le forcenait. Il acquiesça en apparence aux conseils de son ami, mais à l'air sombre et farouche de son visage on eût pu deviner que quelque noir projet de vengeance s'ébauchait déjà dans sa cervelle, projet qui voulait être couvé par la rancune pour être mené à bien.

« Je ferai maintenant belle figure devant Isabelle, dit-il en s'efforçant de rire, mais il riait jaune, avec ce bras transpercé par son galant. Cupidon invalide ne réussit guère près des Grâces.

— Oubliez cette ingrate, fit Vidalinc. Après tout, elle ne pouvait prévoir qu'un duc aurait le caprice de s'enamourer d'elle. Reprenez cette bonne Corisande qui vous aime de toute son âme et pleure des heures entières à votre porte comme un chien renvoyé.

— Ne prononce pas ce nom, Vidalinc, s'écria le duc, si tu veux que nous restions amis. Ces lâches tendresses, qu'aucun outrage ne rebute, me dégoûtent et m'excèdent. Il me faut des froideurs hautaines, des fiertés rebelles, des vertus imprenables ! Comme elle me semble adorable et charmante cette dédaigneuse Isabelle ! Comme je lui sais gré de mépriser mon amour qui sans doute serait déjà passé s'il eût été accueilli ! Certes, elle ne doit point avoir une âme basse et commune pour refuser, en sa condition, les avances d'un seigneur qui la distingue et qui n'est pas mal fait de sa personne s'il faut en croire les dames de la ville. Il entre dans ma passion une sorte d'estime que je n'ai pas l'habitude d'accorder aux femmes ; mais comment écarter ce damné gentillâtre, ce Sigognac de malheur que le diable confonde ?

— La chose ne sera pas aisée, dit Vidalinc, à présent qu'il est sur ses gardes. Mais quand même on parviendrait à le supprimer, il resterait toujours l'amour d'Isabelle à son endroit, et vous savez mieux que personne, pour en avoir mainte fois souffert, combien les femmes ont le sentiment têtu.

— Oh ! si je pouvais tuer le Baron, continua Vallombreuse que les arguments du chevalier ne convainquaient point, j'aurais bientôt réduit la donzelle malgré ses airs de prude et de vertueuse. Rien ne s'oublie plus vite qu'un galant défunt. »

Ce n'était point l'avis du chevalier de Vidalinc,

mais il ne jugea pas à propos d'entamer sur ce sujet une controverse qui eût pu aigrir l'humeur irritable de Vallombreuse.

« Guérissez-vous d'abord et nous aviserons ensuite; ces discours vous fatiguent. Tâchez de prendre quelque repos et de ne point vous tracasser ainsi ; le chirurgien me tancerait et me taxerait de mauvais garde-malade si je ne vous recommandais la tranquillité tant d'esprit que de corps. »

Le blessé, se rendant à cette observation, se tut, ferma les yeux et ne tarda pas à s'endormir.

Sigognac et le marquis de Bruyères étaient tranquillement revenus à l'hôtel des *Armes de France*, où, en gentilshommes discrets, ils ne sonnèrent mot du duel ; mais les murailles qu'on dit avoir des oreilles ont aussi des yeux : elles voient pour le moins aussi bien qu'elles entendent. Dans ce lieu solitaire en apparence, plus d'un regard inquisiteur épiait les diverses fortunes du combat. L'oisiveté de la province fait naître beaucoup de ces mouches invisibles ou peu remarquées qui voltigent aux endroits où il doit se passer quelque chose, et qui, bourdonnant des ailes, vont ensuite en répandre la notice partout. A son déjeuner, tout Poitiers savait déjà que le duc de Vallombreuse avait été blessé en une rencontre par un adversaire inconnu. Sigognac, vivant fort retiré à l'hôtel, n'avait montré au public que son masque et non sa figure. Ce mystère irritait fort la curiosité, et les imaginations travaillaient avec activité pour découvrir le nom du vainqueur. Il est inutile de rapporter les suppositions bizarres qui se firent. Chacun construisait laborieusement la sienne, s'étayant des inductions les plus frivoles et les plus ridicules, mais personne n'eut l'idée incongrue que le véritable triomphateur fût le capitaine Fracasse, dont on avait tant ri la veille. Un duel entre un seigneur de cette qualité et un baladin eût semblé chose par trop énorme et trop monstrueuse pour que le soupçon en pût naître. Plusieurs gens du beau monde envoyèrent à l'hôtel Vallombreuse pour savoir des nouvelles du duc, comptant tirer quelque indice de l'indiscrétion ordinaire des valets ; mais les valets restèrent taciturnes comme des muets du sérail par la bonne raison qu'ils n'avaient rien à dire.

Vallombreuse, pour sa richesse, sa hauteur, sa beauté et ses succès près des femmes, excitait bien des haines jalouses qui n'osaient se produire ouvertement, mais dont sa défaite flattait la malignité obscure. C'était le premier échec qu'il subissait, et tous ceux que son arrogance avait froissés se réjouissaient de ce coup porté au plus tendre de son amour-propre. Ils ne tarissaient pas, quoiqu'ils ne l'eussent point vu, sur la bravoure, adresse et grande mine de l'adversaire. Les dames, qui avaient toutes plus ou moins à se plaindre des procédés du jeune duc à leur endroit, car il était de ces sacrificateurs dont le méchant caprice souille l'autel où ils ont brûlé de l'encens, se sentaient pleines d'enthousiasme pour celui qui vengeait leurs affronts secrets. Elles l'eussent volontiers couronné de lauriers et de myrtes : nous exceptons du nombre la tendre Corisande, qui pensa devenir folle à cette nouvelle, pleura publiquement, et, au risque des plus dures rebuffades, parvint à forcer la consigne et à voir non pas le duc, trop bien gardé pour cela, mais le chevalier de Vidalinc, plus doux et pitoyable, lequel eut grand' peine à rassurer cette amante plus sensible qu'il ne fallait aux malheurs d'un ingrat.

Cependant, comme rien en ce globe terraqué et sublunaire ne peut rester caché, l'on sut de maître Bilot, qui le tenait de Jacques, le valet du marquis, présent à l'entretien de Sigognac et de son maître au souper de Zerbine, que le héros inconnu, vainqueur du jeune duc de Vallombreuse, était à n'en pas douter le capitaine Fracasse, ou pour mieux dire un Baron engagé par amour dans la troupe ambulante d'Hérode. Quant au nom, Jacques l'avait oublié. C'était un nom qui finissait en *gnac*, désinence commune au pays de Gascogne, mais il était sûr de la qualité.

Cette histoire vraie, quoique romanesque, eut beaucoup de succès dans Poitiers. On s'intéressa à ce gentilhomme si brave et si bonne lame, et, quant au théâtre parut le capitaine Fracasse, des applaudissements prolongés témoignèrent, même avant qu'il eût ouvert la bouche, de la faveur qu'on lui portait. Des dames, parmi les plus grandes et les plus huppées, ne craignirent pas d'agiter leurs mouchoirs. Il y eut aussi pour Isabelle des claquements de mains plus sonores qu'à l'ordinaire qui faillirent embarrasser cette jeune personne et lui firent monter aux joues, sous le fard, le naturel incarnat de la pudeur. Sans interrompre son rôle, elle répondit à ces marques de faveur par une révérence modeste et une gracieuse inclinaison de tête.

Hérode se frottait les mains de joie, et sa large face blême s'épanouissait comme une pleine lune, car la recette était superbe et la caisse risquait de crever par suite d'une pléthore monétaire, tout le monde ayant voulu voir ce fameux capitaine Fracasse, acteur et gentilhomme, que n'effrayaient ni bâtons ni épées, et qui ne craignait pas, valeureux champion de la beauté, de se mesurer avec un duc, terreur des plus braves. Blazius, lui, n'augurait rien de bon de ce triomphe; il redoutait, non sans raison, l'humeur vindicative de Vallombreuse qui trouverait bien moyen de prendre sa revanche et de jouer quelque mauvais tour à la troupe. Les pots de terre, devaient, disait-il, éviter, encore qu'ils n'eussent pas été rompus au premier choc, de se heurter aux pots de fer, le métal étant plus dur que l'argile. Sur quoi Hérode, confiant en l'appui de Sigognac et du marquis, l'appelait poltron, trembleur et claquedents.

Si le Baron n'eût été épris sincèrement d'Isabelle, il eût pu lui faire aisément une infidélité et même deux, car plus d'une beauté lui souriait d'un air fort tendre, malgré son costume extravagant, son nez de carton enluminé de cinabre, et son rôle ridicule qui ne prêtait point aux illusions romanesques. Le succès de Léandre en fut même compromis. En vain il faisait belle jambe, se rengorgeait comme un pigeon pattu, tournait du doigt les boucles de sa perruque, montrait son solitaire et découvrait ses dents jusqu'aux gencives ; il ne produisait plus d'effet, et il eût pensé enrager de dépit, si *la Dama tapada* n'eût été à son poste, le couvant du regard, répondant aux clins d'yeux qu'il lui adressait par de petits coups d'éventail sur le bord de la loge et autres signes d'intelligence amoureuse. Sa récente bonne fortune versait du baume sur cette petite plaie d'amour-propre, et les plaisirs que la nuit lui promettait le consolaient de ne pas être l'astre de la soirée.

Les comédiens revinrent à l'auberge, et Sigognac reconduisit Isabelle jusqu'à sa chambre, où la jeune actrice, contre son habitude, le laissa entrer. Une femme de chambre alluma une chandelle, remit du bois au feu, et se retira discrètement. Quand la portière fut retombée, Isabelle prit la main de Sigognac qu'elle serra avec plus de force qu'on n'aurait pu en supposer à ces doigts frêles et délicats, et d'un ton de voix que l'émotion altérait, elle lui dit :

« Jurez de ne plus vous battre pour moi. Jurez-le, si vous m'aimez comme vous le dites.

— C'est un serment que je ne puis faire, dit le Baron ; si quelque audacieux ose vous manquer de respect, je le châtierai, certes, comme je le dois, fût-il duc, fût-il prince.

— Songez, reprit Isabelle, que je ne suis qu'une pauvre comédienne, exposée aux affronts du premier venu. L'opinion du monde, trop justifiée, hélas ! par les mœurs du théâtre, est que toute actrice se double d'une courtisane. Quand une femme a mis le pied sur les planches, elle appartient au public ; les regards avides détaillent ses charmes, scrutent ses beautés, et l'imagination s'en empare comme d'une maîtresse. Chacun, parce qu'il la connaît, croit en être connu, et, s'il est admis dans les coulisses, étonne sa pudeur par la brusquerie d'aveux qu'elle n'a point provoqués. Est-elle sage ? on prend sa vertu pour simagrée pure ou calcul intéressé. Ce sont choses qu'il faut souffrir puisqu'on ne les peut changer. Désormais fiez-vous à moi pour repousser par un maintien réservé, une parole brève, un air froid, les impertinences des seigneurs, des robins et des fats de toutes sortes qui se penchent sur ma toilette ou grattent du peigne, entre les actes, à la porte de ma loge. Un coup de busc sec sur les doigts qui s'émancipent vaut bien un coup de votre rapière.

— Permettez-moi de croire, charmante Isabelle, dit Sigognac, que l'épée du galant homme peut appuyer à propos le busc de l'honnête femme, et ne me retirez pas cet emploi d'être votre champion et chevalier. »

Isabelle tenait toujours la main de Sigognac, et fixait sur lui ses yeux bleus pleins de caresses et de supplications muettes pour arracher le serment désiré ; mais le Baron ne l'entendait pas de cette oreille-là, il était intraitable comme un hidalgo sur le point d'honneur, et il eût bravé mille morts plutôt que de souffrir qu'on manquât de respect à sa maîtresse ; il voulait qu'Isabelle, sur les planches, fût estimée comme une duchesse en un salon.

« Voyons, promettez-moi, fit la jeune comédienne,

de ne plus vous exposer ainsi pour de frivoles motifs. Oh! dans quelle inquiétude et quelle angoisse j'ai attendu votre retour ! je savais que vous alliez vous battre contre ce duc, dont chacun ne parle qu'avec terreur. Zerbine m'avait tout conté. Méchant que vous êtes, me torturer le cœur de la sorte ! Ces hommes, ils ne songent guère aux pauvres femmes quand leur orgueil est en jeu; ils vont sans entendre les sanglots, sans voir les larmes, sourds, aveugles, féroces. Savez-vous que si vous aviez été tué, je serais morte ? »

Les pleurs qui brillaient dans les yeux d'Isabelle à l'idée seule du danger que Sigognac avait couru, et le tremblement nerveux de sa voix montraient que la douce créature disait vrai.

Touché plus qu'on ne saurait dire de cette passion sincère, le baron de Sigognac, enveloppant la taille d'Isabelle de sa main restée libre, l'attira sur sa poitrine sans qu'elle fît résistance, et ses lèvres effleurèrent le front penché de la jeune femme, dont il sentait contre son cœur la respiration haletante.

Ils restèrent ainsi quelques minutes silencieux, dans une extase qu'un amant moins respectueux que Sigognac eût sans doute mise à profit, mais il lui répugnait d'abuser de ce chaste abandon produit par la douleur.

« Consolez-vous, chère Isabelle, dit-il d'une voix tendrement enjouée, je ne suis pas mort, et j'ai même blessé mon adversaire quoiqu'il passe pour assez bon duelliste.

— Je sais que vous êtes un brave cœur et une main ferme, reprit Isabelle, aussi je vous aime et ne crains pas de vous le dire, sûre que vous respecterez ma franchise et n'en tirerez point avantage. Quand je vous ai vu si triste et si abandonné en ce château lugubre où se fanait votre jeunesse, je me suis senti une tendre et mélancolique pitié à votre endroit. Le bonheur ne me séduit pas, son éclat m'effarouche. Heureux, vous m'auriez fait peur. Dans cette promenade au jardin, où vous écartiez les ronces devant moi, vous m'avez cueilli une petite rose sauvage, seul cadeau que vous pussiez me faire; j'y ai laissé tomber une larme avant de la mettre dans mon sein, et, silencieusement, je vous ai donné mon âme en échange. »

En entendant ces douces paroles, Sigognac voulut baiser les belles lèvres qui les avaient dites; mais Isabelle se dégagea de son étreinte sans pruderie farouche, mais avec cette fermeté modeste qu'un galant homme ne doit pas contrarier.

« Oui, je vous aime, continua-t-elle, mais ce n'est pas à la façon des autres femmes; j'ai votre gloire pour but et non mon plaisir. Je veux bien qu'on me croie votre maîtresse, c'est le seul motif qui puisse excuser votre présence parmi cette troupe de baladins. Qu'importent les méchants propos pourvu que je garde ma propre estime et que je me sache vertueuse? Une tache me ferait mourir. C'est sans doute le sang noble que j'ai dans les veines qui m'inspire ces fiertés, bien ridicules, n'est-ce pas? chez une comédienne, mais je suis faite ainsi. »

Bien que timide, Sigognac était jeune. Ces charmants aveux qui n'eussent rien appris à un fat, le remplissaient d'une ivresse délicieuse et le troublaient au dernier point. Une vive rougeur montait à ses joues ordinairement si pâles ; il lui semblait que des flammes passaient devant ses yeux ; les oreilles lui tintaient et il sentait jusque dans sa gorge les palpitations de son cœur. Certes, il ne mettait point en doute la vertu d'Isabelle, mais il croyait qu'un peu d'audace triompherait de ses scrupules ; il avait entendu dire que l'heure du berger une fois sonnée ne revient plus. La jeune fille était là devant lui dans toute la gloire de sa beauté, rayonnante, lumineuse pour ainsi dire, âme visible, ange debout sur le seuil du paradis d'amour ; il fit quelques pas vers elle et l'entoura de ses bras avec une ardeur convulsive.

Isabelle n'essaya pas de lutter ; mais, se penchant en arrière pour éviter les baisers du jeune homme, elle fixa sur lui un regard plein de reproche et de douleur. De ses beaux yeux bleus jaillirent des larmes pures, vraies perles de chasteté qui roulèrent le long de ses joues subitement décolorées jusque sur les lèvres de Sigonac ; un sanglot comprimé gonfla sa poitrine, et tout son corps s'affaissa comme si elle eût été près de s'évanouir.

Le Baron éperdu la posa sur un fauteuil et, s'agenouillant devant elle, lui prit les mains qu'elle lui abandonnait, implorant son pardon, s'excusant sur une fougue de jeunesse, sur un moment de vertige dont il se repentait et qu'il expierait par la soumission la plus parfaite.

« Vous m'avez fait bien mal, dit enfin Isabelle avec

un soupir. J'avais tant de confiance en votre délicatesse ! l'aveu de mon amour eût dû vous suffire et vous faire comprendre par sa franchise même que j'étais résolue à n'y point céder. J'aurais cru que vous m'auriez laissée vous aimer à ma fantaisie sans inquiéter ma tendresse par des transports vulgaires. Vous m'avez ôté cette sécurité ; je ne doute pas de votre parole, mais je n'ose plus écouter mon cœur. Il m'était cependant si doux de vous voir, de vous entendre, de suivre vos pensées dans vos yeux ! C'étaient vos peines que je souhaitais partager, laissant les plaisirs à d'autres. Parmi tous ces hommes grossiers, libertins, dissolus, il en est un, me disais-je, qui croit à la pudeur et sait respecter ce qu'il aime. J'avais fait ce rêve, moi fille de théâtre, poursuivie sans cesse par une odieuse galanterie, d'avoir une affection pure. Je ne demandais qu'à vous conduire jusqu'au seuil du bonheur et à rentrer ensuite au fond de mon ombre. Vous voyez que je n'étais pas bien exigeante.

— Adorable Isabelle, chaque mot que vous dites, s'écria Sigognac, me fait sentir davantage mon indignité ; j'ai méconnu ce cœur d'ange ; je devrais baiser la trace de vos pas. Mais ne craignez plus rien de moi ; l'époux saura contenir les fougues de l'amant. Je n'ai que mon nom ; il est pur et sans tache comme vous. Je vous l'offre si vous daignez l'accepter. »

Sigognac était toujours à genoux devant Isabelle : à ces mots la jeune fille se baissa vers lui et, lui prenant la tête avec un mouvement de passion délirant, elle imprima sur les lèvres du Baron un baiser rapide; puis, se levant, elle fit quelques pas dans la chambre.

« Vous serez ma femme, dit Sigognac, enivré au contact de cette bouche fraîche comme une fleur, ardente comme une flamme.

— Jamais, jamais, répondit Isabelle avec une exaltation extraordinaire; je me montrerai digne d'un tel honneur en le refusant. Oh, mon ami, en quel ravissement céleste nage mon âme ! Vous m'estimez donc? vous oseriez donc me conduire la tête haute dans ces salles où sont les portraits de vos aïeux, dans cette chapelle où est le tombeau de votre mère? Je supporterais sans crainte le regard des morts qui savent tout, et la couronne virginale ne mentirait pas sur mon front !

— Eh quoi! s'écria le Baron, vous dites que vous m'aimez et vous ne voulez m'accepter ni comme amant, ni comme mari?

—Vous m'avez offert votre nom, cela me suffit. Je vous le rends, après l'avoir gardé une minute dans mon cœur. Un instant j'ai été votre femme et je ne serai jamais à un autre. Tout le temps que je vous embrassais, j'ai dit oui en moi-même. Je n'avais pas droit à tant de bonheur sur terre. Pour vous, ami cher, ce serait une grande faute d'embarrasser votre fortune d'une pauvre comédienne comme moi, à qui l'on reprocherait toujours sa vie de théâtre, quoique honorable et pure. Les mines froides et compassées dont les grandes dames m'accueilleraient vous feraient souffrir, et vous ne pourriez provoquer ces méchantes en duel. Vous êtes le dernier d'une noble race, et vous avez pour devoir de relever votre maison, abattue par le sort adverse. Lorsque d'un coup d'œil tendre je vous ai décidé à quitter votre manoir, vous songiez à quelque amourette et galanterie : c'était bien naturel ; moi, devançant l'avenir, je pensais à tout autre chose. Je vous voyais revenant de la cour, en habit magnifique, avec quelque bel emploi. Sigognac reprenait son ancien lustre; en idée j'arrachais le lierre des murailles, je recoiffais d'ardoise les vieilles tours, je relevais les pierres tombées, je remettais les vitres aux fenêtres, je redorais les cigognes effacées de votre blason, et, vous ayant mené jusqu'aux limites de vos domaines, je disparaissais en étouffant un soupir.

— Votre rêve s'accomplira, noble Isabelle, mais non pas tel que vous le dites, le dénoûment en serait trop triste. C'est vous qui la première, votre main dans ma main, franchirez ce seuil d'où les ronces de l'abandon et de la mauvaise fortune auront disparu.

— Non, non, ce sera quelque belle, noble et riche héritière, digne de vous en tous points, que vous pourrez montrer avec orgueil à vos amis, et dont nul ne dira avec un mauvais sourire : « Je l'ai sifflée ou « applaudie à tel endroit. »

— C'est une cruauté de se montrer si adorable et si parfaite en vous désespérant, dit Sigognac; ouvrir le ciel et le fermer, rien de plus barbare. Mais je fléchirai cette résolution.

— Ne l'essayez pas, reprit Isabelle avec une fermeté douce, elle est immuable. Je me mépriserais en

2.

y renonçant. Contentez-vous donc d'un amour le plus pur, le plus vrai, le plus dévoué qui ait jamais fait battre le cœur d'une femme, mais ne prétendez pas autre chose. Cela est donc bien pénible, ajouta-t-elle en souriant, d'être adoré d'une ingénue que plusieurs ont le mauvais goût de trouver charmante? Vallombreuse lui-même en serait fier !

— Se donner et se refuser si complétement, mettre dans la même coupe cette douceur et cette amertume, ce miel et cette absinthe, il n'y avait que vous qui fussiez capable d'un pareil contraste.

— Oui, je suis une fille bizarre, reprit Isabelle, je tiens de ma mère en cela ; mais comme je suis il faut me prendre. Si vous insistiez et me tourmentiez, je saurais bien me dérober en quelque asile où vous ne me trouveriez jamais. Ainsi c'est convenu ; et comme il se fait tard, allez en votre chambre et m'accommodez ces vers d'un rôle qui ne vont ni à ma figure ni à mon caractère dans la pièce que nous devons jouer prochainement. Je suis votre petite amie, soyez mon grand poëte. »

En disant cette phrase, Isabelle cherchait au fond d'un tiroir un rouleau noué d'une faveur rose qu'elle remit au baron de Sigognac.

« Maintenant, embrassez-moi et partez, dit-elle en lui tendant la joue. Vous allez travailler pour moi, et tout labeur mérite salaire. »

De retour chez lui, Sigognac fut longtemps à se remettre de l'émotion que lui avait causée cette scène. Il était à la fois désolé et ravi, radieux et sombre, au ciel et dans l'enfer. Il riait et pleurait, en proie aux sentiments les plus tumultueux et les plus contradictoires ; la joie d'être aimé d'une si belle personne et d'un si noble cœur le faisait exulter, et la certitude de n'en rien obtenir jamais le jetait dans un accablement profond. Peu à peu ces folles vagues s'apaisèrent et le calme lui revint. Sa pensée reprit une à une pour les commenter les phrases d'Isabelle, et le tableau du château de Sigognac reconstruit qu'elle avait évoqué se présenta à son imagination échauffée avec les couleurs les plus vives et les plus fortes. Il eut tout éveillé comme une sorte de rêve.

La façade du castel rayonnait blanche au soleil, et les girouettes dorées à neuf brillaient sur le fond du ciel bleu. Pierre, revêtu d'une riche livrée, debout entre Miraut et Béelzébuth sous la porte armoriée, attendait son maître. Des cheminées si longtemps éteintes montaient de joyeuses fumées, montrant que le château était peuplé par une domesticité nombreuse et que l'abondance y était revenue.

Il se voyait lui-même vêtu d'un habit aussi galant que magnifique dont les broderies scintillaient et papillotaient, menant vers le manoir de ses ancêtres Isabelle qui portait un costume de princesse blasonné d'armoiries dont les émaux et les couleurs semblaient appartenir à une des plus grandes maisons de France. Une couronne ducale brillait sur son front. Mais la jeune femme n'en paraissait pas plus fière. Elle gardait son air tendre et modeste et tenait à la main la petite rose, présent de Sigognac, auquel le temps n'avait rien fait perdre de sa fraîcheur, et tout en marchant elle en respirait le parfum.

Quand le jeune couple s'approcha du château, un vieillard de l'aspect le plus vénérable et le plus majestueux, sur la poitrine duquel étincelaient plusieurs ordres et dont la physionomie était totalement inconnue à Sigognac, fit quelques pas hors du porche comme pour souhaiter la bienvenue aux jeunes époux. Mais ce qui surprit fort le Baron, c'est que près du vieillard se tenait un jeune homme de la plus fière tournure dont il ne distinguait d'abord pas bien les traits, mais qui bientôt lui parut être le duc de Vallombreuse. Le jeune homme lui souriait amicalement et n'avait plus son expression hautaine.

Les tenanciers criaient « Vive Isabelle, Vive Sigognac » avec les démonstrations de la joie la plus vive. A travers le tumulte des acclamations, une fanfare de chasse se fit entendre; bientôt du milieu d'un taillis déboucha sur la clairière, cravachant son palefroi rebelle, une amazone dont les traits ressemblaient beaucoup à ceux d'Yolande. Elle flatta de la main le col de son cheval, le mit à une allure plus modérée, et passa lentement devant le manoir : Sigognac suivait, malgré lui, des yeux la superbe chasseresse dont la jupe de velours s'enflait comme une aile, mais plus il la regardait, plus la vision pâlissait et se décolorait. Elle prenait des diaphanéités d'ombre, et à travers ses contours presque effacés on distinguait plusieurs détails du paysage. Yolande s'évanouissait comme un souvenir confus devant la réalité d'Isabelle. Le vrai amour faisait envoler les premiers rêves de l'adolescence.

En effet, dans ce manoir ruiné, où les yeux n'avaient à se repaître que du spectacle de la désolation et de la misère, le Baron avait vécu, morne, somnolent, inanimé, plus semblable à une ombre qu'à un homme, jusqu'au jour de sa première rencontre avec Yolande de Foix en chasse sur la lande déserte. Il n'avait encore vu que des paysannes cuites par le hâle, que des bergères crottées, des femelles et non des femmes; il garda de cette vision un éblouissement comme ceux qui contemplent le soleil. Toujours il voyait danser devant ses yeux, même quand il les fermait, cette figure radieuse qui lui semblait appartenir à une autre sphère. Yolande, il est vrai, était incomparablement belle et bien faite pour fasciner de plus usagés qu'un pauvre hobereau se promenant sur un bidet étique dans les habits trop larges de son père. Mais, au sourire provoqué par son accoutrement grotesque, Sigognac avait senti combien il lui serait ridicule de nourrir la moindre espérance à l'endroit de cette insolente beauté. Il évitait Yolande, ou s'arrangeait pour la voir sans en être aperçu, derrière quelque haie ou tronc d'arbre sur les chemins qu'elle avait l'habitude de prendre avec sa suite de galants qu'en son mépris de soi-même il trouvait tous cruellement beaux, merveilleusement vêtus, superbement aimables. Ces jours-là, le cœur enfiellé d'une amère tristesse, il revenait au château, pâle, défait, abattu, comme un homme qui relève de maladie, et il restait silencieux des heures entières, assis, le menton dans la main, à l'angle de la cheminée.

L'apparition d'Isabelle au château avait donné un but à ce vague besoin d'aimer qui tourmente la jeunesse et dans l'oisiveté s'attache à des chimères. Les grâces, la douceur, la modestie de la jeune comédienne avaient touché Sigognac au plus tendre de l'âme, et il l'aimait réellement beaucoup. Elle avait guéri la blessure faite par le mépris d'Yolande.

Sigognac, après s'être laissé aller à ces rêvasseries fantasmagoriques, se tança de sa paresse et parvint, non sans peine, à fixer son attention sur la pièce qu'Isabelle lui avait confiée pour en retoucher quelques passages. Il retrancha certains vers qui ne congruaient pas à la physionomie de la jeune comédienne, il en ajouta certains autres; il refit la déclaration d'amour du galant comme froide, prétentieuse, guindée et sentant son Phébus. Celle qu'il substitua était, certes, plus naturelle, plus passionnée, plus chaude; il l'adressait, en idée, à Isabelle même.

Ce travail l'amena fort tard dans la nuit, mais il s'en tira à son avantage et satisfaction, et fut récompensé, le lendemain, par un gracieux sourire d'Isabelle, qui se mit tout de suite à apprendre les vers que son poëte, comme elle l'appelait, avait arrangés. Ni Hardy, ni Tristan n'eussent mieux fait.

A la représentation du soir, la foule fut encore plus considérable que la veille, et peu s'en fallut que le portier ne restât étouffé dans la presse des spectateurs qui voulaient tous entrer en même temps à la comédie, craignant, bien qu'ils eussent payé, de n'y trouver place. La réputation du capitaine Fracasse, vainqueur de Vallombreuse, grandissait d'heure en heure et prenait des proportions chimériques et fabuleuses ; on lui eût attribué volontiers les travaux d'Hercule et les prouesses des douze pairs de la table ronde. Quelques jeunes gentilshommes, ennemis du Duc, parlaient de rechercher l'amitié de ce vaillant gladiateur et de l'inviter à faire carousse avec eux au cabaret, à six pistoles par tête. Plus d'une dame méditait un poulet, d'un tour galant, à son adresse, et avait jeté au feu cinq ou six brouillons mal venus. Bref, il était à la mode. On ne jurait plus que par lui. Il se souciait assez peu de ce succès qui le tirait de l'obscurité où il aurait voulu rester, mais il ne lui était pas possible de s'y soustraire ; il fallait le subir ; un moment, il eut la fantaisie de se dérober et de ne point paraître en scène. L'idée du désespoir qu'en aurait le Tyran, tout émerveillé des énormes recettes qu'il encaissait, l'empêcha de le faire. Ces honnêtes comédiens, qui l'avaient secouru en sa misère, ne devaient-ils pas profiter de la vogue inopinée dont il jouissait? Aussi, se résignant à son rôle, il s'adapta son masque, boucla son ceinturon, drapa sa cape sur son épaule et attendit que l'avertisseur lui vînt dire que c'était son tour.

Les recettes étant belles et la compagnie nombreuse, Hérode, en directeur généreux, avait fait doubler le luminaire, de sorte que la salle resplendissait d'un éclat aussi vif qu'un spectacle de cour. Dans l'espérance de séduire le capitaine Fracasse, des dames de la ville s'étaient mises sous les armes, et comme on dit à Rome, *in fiocchi*. Pas un diamant ne restait dans les écrins, et tout cela brillait et scintillait sur des poitrines plus ou moins blanches, sur des têtes plus ou moins jolies, mais qu'animait un vif désir de plaire.

Une seule loge était encore vide, la mieux placée, la plus en vue de la salle, et les yeux se tournaient curieusement de ce côté. Le peu d'empressement de ceux qui l'avaient louée étonnait les gentilshommes et bourgeois de Poitiers, à leur poste depuis plus d'une heure. Hérode, entre-bâillant le rideau, semblait attendre pour frapper les trois coups sacramentels que ces dédaigneux arrivassent, car rien n'est maussade en les comédies comme ces tardives et trop fâcheuses entrées de spectateurs, qui remuent leurs siéges, s'installent bruyamment et détournent l'attention.

Comme le rideau se levait, une jeune femme prit place dans la loge, et à côté d'elle s'assit péniblement un seigneur ayant l'apparence vénérable et patriarcale. De longs cheveux blancs dont le bout se roulait en des boucles argentées tombaient des tempes encore bien garnies du vieux gentilhomme, tandis que le haut de la tête laissait voir un crâne à tons ivoirins. Ces mèches accompagnaient des joues martelées de couleurs violentes qui prouvaient l'habitude de vivre au grand air et peut-être un culte rabelaisien de la dive bouteille. Les sourcils restés noirs et fort touffus ombrageaient des yeux dont l'âge n'avait pas éteint la vivacité et qui petillaient encore par moments dans leurs cercles de rides brunes. Des moustaches et une royale auxquelles on eût pu appliquer cette épithète de *grifaigne* que les vieux romans de geste attribuent invariablement à la barbe de Charlemagne se hérissaient en virgules autour de sa bouche sensuelle et lippue : un double menton rattachait sa figure à son col replet, et l'apparence générale eût été assez commune sans le regard qui relevait tout cela et ne permettait pas de mettre en doute la qualité du personnage. Un collet en point de Venise se rabattait sur sa veste de brocart d'or, et son linge d'une blancheur éblouissante soulevé par un abdomen assez proéminent débordait et couvrait la ceinture d'un haut-de-chausses en velours tanné; un manteau de même couleur, galonné d'or, jeté négligemment, se drapait au dos du siége. Il était facile de deviner en ce vieillard un oncle-chaperon, réduit à l'état de duègne par une nièce adorée malgré ses caprices; on eût dit, à les voir tous deux, elle, svelte et légère, lui, pesant et refrogné, Diane menant en laisse un vieux lion demi-privé qui eût aimé mieux dormir en son antre qu'être ainsi promené de par le monde, mais qui cependant s'y résigne.

Le costume de la jeune fille prouvait par son élégance la richesse et le rang de celle qui le portait. Une robe d'un vert glauque, de cette nuance que les blondes les plus sûres de leur teint peuvent seules affronter, faisait valoir la blancheur neigeuse d'une poitrine chastement découverte, et le col d'une transparence alabastrine jaillissait comme le pistil de la corolle d'une fleur, d'une collerette empesée et découpée à jour. La jupe, en toile d'argent, se glaçait de lumière et des points brillants marquaient l'orient des perles qui bordaient la robe et le corsage. Les cheveux, imprégnés de rayons et tournés en petites boucles sur le front et les tempes, ressemblaient à de l'or vivant; pour les blasonner ce n'eût pas été trop d'une vingtaine de sonnets avec tous les concetti italiens et les agudezzas espagnoles. Déjà la salle entière était éblouie de cette beauté, bien qu'elle n'eût pas encore ôté son masque, mais ce qu'on en voyait répondait du reste; le menton délicat et pur, la coupe parfaite de la bouche dont les rougeurs de framboise gagnaient au voisinage du velours noir, l'ovale allongé, gracieux et fin de la figure, la perfection idéale d'une mignonne oreille qu'on eût pu croire ciselée dans l'agate par Benvenuto Cellini, attestaient assez des charmes enviables des déesses mêmes.

Bientôt, incommodée sans doute par la chaleur de la salle ou peut-être voulant faire aux mortels une générosité dont ils ne sont guère dignes, la jeune déité ôta l'odieux morceau de carton qui éclipsait la moitié de sa splendeur. On vit alors ses yeux charmants dont les prunelles translucides brillaient comme des pierres de lazulite entre de longs cils d'or bruni, son nez, demi-grec, demi-aquilin, et ses joues nuancées d'un imperceptible carmin qui eût fait paraître terreux le teint de la plus fraîche rose. C'était Yolande de Foix.

La jalousie des femmes se sentant menacées dans leurs succès et réduites à l'état de laiderons ou d'antiquailles l'avait bien reconnue avant qu'elle ne se fût démasquée.

Promenant un regard tranquille sur la salle émue, Yolande s'accouda au rebord de la loge, la main appuyée contre la joue dans une pose qui eût fait la réputation d'un sculpteur et tailleur d'images, si un ouvrier, fût-il grégeois ou romain, pouvait inventer une attitude de cette grâce distraite et de cette élégance naturelle.

« Surtout, mon oncle, n'allez pas dormir, dit-elle à demi-voix au vieux seigneur qui aussitôt écarquilla les yeux et se redressa sur son siége, cela ne serait pas aimable pour moi, et contraire aux lois de l'ancienne galanterie que vous vantez toujours.

— Soyez tranquille, ma nièce, quand les fadaises et billevesées que débitent ces baladins dont les affaires m'intéressent fort peu, m'ennuieront par trop grièvement, je vous regarderai et soudain j'ouvrirai l'œil clair comme basilic. »

Pendant ces propos d'Yolande et de son oncle, le capitaine Fracasse, marchant comme une paire de ciseaux forcée, s'avançait jusque près des chandelles, roulant des yeux furibonds et faisant la mine la plus outrageuse et la plus outrecuidante du monde.

Des applaudissements frénétiques éclatèrent de toutes parts à l'entrée de l'acteur favori, et l'attention se détourna un moment d'Yolande. A coup sûr, Sigognac n'était point vaniteux et son orgueil de gentilhomme méprisait ce métier de baladin à quoi la nécessité l'obligeait. Cependant nous ne voudrions pas affirmer que son amour-propre ne fût quelque peu chatouillé de cette approbation chaude et bruyante. La gloire des histrions, gladiateurs, pantomimes, a parfois rendu jaloux des personnages haut situés, des empereurs romains et Césars, maîtres du monde qui ne dédaignèrent point de disputer, dans le cirque ou sur le théâtre, des couronnes de chanteurs, mimes, lutteurs et cochers, quand ils en avaient déjà tant d'autres sur le chef, témoin Ænobarbus Néro, pour ne parler que du plus célèbre.

Quand les battements de mains eurent cessé, le capitaine Fracasse promena dans la salle ce regard que ne manque pas d'y jeter l'acteur pour s'assurer que les banquettes sont bien garnies et deviner l'humeur joyeuse ou farouche du public sur quoi il modèle son jeu, se donnant ou se refusant des libertés.

Tout à coup le Baron eut un éblouissement; les lumières s'élargirent comme des soleils, puis lui semblèrent devenues noires sur un fond lumineux. Les têtes des spectateurs qu'il démêlait confusément à ses pieds se fondirent en une espèce de brouillard informe. Une sueur brûlante, aussitôt glacée, le mouilla de la racine des cheveux au talon. Ses jambes plus molles que coton ployèrent sous lui, et il crut que le plancher du théâtre lui montait à la ceinture. Sa bouche desséchée, aride, n'avait plus de salive; un carcan de fer étreignait sa gorge comme le *garote* espagnol fait d'un criminel, et de sa cervelle les mots qu'il devait prononcer s'envolaient effarés, tumultueux, se heurtant et s'enchevêtrant comme des oiseaux qui fuient de leur cage ouverte. Sang-froid, contenance, mémoire, tout était parti à la fois. On eût dit qu'un foudre invisible l'avait frappé, et peu s'en fallût qu'il ne tombât mort, le nez sur les chandelles. Il venait d'apercevoir Yolande de Foix, tranquille et radieuse en sa loge qui fixait sur lui ses beaux yeux pers !

O honte ! ô rage ! ô mauvais tour du sort ! ô contre-temps par trop fâcheux pour une âme noble ! être vu, sous un accoutrement grotesque en cette fonction indigne et basse de divertir la canaille avec des grimaces, par une dame si hautaine, si arrogante, si dédaigneuse devant qui pour l'humilier et lui rabattre la superbe on n'eût voulu faire qu'actions magnanimes, héroïques, surhumaines ! Et ne pouvoir se dérober, disparaître, s'engloutir dans les entrailles de la terre ! Sigognac eut un instant l'idée de s'enfuir, de s'élancer par la toile de fond en y faisant un trou avec sa tête comme avec une baliste ; mais il avait aux pieds ces semelles de plomb dont on prétend qu'usent certains coureurs en leurs exercices pour être plus légers ensuite ; il ne pouvait se détacher du plancher et il restait là éperdu, béant, stupide, au grand étonnement de Scapin, qui, s'imaginant que le capitaine Fracasse manquait de mémoire, lui soufflait, à voix basse, les premiers mots de la tirade.

Le public crut que l'acteur, avant de commencer, désirait une seconde salve d'applaudissements et il se mit à battre des mains, à trépigner, à faire le plus triomphant vacarme qu'on ait jamais ouï en un théâtre. Cela donna le temps à Sigognac de reprendre ses esprits. Il fit un suprême effort de volonté et rentra violemment dans la possession de ses moyens : « Ayons au moins la gloire de notre infamie, se dit-il en se raffermissant sur ses jambes ; il ne manquerait plus que d'être sifflé devant elle et de recevoir en sa présence une grêle de pommes crues et d'œufs durs. Peut-être ne m'a-t-elle point reconnu derrière cet ignoble masque. Qui supposerait un Sigognac sous cet habit de singe savant, bariolé de rouge et de jaune ! Allons, du courage ; à la rescousse ! Faisons feu des quatre pieds. Si je joue bien, elle m'applaudira. Ce sera, certes, un beau triomphe, car elle est outrageuse assez. »

Ces réflexions, Sigognac les fit en moins de temps que nous n'en mettons à les écrire, la plume ne pouvant suivre les rapidités de la pensée, tandis qu'il débitait sa grande tirade avec des éclats de voix si singuliers, des intonations si inattendues, une furie comique si endiablée, que le public éclata en bravi, et qu'Yolande elle-même, bien qu'elle témoignât ne prendre point de goût à ces farces, ne put s'empêcher de sourire. Son oncle, le gros commandeur, était parfaitement éveillé et heurtait les paumes de ses mains goutteuses en signe de satisfaction. Le malheureux Sigognac au désespoir, par l'exagération de son jeu, l'outrance de ses bouffonneries, la folie de ses rodomontades, semblait vouloir se bafouer lui-même et pousser la dérision de son sort jusques à la limite

extrême où elle pouvait aller ; il jetait à ses pieds dignité, noblesse, respect de soi, souvenir des ancêtres, et il trépignait dessus avec une joie délirante et féroce !
« Tu dois être contente, Fortune adverse, je suis assez humilié, assez profondément enfoncé dans l'abjection, pensait-il tout en recevant les nasardes, croquignoles et coups de pied ; tu m'avais fait misérable ! tu me rends ridicule ! tu me forces par un lâche tour à me déshonorer devant cette fière personne ! Que te faut-il de plus ? »

Parfois la colère le prenait et il se redressait sous le bâton de Léandre d'un air si formidable et dangereux que celui-ci reculait de peur ; mais, revenant par un brusque soubresaut à l'esprit de son rôle, il tremblait de tout son corps, claquait des dents, flageolait sur ses jambes, bégayait et donnait, au grand plaisir des spectateurs, tous les signes de la plus lâche poltronnerie.

Ces extravagances, qui eussent paru ridicules dans un rôle moins chargé que celui de Matamore, étaient attribuées par le public à la verve de l'acteur tout à fait entré dans la peau du personnage, et ne laissaient pas que de produire un bon effet. Isabelle seule avait deviné ce qui causait le trouble du Baron : la présence dans la salle de cette insolente chasseresse dont les traits ne lui étaient que trop restés dans la mémoire. Tout en jouant son rôle, elle tournait à la dérobade les yeux vers la loge où trônait, avec l'orgueil dédaigneux et tranquille d'une perfection sûre d'elle-même, l'altière beauté que, dans son humilité, elle n'osait appeler sa rivale. Elle trouvait une amère douceur à constater intérieurement cette supériorité inéluctable et se disait que nulle femme n'eût pu lutter d'appas contre une telle déesse. Ces charmes souverains lui firent comprendre les amours insensés qu'excitent parfois chez des marauds du peuple la grâce nonpareille de quelque jeune reine apparue en un triomphe ou cérémonie publique, amours suivis de folie, prisons et supplices.

Quant à Sigognac, il s'était promis de ne pas regarder Yolande de peur d'être saisi par un transport soudain, et la raison perdue, de faire publiquement quelque incartade bizarre qui le déshonorât. Il tâchait, au contraire, de se calmer en tenant sa vue attachée, lorsque le rôle le permettait, sur cette douce et bonne Isabelle. Ce charmant visage, empreint d'une légère tristesse qu'expliquait la fâcheuse tyrannie d'un père qui, dans la comédie, la voulait marier contre son gré, redonnait à son âme un peu de repos; l'amour de l'une le consolait des mépris de l'autre. Il reprenait de l'estime pour lui-même et trouvait la force de continuer son jeu.

Ce supplice eut un terme enfin. La pièce s'acheva, et lorsque, rentré dans la coulisse, Sigognac, qui étouffait, défit son masque, ses camarades furent frappés de l'altération étrange de ses traits. Il était livide et se laissa tomber comme un corps sans vie sur un banc qui se trouvait là. Le voyant près de pâmer, Blazius lui apporta un flacon de vin, disant que rien n'était efficace en ces occurrences comme une lampée ou deux du meilleur. Sigognac fit signe qu'il ne voulait que de l'eau.

« Condamnable régime, dit le Pédant, grave erreur diététique ; l'eau ne convient qu'aux grenouilles, poissons et sarcelles, nullement aux humains ; en bonne pharmacie, on devrait écrire sur les carafes : « Remède pour usage externe. » Je mourrais subitement tout vif si j'avalais une goutte de cette humidité fade. »

Le raisonnement de Blazius n'empêcha point le Baron d'avaler un pot d'eau tout entier. La fraîcheur du breuvage le remit tout à fait, et il commença à promener autour de lui des regards moins effarés.

« Vous avez joué d'une façon admirable et fantasque, dit Hérode en s'approchant du Capitaine, mais il ne faut point se livrer de la sorte. Un tel feu vous consumerait bientôt. L'art du comédien est de se ménager et de ne présenter que les apparences des choses. Il doit être froid en brûlant les planches et rester tranquille au milieu des plus grandes furies. Jamais acteur n'a représenté si au vif l'emphase, l'impertinence et la folie du Matamore, et si vous pouviez retrouver ces effets d'improvisation, vous emporteriez dessus tous autres la palme comique.

— N'est-ce point, répondit amèrement le Baron, que j'ai bien rempli mon personnage? Je me sentais moi-même fort burlesque et fort bouffon dans la scène où ma tête passe à travers la guitare que Léandre me casse sur le crâne.

— De vrai, vous faisiez, reprit le Tyran, la mine la plus hétéroclitement furibonde et risible qui se puisse imaginer. Mademoiselle Yolande de Foix, cette belle personne si fière, si noble, si sérieuse, a daigné en sourire. Je l'ai bien vu.

— Ce m'est un grand honneur, fit Sigognac dont les joues s'empourprèrent subitement, d'avoir diverti cette beauté.

— Pardon, dit le Tyran qui s'aperçut de cette rougeur. Ce succès qui nous enivre, nous autres, pauvres baladins de profession, doit être indifférent à une personne de votre qualité, bien au-dessus des applaudissements, même illustres.

— Vous ne m'aviez point fâché, brave Hérode, dit Sigognac en tendant la main au Tyran; il faut faire bien tout ce qu'on fait. Mais je ne pouvais m'empêcher de songer que ma jeunesse avait espéré d'autres triomphes. »

Isabelle, qui s'était habillée pour l'autre pièce, passa près de Sigognac et lui jeta, avant d'entrer en scène, un regard d'ange consolateur, si chargé de tendresse, de sympathie, de passion, qu'il en oublia tout à fait Yolande et ne se sentit plus malheureux. Ce fut un baume divin qui cicatrisa les plaies de son orgueil pour un moment du moins, car ces plaies-là se rouvrent et saignent toujours.

Le marquis de Bruyères était à son poste, et quelque occupé qu'il fût d'applaudir Zerbine pendant la représentation, il ne laissa pas que d'aller saluer Yolande qu'il connaissait et dont parfois il suivait la chasse. Il lui conta, sans nommer le Baron, le duel du capitaine Fracasse avec le duc de Vallombreuse dont il savait mieux que personne les détails, ayant été témoin de l'un des deux adversaires.

« Vous faites mal à propos le discret, répondit Yolande, j'ai bien deviné que le capitaine Fracasse n'est autre que le baron de Sigognac. Ne l'ai-je pas vu partir de sa tour à hiboux en compagnie de cette péronnelle, de cette bohémienne qui joue les ingénues d'un air si confit, ajouta-t-elle avec un ris un peu forcé, et n'était-il pas en votre château à la suite des comédiens? A sa mine niaise je n'eusse pas cru qu'il fût si parfait baladin et si vaillant compagnon. »

Tout en causant avec Yolande, le Marquis promenait ses regards dans la salle dont il saisissait mieux l'aspect que de la place qu'il occupait ordinairement, tout près des violons, pour mieux suivre le jeu de Zerbine. Son attention se porta sur la dame masquée qu'il n'avait point aperçue jusqu'alors, puisque lui-même, assis au premier rang, tournait presque toujours le dos aux spectateurs dont il désirait n'être pas trop remarqué. Bien qu'elle fût comme ensevelie sous ses dentelles noires, il crut reconnaître dans la tournure et l'attitude de cette beauté mystérieuse quelque chose qui lui rappelait vaguement la marquise sa femme. « Bah! se dit-il, elle doit être au château de Bruyères, où je l'ai laissée. » Cependant elle faisait scintiller, à l'annulaire de la main qu'elle tenait coquettement posée sur le bord de la loge, comme pour se dédommager de ne point montrer son visage, un assez gros diamant que la marquise avait l'habitude de porter, et, cet indice lui troublant la fantaisie, il prit congé d'Yolande et du vieux seigneur dans l'idée de s'aller assurer du fait avec une civilité assez brusque, mais non pas si prompte qu'il ne trouvât, quand il parvint au but, le nid sans l'oiseau. La dame, alarmée, était partie. Ce dont il resta fort perplexe et désappointé, quoiqu'il fût mari philosophe. « Serait-elle amoureuse de ce Léandre? murmura-t-il; heureusement j'ai fait bâtonner le fat par avance et je suis en règle de ce côté-là. » Cette pensée lui rendit sa sérénité et il alla derrière le rideau rejoindre la Soubrette qui s'étonnait déjà de ne le point voir accourir et le reçut avec la mauvaise humeur simulée dont ces sortes de femmes agacent les hommes.

Après la représentation, Léandre, inquiet de ce que la marquise avait disparu subitement au milieu du spectacle, se rendit sur la place de l'église à l'endroit où le page venait le prendre avec le carrosse. Il trouva le page tout seul qui lui remit une lettre accompagnée d'une petite boîte fort lourde, et disparut si rapidement dans l'ombre que le comédien eût pu douter de la réalité de l'apparition s'il n'eût eu entre les mains la missive et le paquet. Appelant un laquais qui passait avec un falot pour aller chercher son maître en quelque maison voisine, Léandre rompit le cachet d'une main hâtive et tremblante, et approchant le papier de la lanterne que le valet lui tenait à hauteur du nez, il lut les lignes suivantes :

« Cher Léandre, je crains bien que mon mari ne m'ait reconnue à la comédie, malgré mon masque; il fixait les yeux avec une telle insistance sur ma loge que je me suis retirée en toute hâte pour ne pas être surprise. La prudence, si contraire à l'amour, nous prescrit de ne pas nous voir, cette nuit, au pavillon. Vous pourriez être épié, suivi, tué peut-être, sans parler des dangers que moi-même je puis courir. En attendant des occasions plus heureuses et plus commodes, veuillez bien porter cette chaîne d'or à trois tours que mon page vous remettra. Puisse-t-elle, toutes les fois que vous la mettrez à votre col, vous faire souvenir de celle qui ne vous oubliera jamais et vous aimera toujours.

« Celle qui, pour vous, n'est que Marie. »

« Hélas! voilà mon beau roman fini, se disait Léandre en donnant quelque monnaie au laquais dont il avait emprunté le falot; c'est dommage! Ah! charmante marquise, comme je vous eusse aimée longtemps! continua-t-il quand le valet fut éloigné, mais les destins jaloux de mon bonheur ne l'ont point permis; soyez tranquille, madame, je ne vous compromettrai point par des flammes indiscrètes. Ce brutal de mari me navrerait sans pitié et plongerait le fer en votre blanche poitrine. Non, non, point de ces tueries sauvages, mieux faites pour les tragédies que pour la vie commune. Dût mon cœur en saigner, je ne chercherai point à vous revoir, et me contenterai de baiser cette chaîne moins fragile et plus pesante que celle qui nous a un instant unis. Combien peut-elle valoir? Mille ducats pour le moins, à en juger par sa lourdeur!

Comme j'ai raison d'aimer les grandes dames! elles n'ont d'inconvénients que les coups de bâton et les coups d'épée qu'on risque à leur service. En somme, l'aventure s'arrête au bel endroit, ne nous plaignons pas. » Et curieux de voir à la lumière briller et chatoyer sa chaîne d'or, il se rendit à l'hôtel des *Armes de France* d'un pas assez délibéré pour un amant qui vient de recevoir son congé.

En rentrant dans sa chambre, Isabelle trouva au milieu de la table une cassette placée de manière à forcer le regard le plus distrait de la voir. Un papier plié était posé sous un des angles de la boîte qui devait contenir des choses fort précieuses, car elle était déjà un joyau elle-même. Le papier n'était point scellé et contenait ces mots d'une écriture tremblée et péniblement formée comme celle d'une main dont l'usage n'est pas libre : « Pour Isabelle. »

Une rougeur d'indignation monta aux joues de la comédienne à l'aspect de ces présents dont plus d'une vertu eût été ébranlée. Sans même ouvrir la cassette par curiosité féminine, elle appela maître Bilot qui n'était point couché encore, préparant un souper pour quelques seigneurs, et lui dit d'emporter cette boîte pour la remettre à qui de droit, car elle ne la voulait pas souffrir une minute de plus en sa possession.

L'aubergiste fit l'étonné et jura son grand sacredicu, serment aussi solennel pour lui que le Styx pour les Olympiens, qu'il ignorait qui avait mis là cette boîte, bien qu'il se doutât de sa provenance. En effet, c'était dame Léonarde à laquelle le duc s'était adressé, pensant qu'une vieille femme réussit là où le diable échoue, qui avait frauduleusement posé ces joyaux sur la table, en l'absence d'Isabelle. Mais, ici, la damnable matrone avait vendu ce qu'elle ne pouvait livrer, présumant trop de la force corruptrice des pierreries et de l'or qui n'agit que sur les âmes viles.

« Tirez cela d'ici, dit Isabelle à maître Bilot, rendez cette boîte infâme à qui l'envoie, et surtout ne sonnez mot de la chose au Capitaine; quoique ma conduite ne soit en rien coupable, il pourrait entrer en des furies et faire des esclandres dont souffrirait ma réputation. »

Maître Bilot admira le désintéressement de cette jeune comédienne qui n'avait pas même regardé des bijoux à tourner la tête d'une duchesse, et les renvoyait dédaigneusement, comme des dragées de plâtre ou des noix creuses, et, en se retirant, il lui fit un salut des plus respectueux, celui qu'il eût adressé à une reine, tant cette vertu le surprenait.

Agitée, enfiévrée, Isabelle, après le départ de maître Bilot, ouvrit la fenêtre pour éteindre, à la fraîcheur de la nuit, les feux de ses joues et de son front. Une lumière brillait à travers les branches des arbres sur la façade noire de l'hôtel Vallombreuse, sans doute au logis du jeune duc blessé. La ruelle semblait déserte. Cependant Isabelle, de cette ouïe fine de la comédienne habituée à saisir au vol le murmure du souffleur, crut entendre une voix très-basse qui disait : « Elle n'est pas encore couchée. »

Très-intriguée de cette phrase, elle se pencha un peu, et il lui sembla démêler dans l'ombre, au pied de la muraille, deux formes humaines enveloppées de manteaux et se tenant immobiles comme des statues de pierre au porche d'une église; à l'autre bout de la ruelle, malgré l'obscurité, ses yeux dilatés par la peur découvrirent un troisième fantôme qui paraissait faire le guet.

Se sentant observés, les êtres énigmatiques disparurent ou se cachèrent plus soigneusement, car Isabelle ne distingua ni n'entendit plus rien. Fatiguée de faire vedette, et croyant avoir été le jouet d'une illusion nocturne, elle referma doucement sa fenêtre, poussa le verrou de sa porte, posa la lumière près de son lit, et se coucha avec une vague angoisse que ne pouvaient calmer les raisonnements qu'elle se faisait. En effet, qu'avait-elle à craindre en une auberge pleine de monde, à deux pas de ses amis, dans sa chambre bien et dûment verrouillée et fermée à triple tour? Quel rapport pouvaient avoir avec elle ces ombres entrevues au bas de la muraille et qui étaient sans doute quelques tire-laines attendant une proie et gênés par la lumière de sa fenêtre?

Tout cela était logique, mais ne la rassurait pas : un pressentiment anxieux lui serrait la poitrine. Si elle n'eût craint d'être raillée, elle se fût levée et réfugiée chez une compagne, mais Zerbine n'était pas seule, Sérafine ne l'aimait guère, et la duègne lui causait une répugnance instinctive. Elle resta donc en proie à d'inexprimables terreurs.

Le moindre craquement de la boiserie, le plus léger grésillement de la chandelle dont la mèche, non mouchée, se coiffait d'un noir champignon, la faisait tressaillir et s'enfoncer sous les couvertures, de peur de voir dans les angles obscurs quelque forme monstrueuse; puis elle reprenait courage, inspectant du regard l'appartement où rien n'avait l'air suspect ou surnaturel.

Dans le haut d'une des murailles, était pratiqué un œil-de-bœuf destiné sans doute à donner du jour à quelque cabinet obscur. Cet œil-de-bœuf s'arrondissait sur la paroi grisâtre, aux faibles reflets de la lumière, comme l'énorme prunelle noire d'un œil cyclopéen, et semblait espionner les actions de la jeune femme. Isabelle ne pouvait s'empêcher de regarder fixement ce trou profond et sombre, grillé, au reste, de deux barreaux de fer en croix. Il n'y avait donc rien à craindre de ce côté; pourtant, à un certain moment, Isabelle crut voir au fond de cette ombre briller deux yeux humains.

Bientôt une tête basanée, à longs cheveux noirs ébouriffés, s'engagea dans un des étroits compartiments dessinés par l'intersection des barreaux; un bras maigre suivit, puis les épaules passèrent, se froissant au rude contact du fer, et une petite fille de huit à dix ans, se cramponnant de la main au rebord de l'ouverture, allongea tant qu'elle put son corps chétif le long de la muraille et se laissa tomber sur le plancher sans faire plus de bruit qu'une plume ou qu'un flocon de neige qui descendent à terre.

4.

A l'immobilité d'Isabelle, pétrifiée et médusée de terreur, l'enfant l'avait crue endormie, et quand elle s'approcha du lit, pour s'assurer si ce sommeil était profond, une surprise extrême se peignit sur son visage couleur de bistre.

« La dame au collier! dit-elle en touchant les perles qui bruissaient à son col maigre et brun, la dame au collier! »

De son côté, Isabelle, à demi morte de peur, avait reconnu la petite fille rencontrée à l'auberge du *Soleil bleu* et sur la route de Bruyères en compagnie d'Agostin. Elle essaya d'appeler au secours, mais l'enfant lui mit la main sur la bouche.

« Ne crie pas, tu ne cours aucun danger ; Chiquita a dit qu'elle ne couperait jamais le col à la dame qui lui a donné les perles qu'elle avait envie de voler.

— Mais que viens-tu faire ici, malheureuse enfant? fit Isabelle, reprenant quelque sang-froid à la vue de cet être faible et débile qui ne pouvait être bien redoutable, et d'ailleurs manifestait certaine reconnaissance sauvage et bizarre à son endroit.

— Ouvrir le verrou que tu pousses tous les soirs, reprit Chiquita du ton le plus tranquille et comme n'ayant aucun doute sur la légitimité de son action ; on m'a choisie pour cela parce que je suis agile et mince comme une couleuvre. Il n'y a guère de trous par où je ne puisse passer.

— Et pourquoi voulait-on te faire ouvrir le verrou? Pour me voler?

— Oh non, répondit Chiquita d'un air dédaigneux ;

c'était pour que les hommes pussent entrer dans la chambre et t'emporter.

— Mon Dieu, je suis perdue, s'écria Isabelle en gémissant et en joignant les mains.

— Non pas, dit Chiquita, puisque je laisserai le verrou fermé. Ils n'oseraient forcer la porte, cela ferait du bruit, on viendrait et on les prendrait; pas si bêtes!

— Mais j'aurais crié, je me serais accrochée aux murs, on m'aurait entendue!

— Un bâillon étouffe les cris, dit Chiquita avec l'orgueil d'un artiste qui explique à un ignorant un secret du métier, une couverture roulée autour du corps empêche les mouvements. C'est très-facile. Le valet d'écurie était gagné et il devait ouvrir la porte de derrière.

— Qui a tramé cette machination odieuse? dit la pauvre comédienne, tout effarée du péril qu'elle avait couru.

— C'est le seigneur qui a donné de l'argent, oh! beaucoup d'argent! comme ça, plein les mains! répondit Chiquita dont les yeux brillèrent d'un éclat cupide et farouche; mais c'est égal, tu m'as fait cadeau des perles; je dirai aux autres que tu ne dormais pas, qu'il y avait un homme dans ta chambre et que c'est un coup manqué. Ils s'en iront. Laisse-moi te regarder; tu es belle et je t'aime, oui, beaucoup, presque autant qu'Agostin. Tiens! fit-elle en avisant sur la table le couteau trouvé dans la charrette, tu as là le couteau que j'ai perdu, le couteau de mon père. Garde-le, c'est une bonne lame.

Quand cette vipère vous pique,
Pas de remède en la boutique.

Vois-tu, on tourne la virole ainsi et puis on donne le coup comme cela ; de bas en haut, le fer entre mieux. Porte-le dans ton corsage, et quand les méchants te voudront contrarier, paf! tu leur fendras le ventre. » Et la petite commentait ses paroles de gestes assortis.

Cette leçon de couteau, donnée, la nuit, dans cette situation étrange par cette petite voleuse hagarde et demi folle, produisait sur Isabelle l'effet d'un de ces cauchemars qu'on essaye en vain de secouer.

« Tiens le couteau dans ta main de la sorte, les doigts bien serrés. On ne te fera rien. Maintenant, je m'en vais. Adieu, souviens-toi de Chiquita ! »

La petite complice d'Agostin approcha une chaise du mur, y monta, se haussa sur les pieds, saisit le barreau, se courba en arc et appuyant les talons à la muraille par un soubresaut nerveux, eut bientôt gagné le rebord de l'œil-de-bœuf, par où elle disparut en murmurant comme une sorte de vague chanson en prose : « Chiquita passe par les trous de serrures, danse sur la pointe des grilles et les tessons de bouteilles sans se faire mal. Bien malin qui la prendra ! »

Isabelle attendit le jour avec impatience, sans pouvoir fermer l'œil tant cet événement bizarre l'avait agitée ; mais le reste de la nuit fut tranquille.

Seulement, quand la jeune fille descendit dans la salle à manger, ses compagnons furent frappés de sa pâleur et du cercle marbré qui entourait ses yeux. On la pressa de questions et elle raconta son aventure nocturne. Sigognac, furieux, ne parlait de rien moins que de saccager la maison du duc de Vallombreuse à qui il attribuait, sans hésiter, cette tentative scélérate.

« M'est avis, dit Blazius, qu'il serait urgent de ployer nos décorations, et d'aller nous perdre ou plutôt nous sauver en cet océan de Paris. Les choses se gâtent. »

Les comédiens se rangèrent à l'opinion du Pédant, et le départ fut fixé pour le lendemain.

XI

LE PONT-NEUF.

Il serait long et fastidieux de suivre étape par étape le chariot comique jusqu'à Paris, la grand'ville; il n'arriva point pendant la route d'aventure qui mérite d'être racontée. Nos comédiens avaient la bourse bien garnie et marchaient rondement, pouvant louer des chevaux et faire de bonnes traites. A Tours et à Orléans la troupe s'arrêta pour donner quelques représentations dont la recette satisfit Hérode plus sensible en sa qualité de directeur et de caissier au succès monnayé qu'à tout autre. Blazius commençait à se rassurer et à rire des terreurs que lui avait inspirées le caractère vindicatif de Vallombreuse. Cependant Isabelle tremblait encore à cette idée d'enlèvement qui n'avait pas réussi, et plus d'une fois en songe, quoique dans les auberges elle fît chambre commune avec Zerbine, elle crut revoir la tête hagarde et sauvage de Chiquita sortir d'une lucarne à fond noir en montrant toutes ses dents blanches. Effrayée par cette vision, elle se réveillait poussant des cris, et sa compagne avait de la peine à la calmer. Sans témoigner autrement d'inquiétude, Sigognac couchait dans la chambre la plus voisine, l'épée sous le chevet et tout habillé en cas d'algarade nocturne. Le jour, il cheminait le plus souvent à pied, au-devant du chariot, en éclaireur, surtout lorsque près de la route quelques buissons, taillis, pans de murs ou chaumines ruinées, pouvaient servir de retraite à une embuscade. S'il voyait un groupe de voyageurs à mine suspecte, il se repliait vers la charrette où le Tyran, Scapin, Blazius et Léandre représentaient une respectable garnison, encore que de ces deux derniers l'un fût vieil et l'autre craintif comme lièvre. D'autres fois, en bon général d'armée qui sait prévoir les feintes de l'ennemi, il se tenait à l'arrière-garde, car le péril pouvait aussi bien venir de ce côté. Mais ces précautions furent inutiles et surérogatoires. Aucune attaque ne vint surprendre la troupe, soit que le duc n'eût point eu le temps de la combiner, soit qu'il eût renoncé à cette fantaisie, ou bien encore que la douleur de sa blessure lui retînt le courage.

Quoiqu'on fût en hiver, la saison n'était pas trop rigoureuse. Bien nourris, et s'étant précautionnés à la friperie de vêtements chauds et plus épais que la serge des manteaux de théâtre, les comédiens ne souffraient pas du froid, et la bise n'avait d'autre inconvénient que de faire monter aux joues des jeunes actrices un incarnat un peu plus vif que de coutume et qui parfois même s'étendait jusque sur leur nez délicat. Ces roses d'hiver, quoique un peu déplacées, ne leur allaient point mal, car tout sied à de jolies femmes. Quant à dame Léonarde, son teint de duègne usé par quarante ans de fard était inaltérable. La bise et l'aquilon n'y faisaient que blanchir.

Enfin l'on arriva vers quatre heures du soir, tout près de la grande ville, du côté de la Bièvre dont on passa le ponceau, en longeant la Seine, ce fleuve illustre entre tous, dont les flots ont l'honneur de baigner le palais de nos rois et tant d'autres édifices renommés par le monde. Les fumées que dégorgeaient les cheminées des maisons formaient au bas du ciel un grand banc de brume rousse à demi transparent, derrière lequel le soleil descendait tout rouge et dépouillé de ses rais. Sur ce fond de lumière sourde se dessinait en gris violâtre le contour des bâtiments privés, religieux et publics, que la perspective permettait d'embrasser de cet endroit. On apercevait de l'autre côté du fleuve, au delà de l'île Louviers, le bastion de l'Arsenal, les Célestins, et plus en face de soi la pointe de l'île Notre-Dame. La porte Saint-Bernard franchie, le spectacle devint magnifique. Notre-Dame apparaissait en plein, se montrant par le chevet avec ses arcs-boutants semblables à des côtes de poisson gigantesques, ses deux tours carrées et sa flèche aiguë plantée sur le point d'intersection des nefs. D'autres clochetons plus humbles trahissant au-dessus des toits des églises ou des chapelles enfouies dans la cohue des maisons, mordaient de leurs dents noires la bande claire du ciel, mais la cathédrale attirait surtout les regards de Sigognac qui n'était jamais venu à Paris et que la grandeur de ce monument étonnait.

Le mouvement des voitures chargées de denrées diverses, le nombre des cavaliers et des piétons qui se croisaient tumultueusement sur le bord du fleuve ou dans les rues qui le longent et où s'engageait parfois le chariot pour prendre le plus court, les cris de toute cette foule l'éblouissaient et l'étourdissaient, lui, accoutumé à la vaste solitude des landes et au silence mortuaire de son vieux château délabré. Il lui semblait qu'une meule de moulin tournât dans sa tête et il se sentait chanceler comme un homme ivre. Bientôt l'aiguille mignonnement ouvrée de la Sainte-Chapelle s'élança par-dessus les combles du palais pénétrée par les dernières lueurs du couchant. Les lumières qui s'allumaient piquaient de points rouges les façades sombres des maisons, et la rivière réfléchissait ces lueurs en les allongeant comme des serpents de feu dans ses eaux noires.

Bientôt se dessina dans l'ombre, le long du quai, l'église et le cloître des Grands-Augustins, et sur le terre-plein du Pont-Neuf, Sigognac vit à sa droite s'ébaucher à travers l'obscurité croissante la forme d'une statue équestre, celle du bon roi Henri IV; mais le chariot tournant l'angle de la rue Dauphine nouvellement percée sur les terrains du couvent fit bientôt disparaître le cavalier et le cheval.

Il y avait dans le haut de la rue Dauphine, près de la porte de ce nom, une vaste hôtellerie où descendaient parfois les ambassades des pays extravagants et chimériques. Cette auberge pouvait recevoir à l'improviste de nombreuses compagnies. Les bêtes y étaient toujours sûres de trouver du foin au râtelier et les maîtres n'y manquaient jamais de lits. C'était là qu'Hérode avait fixé, comme en un lieu propice, le campement de sa horde théâtrale. Le brillant état de la caisse permettait ce luxe ; luxe utile d'ailleurs, car il relevait la troupe en montrant qu'elle n'était point composée de vagabonds, escrocs et débauchés, forcés par la misère à ce fâcheux métier d'histrions de province, mais bien de braves comédiens à qui leur talent faisait un revenu honnête, chose possible comme il appert des raisons qu'en donne M. Pierre de Corneille, poëte célèbre, en sa pièce de l'*Illusion comique.*

La cuisine où les comédiens entrèrent en attendant qu'on préparât leurs chambres était grande à y pouvoir accommoder à l'aise le dîner de Gargantua ou de Pantagruel. Au fond de l'immense cheminée qui s'ouvrait rouge et flamboyante, comme la gueule représentant l'enfer dans la grande diablerie de Douai, brûlaient des arbres tout entiers. A plusieurs broches superposées, que faisait mouvoir un chien se démenant comme un possédé à l'intérieur d'une roue, se doraient des chapelets d'oies, de poulardes et de coqs vierges, brunissaient des quartiers de bœuf, roussissaient des longes de veaux, sans compter les perdrix, bécassines, cailles et autres menues chasses. Un marmiton à demi cuit lui-même et ruisselant de sueur, bien qu'il ne fût vêtu que d'une simple veste de toile, arrosait ces victuailles avec une cuillère à pot qu'il replongeait dans la lèchefrite dès qu'il en avait versé le contenu : vrai travail de Danaïde, car le jus recueilli s'écoulait toujours.

Autour d'une longue table de chêne, couverte de mets en préparation, s'agitait tout un monde de cuisiniers, prosecteurs, gâte-sauces, des mains desquels les aides recevaient les pièces lardées, troussées, épicées, pour les porter aux fourneaux qui, tout incandescents de braise et petillants d'étincelles, ressemblaient plutôt aux forges de Vulcain qu'à des officines culinaires, les garçons ayant l'air de cyclopes à travers cette brume enflammée. Le long des murs brillait une formidable batterie de cuisine de cuivre rouge ou de laiton : chaudrons, casseroles de toutes grandeurs, poissonnières à faire cuire le léviathan au court-bouillon, moules de pâtisserie façonnés en donjons, dômes, petits temples, casques et turbans de forme sarrasine, enfin toutes les armes offensives et défensives que peut renfermer l'arsenal du dieu Gaster.

A chaque instant arrivait de l'office quelque robuste servante, aux joues colorées et mafflues comme les peintres flamands en mettent dans leurs tableaux, portant sur la tête ou la hanche des corbeilles pleines de provisions.

« Passez-moi la muscade, disait l'un ! un peu de cannelle, s'écriait l'autre ! Par ici les quatre épices ! remettez du sel dans la boîte ! les clous de girofle ! du laurier ! une barde de lard, s'il vous plaît, bien mince ! soufflez ce fourneau ; il ne va pas ! éteignez cet autre, il va trop et tout brûlera comme châtaignes oubliées en la poêle ! versez du jus dans ce coulis ! allongez-moi ce roux, car il épaissit ! battez-moi ces blancs d'œufs en père fouetteur, ils ne moussent pas ! saupoudrez-moi ce jambonneau de chapelure! tirez de la broche cet oison, il est à point! encore cinq ou six tours pour cette poularde! Vite, vite, enlevez le bœuf! Il faut qu'il soit saignant. Laissez le veau et les poulets :

> Les veaux mal cuits, les poulets crus,
> Font les cimetières bossus.

Retenez cela, galopin. N'est pas rôtisseur qui veut. C'est un don du ciel. Portez ce potage à la reine au numéro 6. Qui a demandé les cailles au gratin? Dressez vivement ce râble de lièvre piqué! » Ainsi se croisaient dans un gai tumulte les propos substantiels et mots de gueule justifiant mieux leur titre que les mots de gueule gelés entendus de Panurge à la fonte des glaces polaires, car ils avaient tous rapport à quelque mets, condiment ou friandise.

Hérode, Blazius et Scapin, qui étaient sur leur bouche et gourmands comme chats de dévote, se pourléchaient les babines à cette éloquence si grasse, si succulente et si bien nourrie qu'ils disaient hautement préférer à celle d'Isocrate, Démosthène, Eschine, Hortensius, Cicéro et autres tels bavards dont les phrases ne sont que viandes creuses et ne contiennent aucun suc médullaire. « Il me prend des envies, dit Blazius, de baiser sur l'une et l'autre joue ce gros cuisinier, gras et ventripotent comme moine, qui gouverne toutes ces casseroles d'un air si superbe. Jamais capitaine ne fut plus admirable au feu! »

Au moment où un valet venait dire aux comédiens que leurs chambres étaient prêtes, un voyageur entra dans la cuisine et s'approcha de la cheminée; c'était un homme d'une trentaine d'années, de haute taille, mince, vigoureux, de physionomie déplaisante quoique régulière. Le reflet du foyer bordait son profil d'un liseré de feu, tandis que le reste de sa figure baignait dans l'ombre. Cette touche lumineuse accusait une arcade sourcilière assez proéminente abritant un œil dur et scrutateur, un nez d'une courbure aquiline dont le bout se rabattait en bec crochu sur une moustache épaisse, une lèvre inférieure très-mince que rejoignait brusquement un menton ramassé et court comme si la matière eût manqué à la nature pour achever ce masque. Le col que dégageait un rabat de toile plate empesée laissait voir dans sa maigreur ce cartilage en saillie que les bonnes femmes expliquent par un quartier de la pomme fatale resté au gosier d'Adam et que quelques-uns de ses fils n'ont pas avalé encore. Le costume se composait d'un pourpoint en drap gris-de-fer agrafé sur une veste de buffle, d'un haut-de-chausses de couleur brune et de bottes de feutre remontant au-dessus du genou et se plissant en vagues spirales autour des jambes. De nombreuses mouchetures de boue, les unes sèches, les autres fraîches encore, annonçaient une longue route parcourue, et les mollettes des éperons rougies d'un sang noirâtre disaient que, pour arriver au terme de son voyage, le cavalier avait dû solliciter impérieusement les flancs de sa monture fatiguée. Une longue rapière, dont la coquille de fer ouvragé devait peser plus d'une livre, pendait à un large ceinturon de cuir fermé par une boucle en cuivre et sanglant l'échine maigre du compagnon. Un manteau de couleur sombre qu'il avait jeté sur un banc avec son chapeau complétait l'accoutrement. Il eût été difficile de préciser à quelle classe appartenait le nouveau venu. Ce n'était ni un marchand, ni un bourgeois, ni un soldat. La supposition la plus plausible l'eût fait ranger dans la catégorie de ces gentilshommes pauvres ou de petite noblesse qui se font domestiques chez quelque grand et s'attachent à sa fortune.

Sigognac, qui n'avait pas l'âme à la cuisine comme Hérode ou Blazius et que la contemplation de ces triomphantes victuailles n'absorbait point, regardait avec une certaine curiosité ce grand drôle dont la physionomie ne lui semblait pas inconnue, bien qu'il ne pût se rappeler ni en quel endroit, ni en quel temps il l'avait rencontrée. Vainement il battit le rappel de ses souvenirs, il ne trouva pas ce qu'il cherchait. Cependant il sentait confusément que ce n'était pas la première fois qu'il se trouvait en contact avec cet énigmatique personnage qui, peu soucieux de cet examen inquisitif dont il paraissait avoir conscience, tourna tout à fait le dos à la salle en se penchant vers la cheminée sous figure de se chauffer les mains de plus près.

Comme sa mémoire ne lui fournissait rien de précis et qu'une plus longue insistance eût pu faire naître une querelle inutile, le Baron suivit les comédiens qui prirent possession de leurs logis respectifs, et après avoir fait un bout de toilette se réunirent dans une salle basse où était servi le souper auquel ils firent fête en gens affamés et altérés. Blazius, clappant de la langue, proclama le vin bon et se versa de nombreuses rasades, sans oublier les verres de ses camarades, car ce n'était point un de ces biberons égoïstes qui rendent à Bacchus un culte solitaire ; il aimait presque autant faire boire que boire lui-même ; le Tyran et Scapin lui rendaient raison ; Léandre craignait, en s'adonnant à de trop fréquentes libations, d'altérer la blancheur de son teint et de se fleurir le nez de bourgeons et bubelettes, ornements peu convenables pour un amoureux. Quant au Baron, les longues abstinences subies au château de Sigognac lui avaient donné des habitudes de sobriété castillane dont il ne se départait qu'avec peine. Il était d'ailleurs préoccupé du personnage entrevu dans la cuisine et qu'il trouvait suspect sans pouvoir dire pourquoi, car rien n'était plus naturel que l'arrivée d'un voyageur dans une hôtellerie bien achalandée.

Le repas était gai : animés par le vin et la bonne chère, joyeux enfin d'être à Paris, cet Eldorado de tous les gens à projets, imprégnés de cette chaude atmosphère si agréable après de longues heures passées au froid dans une charrette, les comédiens se livraient aux plus folles espérances. Ils rivalisaient en idée avec l'hôtel de Bourgogne et la troupe du Marais. Ils se voyaient applaudis, fêtés, appelés à la cour, commandant des pièces aux plus beaux esprits du temps, traitant les poëtes en grimauds, invités à des régals par les grands seigneurs, et bientôt roulant carrosse. Léandre rêvait les plus hautes conquêtes, et c'est tout au plus s'il consentait à ne pas usurper la reine. Quoiqu'il n'eût pas bu, sa vanité était ivre. Depuis son aventure avec la marquise de Bruyères, il se croyait décidément irrésistible et son amour-propre ne connaissait plus de bornes. Sérafine se promettait de ne rester fidèle au chevalier de Vidalinc que jusqu'au jour où se présenterait un plumet mieux fourni et plus huppé. Pour Zerbine, elle avait son marquis qui la devait bientôt rejoindre, et elle ne formait point de projets. Dame Léonarde étant mise hors de cause par son âge et ne pouvant servir que d'Iris messagère, ne s'amusait pas à ces futilités et ne perdait pas un coup de dent. Blazius lui chargeait son assiette et lui remplissait son gobelet jusqu'au bord avec une rapidité comique, plaisanterie que la vieille acceptait de bonne grâce.

Isabelle, qui depuis longtemps avait cessé de manger, roulait distraitement entre ses doigts une boulette de mie de pain à laquelle elle donnait la forme d'une colombe et reposait sur son cher Sigognac, assis à l'autre bout de la table, un regard tout baigné de chaste amour et de tendresse angélique. La chaude température de la salle avait fait monter une délicate rougeur à ses joues naguère un peu pâlies par la fatigue du voyage. Elle était adorablement belle de la sorte, et si le jeune duc de Vallombreuse eût pu la voir ainsi, son amour se fût exaspéré jusqu'à la rage.

De son côté, Sigognac contemplait Isabelle avec une

admiration respectueuse ; les beaux sentiments de cette charmante fille le touchaient autant que les attraits dont elle était abondamment pourvue, et il regrettait que par excès de délicatesse elle l'eût refusé pour mari.

Le souper fini, les femmes se retirèrent, ainsi que Léandre et le Baron, laissant le trio d'ivrognes émérites achever les bouteilles en vidange, procédé qui sembla trop soigneux au laquais chargé de servir à boire, mais dont une pièce blanche de bonne-main le consola.

« Barricadez-vous bien dans votre réduit, dit Sigognac en reconduisant Isabelle jusqu'à la porte de sa chambre ; il y a tant de gens en ces hôtelleries, qu'on ne saurait trop prendre de sûretés.

— Ne craignez rien, cher Baron, répondit la jeune comédienne, ma porte ferme par une serrure à trois tours qui pourrait clore une prison. Il y a de plus un verrou long comme mon bras ; la fenêtre est grillée, et nul œil-de-bœuf n'ouvre au mur sa prunelle sombre. Les voyageurs ont souvent des objets qui pourraient tenter la cupidité des larrons, et leurs logements doivent être clos de façon hermétique. Jamais princesse de conte de fée menacée d'un sort n'aura été plus en sûreté dans sa tour gardée par des dragons.

— Parfois, répliqua Sigognac, tous les enchantements sont vains et l'ennemi pénètre en la place malgré les phylactères, les tétragrammes et les abracadabras.

— C'est que la princesse, reprit Isabelle en souriant, favorisait l'ennemi de quelque complicité curieuse ou amoureuse, s'ennuyant d'être ainsi recluse, encore que ce fût pour son bien ; ce qui n'est point mon cas. Donc, puisque je n'ai point peur, moi qui suis de nature plus timide qu'une biche oyant le son du cor et les abois de la meute, vous devez être rassuré, vous qui égalez en courage Alexandre et César. Dormez sur l'une et l'autre oreille. »

Et en signe d'adieu, elle tendit aux lèvres de Sigognac une main fluette et douce dont elle savait préserver la blancheur, aussi bien qu'eût pu le faire une duchesse, avec des poudres de talc, des pommades de concombres et des gants préparés. Quand elle fut rentrée, Sigognac entendit tourner la clef dans la serrure, le pêne mordre la gâchette et le verrou grincer de la façon la plus rassurante ; mais comme il mettait le pied au seuil de sa chambre, il vit passer sur la muraille, découpée par la lumière du falot qui éclairait le corridor, l'ombre d'un homme qu'il n'avait pas entendu venir et dont le corps le frôla presque. Sigognac retourna vivement la tête. C'était l'inconnu de la cuisine se rendant sans doute au logis que l'hôte lui avait assigné. Cela était fort simple ; cependant le Baron suivit du regard, jusqu'à ce qu'un coude du corridor le dérobât à sa vue, en faisant mine de ne pas rencontrer tout d'abord le trou de la serrure, ce personnage mystérieux dont la tournure le préoccupait étrangement. Une porte retombant avec un bruit que le silence qui commençait à régner dans l'auberge rendait plus perceptible, lui apprit que l'inconnu était rentré chez lui, et qu'il habitait une région assez éloignée de l'auberge.

N'ayant pas envie de dormir, Sigognac se mit à écrire une lettre au brave Pierre, comme il lui avait promis de le faire dès son arrivée à Paris. Il eut soin de former bien distinctement les caractères, car le fidèle domestique n'était pas grand docteur et n'épelait guère que la lettre moulée. Cette épître était ainsi conçue :

« Mon bon Pierre, me voici enfin à Paris, où, à ce qu'on prétend, je dois faire fortune et relever ma maison déchue, quoiqu'à vrai dire je n'en voie guère le moyen. Cependant quelque heureuse occasion peut me rapprocher de la cour, et si je parviens à parler au roi, de qui toutes grâces émanent, les services rendus par mes aïeux aux rois ses prédécesseurs me seront sans doute comptés. Sa Majesté ne souffrira pas qu'une noble famille qui s'est ruinée dans les guerres s'éteigne ainsi misérablement. En attendant, faute d'autres ressources, je joue la comédie, et j'ai, à ce métier, gagné quelques pistoles dont je t'enverrai une part dès que j'aurai trouvé une occasion sûre. J'eusse mieux fait peut-être de m'engager comme soldat en quelque compagnie ; mais je ne voulais pas contraindre ma liberté, et d'ailleurs quelque pauvre qu'il soit, obéir répugne à celui dont les ancêtres ont commandé et qui n'a jamais reçu d'ordres de personne. Et puis la solitude m'a fait un peu indomptable et sauvage. La seule aventure de marque que j'aie eue en ce long voyage, c'est un duel avec un certain duc fort méchant et très-grand spadassin, dont je suis sorti à ma gloire, grâce à tes bonnes leçons. Je lui ai traversé le bras de part en part, et rien ne m'était plus facile que de le coucher mort sur le pré, car sa parade ne vaut pas son attaque, étant plus fougueux que prudent et moins ferme que rapide. Plusieurs fois il s'est découvert, et j'aurais pu le dépêcher au monument d'un de ces coups irrésistibles que tu m'as enseignés avec tant de patience pendant ces longs assauts que nous faisions dans la salle basse de Sigognac, la seule dont le plancher fût assez solide pour résister à nos appels de pieds, afin de tuer le temps, de nous dégourdir les doigts et de gagner le sommeil par la fatigue. Ton élève te fait honneur, et j'ai beaucoup grandi en la considération générale après cette victoire vraiment trop facile. Il paraît que je suis décidément une fine lame, un gladiateur de premier ordre. Mais laissons cela. Je pense souvent, malgré les distractions d'une nouvelle vie, à ce pauvre vieux château dont les ruines s'écroulent sur les tombes de ma famille et où j'ai passé ma triste jeunesse. De loin, il ne me paraît plus si laid ni si maussade ; même il y a des moments où je me promène en idée à travers ces salles désertes regardant les portraits jaunis qui, si longtemps, ont été ma seule compagnie et faisant craquer sous mon pied quelque éclat de vitre tombé d'une fenêtre effondrée, et cette rêverie me cause une sorte de plaisir mélancolique. Cela me ferait aussi une vive joie de revoir ta bonne vieille face brunie par le soleil, éclairée à mon aspect d'un sourire cordial. Et, pourquoi rougirai-je de le dire? je voudrais bien entendre le rouet de Béelzébuth, l'aboi de Miraut et le hennissement de ce pauvre Bayard, qui rassemblait ses dernières forces pour me porter, bien que je ne fusse guère lourd. Le malheureux que les hommes délaissent donne une part de son âme aux animaux plus fidèles que l'infortune n'effraye pas. Ces braves bêtes qui m'aimaient vivent-elles encore, et paraissent-elles se souvenir de moi et me regretter? As-tu pu, du moins, en cet habitacle de misère, les empêcher de mourir de faim et prélever sur ta maigre pitance un lopin à leur jeter? Tâchez de vivre tous jusqu'à ce que je revienne pauvre ou riche, heureux ou désespéré, pour partager mon désastre ou ma fortune, et finir ensemble, selon que le sort en disposera, dans l'endroit où nous avons souffert. Si je dois être le dernier des Sigognac, que la volonté de Dieu s'accomplisse! Il y a encore pour moi une place vide dans le caveau de mes pères.

« Baron de Sigognac. »

Le Baron scella cette lettre d'une bague à cachet, seul bijou qu'il conservât de son père et qui portait gravées les trois cigognes sur champ d'azur; il écrivit l'adresse et serra la missive dans un portefeuille pour l'envoyer quand partirait quelque courrier pour la Gascogne. Du château de Sigognac, où l'idée de Pierre l'avait transporté, son esprit revint à Paris et à la situation présente. Quoique l'heure fût avancée, il entendait vaguement bruire autour de lui ce murmure sourd d'une grande ville qui, de même que l'Océan, ne se tait jamais alors même qu'elle semble reposer. C'était le pas d'un cheval, le roulement d'un carrosse s'éteignant dans le lointain ; quelque chanson d'ivrogne attardé, quelque cliquetis de rapières froissées l'une contre l'autre, un cri de passant assailli par les tire-laines du Pont-Neuf, un hurlement de chien perdu ou toute autre rumeur indistincte. Parmi ces bruits, Sigognac crut distinguer dans le corridor un pas d'homme botté marchant avec précaution comme s'il ne voulait pas être entendu. Il éteignit sa lumière pour que le rayon ne le décelât point, et, entr'ouvrant sa porte, il vit dans les profondeurs du couloir un individu soigneusement embossé d'une cape de couleur sombre, qui se dirigeait vers la chambre du premier voyageur, dont la tournure lui avait paru suspecte. Quelques instants après, un autre compagnon, dont la chaussure craquait, bien qu'il s'efforçât de rendre sa démarche légère, prit le même chemin que le premier. Une demi-heure ne s'était pas écoulée qu'un troisième gaillard d'une mine assez truculente apparut sous le reflet douteux de la lanterne près de s'éteindre et s'engagea dans le couloir. Il était armé comme les deux autres, et un long estoc relevait par derrière le bord de sa cape. L'ombre que projetait sur son visage le bord d'un feutre à plume noire ne permettait pas d'en distinguer les traits.

Cette procession d'escogriffes sembla par trop intempestive et bizarre à Sigognac, et ce nombre de quatre lui rappela le guet-apens dont il avait failli être victime dans la ruelle de Poitiers, au sortir du théâtre, après sa querelle avec le duc de Vallombreuse. Ce fut un trait de lumière pour lui, et il reconnut dans l'homme qui l'avait tant intrigué à la cuisine le faquin dont l'agression eût pu lui être fatale s'il ne s'y était attendu. C'était bien celui qui avait roulé les quatre fers en l'air, le chapeau enfoncé jusqu'aux épaules, sous les coups de plat d'épée que le capitaine Fracasse lui administrait de bon courage. Les autres devaient être ses compagnons vaillamment mis en déroute par Hérode et Scapin. Quel hasard, ou pour mieux parler, quel complot les réunissait juste à l'auberge où la troupe avait pris ses quartiers et le soir même de son arrivée ? Il fallait qu'ils l'eussent suivi étape par étape. Et cependant Sigognac avait bien surveillé la route ; mais comment démêler un adversaire dans un cavalier qui passe d'un air indifférent et ne s'arrête point, vous jetant à peine ce regard vague qu'excite, en voyage, toute rencontre ? Ce qu'il y avait de sûr, c'est que la haine et l'amour du jeune duc ne s'étaient point endormis et cherchaient à se satisfaire tous les deux. Sa vengeance tâchait d'envelopper dans le même filet Isabelle et Sigognac. Très-brave de sa nature, le Baron ne redoutait pas pour lui les entreprises de ces drôles gagés que le vent de sa bonne lame eût mis en fuite, et qui ne devaient pas être plus courageux avec l'épée qu'avec le bâton ; mais il redoutait quelque lâche et subtile machination à l'encontre de la jeune comédienne. Il prit donc ses précautions en conséquence, et résolut de ne pas se coucher. Allumant toutes les bougies qui se trouvaient dans sa chambre, il ouvrit sa porte de façon à ce qu'une masse de clarté se projetât sur la muraille opposée du corridor à l'endroit même où donnait l'huis d'Isabelle ; puis il s'assit tranquillement après avoir tiré son épée ainsi que sa dague, pour les avoir prêtes à la main s'il arrivait quelque chose. Il attendit longtemps sans rien voir. Déjà deux heures avaient sonné au carillon de la Samaritaine et à l'horloge plus voisine des Grands-Augustins, lorsqu'un léger frôlement se fit entendre, et bientôt dans le cadre lumineux découpé sur le mur apparut incertain, hésitant et l'air fort penaud le premier individu, qui n'était autre que Mérindol, l'un des bretteurs du duc de Vallombreuse. Sigognac se tenait debout sur le seuil, l'épée au poing, prêt à l'attaque et à la défense, avec une mine si héroïque, si fière et si triomphante, que Mérindol passa sans mot dire et baissant la tête. Les trois autres, venant à la file et surpris par ce flot de brusque lumière au centre de laquelle flamboyait terriblement le baron, s'esquivèrent le plus lestement qu'ils purent, et même le dernier laissa tomber une pince, destinée sans doute à forcer la porte du capitaine Fracasse pendant son sommeil. Le Baron les salua d'un geste dérisoire, et bientôt un bruit de chevaux qu'on tirerait de l'écurie se fit entendre dans la cour. Les quatre coquins, leur coup manqué, détalaient à toute bride.

Au déjeuner Hérode dit à Sigognac : « Capitaine,

la curiosité ne vous point-elle pas d'aller visiter un peu cette ville, une des principales de ce monde, et dont on fait tant de récits? Si cela vous est agréable, je vous servirai de guide et de pilote, connaissant de longue main, pour les avoir pratiqués en mon adolescence, les récifs, écueils, bas-fonds, Euripes, Charybdes et Scyllas de cette mer périculeuse aux étrangers et provinciaux. Je serai votre Palinurus, et ne me laisserai point choir le nez dans l'onde, comme celui dont parle Virgilius Maro. Nous sommes ici tout portés pour voir le spectacle, le Pont-Neuf étant pour Paris ce qu'était la voie Sacrée pour Rome, le passage, rendez-vous et galerie péripatétique des nouvellistes, gobe-mouches, poëtes, escrocs, tire-laines, bateleurs, courtisanes, gentilshommes, bourgeois, soudards et gens de tous états.

— Votre proposition m'agrée fort, brave Hérode, répondit Sigognac, mais prévenez Scapin qu'il reste à l'hôtel et, de son œil de renard, surveille les allants et venants dont les façons ne seraient pas bien claires. Qu'il ne quitte pas Isabelle. La vengeance de Vallombreuse rôde autour de nous, cherchant à nous dévorer. Cette nuit j'ai revu les quatre marauds que nous avons si bien accommodés en la ruelle de Poitiers. Leur dessein était, je l'imagine, de forcer ma porte, de me surprendre au milieu de mon sommeil et de me faire un mauvais parti. Comme je veillais avec l'idée de quelque embûche à l'endroit de notre jeune amie, leur projet n'a pu s'effectuer et, se voyant découverts, ils se sont sauvés dare dare sur leurs chevaux, qui les attendaient tout sellés à l'écurie sous prétexte qu'ils voulaient matinalement partir.

— Je ne pense pas, répondit le Tyran, qu'ils osent rien tenter de jour. L'aide viendrait au moindre appel, et ils doivent, d'ailleurs, avoir encore le nez cassé de leur déconvenue. Scapin, Blazius et Léandre suffiront bien à garder Isabelle jusqu'à notre rentrée au logis. Mais de crainte de quelque querelle ou algarade par les rues, je vais prendre mon épée pour appuyer la vôtre au besoin. »

Cela dit, le Tyran boucla son majestueux abdomen d'un ceinturon soutenant une longue et solide rapière. Il jeta sur le coin de son épaule un petit manteau court qui ne pouvait embarrasser ses mouvements, et il enfonça jusqu'au sourcil son feutre à plume rouge; car il faut se méfier, quand on passe les ponts, du vent de bise ou de galerne, lequel a bientôt fait d'envoyer un chapeau à la rivière, au grand ébaudissement des pages, laquais et galopins. Telle était la raison que donnait Hérode de cette coiffure ainsi rabattue, mais l'honnête comédien pensait que cela pourrait peut-être nuire plus tard à Sigognac gentilhomme d'avoir été vu publiquement avec un histrion. C'est pourquoi il dissimulait autant que possible sa figure trop connue du populaire.

A l'angle de la rue Dauphine, Hérode fit remarquer à Sigognac, sous le porche des Grands-Augustins, les gens qui venaient acheter la viande saisie chez les bouchers les jours défendus et se ruaient pour en avoir quelque quartier à bas prix. Il lui montra aussi les nouvellistes, agitant entre eux les destins des royaumes, remaniant à leur gré les frontières, partageant les empires et rapportant de point en point les discours que les ministres avaient tenus seuls en leurs cabinets. Là se débitaient les gazettes, les libelles, écrits satiriques et autres menues brochures colportées sous le manteau. Tout ce monde chimérique avait la mine hâve, l'air fou et le vêtement délabré.

« Ne nous arrêtons pas, dit Hérode, à écouter leurs billevesées, nous n'en aurions jamais fini ; à moins pourtant que vous ne teniez à savoir le dernier édit du sophi de Perse ou le cérémonial usité à la cour du Prêtre-Jean. Avançons de quelques pas et nous allons jouir d'un des plus beaux spectacles de l'univers, et tel que les théâtres n'en présentent point dans leurs décorations de pièces à machines. »

En effet, la perspective qui se déploya devant les yeux de Sigognac et de son guide, lorsqu'ils eurent franchi les arches jetées sur le petit cours de l'eau, n'avait pas alors et n'a pas encore de rivale au monde. Le premier plan en était formé par le pont lui-même avec les gracieuses demi-lunes pratiquées au-dessus de chaque pile. Le Pont-Neuf n'était pas chargé, comme le pont au Change et le pont Saint-Michel, de deux files de hautes maisons. Le grand monarque qui l'avait fait bâtir n'avait pas voulu que de chétives et maussades constructions obstruassent la vue du somptueux palais où résident nos rois, et qu'on découvre de ce point en tout son développement.

Sur le terre-plein formant la pointe de l'île, avec

l'air calme d'un Marc-Aurèle, le bon roi chevauchait sa monture de bronze au sommet d'un piédestal où s'adossait à chaque angle un captif de métal se contournant dans ses liens. Une grille en fer battu, à riches volutes, l'entourait pour préserver sa base des familiarités et irrévérences de la plèbe; car, parfois, enjambant la grille, les polissons se risquaient à monter en croupe du débonnaire monarque, surtout les jours d'entrée royale ou d'exécution curieuse. Le ton sévère du bronze se détachait en vigueur sur le vague de l'air et le fond des coteaux lointains qu'on apercevait au delà du pont Rouge.

Du côté de la rive gauche, au-dessus des maisons, jaillissait la flèche de Saint-Germain des Prés, la vieille église romane, et se dressaient les hauts toits de l'hôtel de Nevers, grand palais toujours inachevé. Un peu plus loin, la tour, antique reste de l'hôtel de Nesle, trempait son pied dans la rivière, au milieu d'un monceau de décombres, et quoique depuis longtemps à l'état de ruine, gardait encore une fière attitude sur l'horizon. Au delà, s'étendait la Grenouillère, et dans une vague brume azurée l'on distinguait au bord du ciel les trois croix plantées au haut du Calvaire ou mont Valérien.

Le Louvre occupait splendidement la rive droite éclairée et dorée par un gai rayon de soleil, plus lumineux que chaud, comme peut l'être un soleil d'hiver, mais qui donnait un singulier relief aux détails de cette architecture à la fois noble et riche. La longue galerie réunissant le Louvre aux Tuileries, disposition merveilleuse qui permet au roi d'être tour à tour quand bon lui semble, dans sa bonne ville ou dans la campagne, déployait ses beautés nonpareilles, fines sculptures, corniches historiées, bossages vermiculés, colonnes et pilastres à égaler les constructions des plus habiles architectes grecs ou romains.

A partir de l'angle où s'ouvre le balcon de Charles IX le bâtiment faisait une retraite, laissant place à des jardins et à des constructions parasites, champignon, poussés au pied de l'ancien édifice. Sur le quai, des ponceaux arrondissaient leurs arcades, et un peu plus en aval que la tour de Nesle s'élevait une cour, reste du vieux Louvre de Charles V, flanquant la porte bâtie entre le fleuve et le palais. Ces deux vieilles tours, couplées à la mode gothique, se faisant face diagonalement, ne contribuaient pas peu à l'agrément de la perspective. Elles rappelaient le temps de la féodalité, et tenaient leur place parmi les architectures neuves et de bon goût, comme une chaire à l'antique ou quelque vieux dressoir en chêne curieusement ouvré au milieu de meubles modernes plaqués d'argent et de dorures. Ces reliques des siècles disparus donnent aux cités une physionomie respectable, et l'on devrait bien se garder de les faire disparaître.

Au bout du jardin des Tuileries, où finit la ville, on distinguait la porte de la Conférence, et le long du fleuve, au delà du jardin, les arbres du Cours-la-Reine, promenade favorite des courtisans et personnes de qualité qui vont là faire montre de leurs carrosses.

Les deux rives, dont nous venons de tirer un crayon

rapide, encadraient comme deux coulisses la scène animée que présentait la rivière sillonnée de barques allant d'un bord à l'autre, obstruée de bateaux amarrés et groupés près de la berge, ceux-là chargés de foin, ceux-ci de bois et autres denrées. Près du quai, au bas du Louvre, les galiotes royales attiraient l'œil par leurs ornements sculptés et dorés et leurs pavillons aux couleurs de France.

En ramenant le regard vers le pont, on apercevait par-dessus les faîtes aigus des maisons semblables à des cartes appuyées l'une contre l'autre, les clochetons de Saint-Germain l'Auxerrois. Ce point de vue suffisamment contemplé, Hérode conduisit Sigognac devant la Samaritaine.

« Encore que ce soit le rendez-vous des nigauds qui restent là de longs espaces de temps à attendre que le clocheteur de métal frappe l'heure sur le timbre de l'horloge, il y faut aller et faire comme les autres. Un peu de badauderie ne messied point au voyageur nouveau débarqué. Il y aurait plus de sauvagerie que de sagesse à mépriser avec rebuffades sourcilleuses ce qui fait le charme du populaire. »

C'est en ces termes que le Tyran s'excusait près de son compagnon pendant que tous deux faisaient pied de grue au bas de la façade du petit édifice hydraulique, et regardaient, attendant aussi que l'aiguille arrivât à mettre en branle le joyeux carillon, le Jésus de plomb doré parlant à la Samaritaine accoudée sur la margelle du puits, le cadran astronomique avec son zodiaque et sa pomme d'ébène marquant le cours du soleil et de la lune, le mascaron vomissant l'eau puisée au fleuve, l'Hercule à gaîne supportant tout ce système de décoration, et la statue creuse servant de girouette comme la Fortune à la Dogana de Venise et la Giralda à Séville.

La pointe de l'aiguille atteignit enfin le chiffre X ; les clochettes se mirent à tintinnabuler le plus joyeusement du monde avec leurs petites voiles grêles, argentines ou cuivrées, chantant un air de sarabande ; le clocheteur leva son bras d'airain, et le marteau descendit autant de fois sur le timbre qu'il y avait d'heures à piquer. Ce mécanisme, ingénieusement élaboré par le Flamand Lintlaer, amusa beaucoup Sigognac, lequel, bien que spirituel de nature, était fort neuf en beaucoup de choses, n'ayant jamais quitté sa gentilhommière au milieu des landes.

« Maintenant, dit Hérode, tournons-nous de l'autre côté ; la vue n'est du tout si magnifique par là. Les maisons du pont au Change la bornent trop étroitement. Les bâtisses du quai de la Mégisserie ne valent rien ; cependant cette tour Saint-Jacques, ce clocher de Saint-Méderic et ces flèches d'églises lointaines annoncent bien leur grande ville. Et sur l'île du palais, au quai du grand cours de l'eau, ces maisons régulières de briques rouges, reliées par des chaînes de pierre blanche, ont un aspect monumental que termine heureusement la vieille tour de l'Horloge coiffée de son toit en éteignoir, qui souvent perce à propos la brume du ciel. Cette place Dauphine ouvrant son triangle en face du Roi de bronze, et laissant voir la porte du Palais, peut se ranger parmi les mieux ordonnées et les plus propres. La flèche de la Sainte-Chapelle, cette église à deux étages, si célèbre par son trésor et ses reliques, domine de façon gracieuse ses hauts toits d'ardoises percés de lucarnes ornementées et qui luisent d'un éclat tout neuf, car il n'y a pas longtemps que ces maisons sont bâties, et en mon enfance j'ai joué à la marelle sur le terrain qu'elles occupent; grâce à la munificence de nos rois, Paris s'embellit tous les jours à la grande admiration des étrangers, qui, de retour dans leur pays, en racontent merveilles, le trouvant amélioré, agrandi et quasi neuf à chaque voyage.

— Ce qui m'étonne, répondait Sigognac, encore plus que la grandeur, richesse et somptuosité des bâtiments tant publics que privés, c'est le nombre infini des gens qui pullulent et grouillent en ces rues, places et ponts comme des fourmis dont on vient de renverser la fourmilière, et qui courent éperdus de çà, de là, avec des mouvements dont on ne peut soupçonner le but. Il est étrange à penser que parmi les individus qui composent cette inépuisable multitude, chacun a une chambre, un lit bon ou mauvais, et mange à peu près tous les jours, sans quoi il mourrait de malemort. Quel prodigieux amas de victuailles, combien de troupeaux de bœufs, de muids de farine, de poinçons de vin il faut pour nourrir tout ce monde amoncelé sur le même point, tandis qu'en nos landes on rencontre à peine un habitant de loin en loin ! »

En effet, l'affluence du populaire qui circulait sur

le Pont-Neuf avait de quoi surprendre un provincial. Au milieu de la chaussée se suivaient et se croisaient des carrosses à deux ou quatre chevaux, les uns fraîchement peints et dorés, garnis de velours avec glaces aux portières se balançant sur un moelleux ressort, peuplés de laquais à l'arrière-train et guidés par des cochers à trognes vermeilles en grande livrée, qui contenaient à peine, parmi cette foule, l'impatience de leur attelage; les autres moins brillants, aux peintures ternies, aux rideaux de cuir, aux ressorts énervés, traînés par des chevaux beaucoup plus pacifiques dont la mèche du fouet avait besoin de réveiller l'ardeur et qui annonçaient chez leurs maîtres une moindre opulence. Dans les premiers, à travers les vitres, on apercevait des courtisans magnifiquement vêtus, des dames coquettement attifées; dans les seconds des robins, docteurs et autres personnages graves. A tout cela se mêlaient des charrettes chargées de pierres, de bois ou de tonneaux, conduites par des charretiers brutaux à qui les embarras faisaient renier Dieu avec une énergie endiablée. A travers ce dédale mouvant de chars, les cavaliers cherchaient à se frayer un passage et ne manœuvraient pas si bien qu'ils n'eussent parfois la botte effleurée et crottée par un moyeu de roue. Les chaises à porteurs, les unes de maître, les autres de louage, tâchaient de se tenir sur les bords du courant pour n'en être point entraînées, et longeaient autant que possible les parapets du pont. Vint à passer un troupeau de bœufs, et le désordre fut à son comble. Les bêtes cornues, nous ne voulons pas parler des bipèdes mariés qui lors traversaient le Pont-Neuf, mais bien des bœufs, couraient çà et là, baissant la tête, effarés, harcelés par les chiens, bâtonnés par les conducteurs. A leur vue les chevaux s'effrayaient, piaffaient et faisaient des pétarades. Les passants se sauvaient de peur d'être encornés, et les chiens se glissant entre les jambes des moins lestes les écartaient du centre de gravité et les faisaient choir plats comme porcs. Même une dame fardée et mouchetée, toute passequillée de jayet et de rubans couleur de feu, qui semblait quelque prêtresse de Vénus en quête d'aventure, trébucha de ses hauts patins et s'étala sur le dos, sans se faire mal, comme ayant habitude de telles chutes, ne manquèrent pas à dire les mauvais plaisants qui lui donnèrent la main pour se relever. D'autres fois, c'était une compagnie de soldats se rendant à quelque poste, enseignes déployées et tambours en tête, et il fallait bien que la foule fît place à ces fils de Mars accoutumés à ne point rencontrer de résistance.

« Tout ceci, dit Hérode à Sigognac que ce spectacle absorbait, n'est que de l'ordinaire. Tâchons de fendre la presse et de gagner les endroits où se tiennent les originaux du Pont-Neuf, figures extravagantes et falotes qu'il est bon de considérer de plus près. Nulle autre ville que Paris n'en produit de si hétéroclites. Elles poussent entre ses pavés comme fleurs ou plutôt champignons difformes et monstrueux auxquels aucun sol ne convient comme cette boue noire. Eh! tenez, voici précisément le Périgourdin du Maillet, dit le poëte crotté, qui fait la cour au roi de bronze. Les uns prétendent que c'est un singe échappé de quelque ménagerie; d'autres affirment que c'est un des chameaux ramenés par M. de Nevers. On n'a pas encore résolu le problème : moi je le tiens pour homme à sa folie, à son arrogance, à sa malpropreté. Les singes cherchent leur vermine et la croquent par esprit de vengeance et représailles : lui, ne prend pas un tel soin; les chameaux se lissent le poil et s'aspergent de poussière comme de poudre d'iris; ils ont d'ailleurs plusieurs estomacs et ruminent leur nourriture : ce que celui-ci ne saurait faire, car il a toujours le jabot vide comme la tête. Jetez-lui quelque aumône; il la prendra en maugréant et en vous maudissant. C'est donc bien un homme puisqu'il est fol, sale et ingrat. »

Sigognac tira de son escarcelle une pièce blanche qu'il tendit au poëte qui, d'abord, enfoncé dans une rêverie profonde comme sont d'habitude ces gens blessés de cervelle et fantastiques d'humeur, ne voyait pas le Baron planté devant lui. Il l'aperçut enfin, et sortant de sa méditation creuse, il prit la pièce d'un geste brusque et fou et la plongea dans sa pochette en grommelant quelques vagues injures, puis, le démon des vers s'emparant de nouveau de lui, il se mit à brocher des babines, à rouler des yeux, à faire des grimaces aussi curieuses au moins que celles des mascarons sculptés par Germain Pilon sous la corniche du Pont-Neuf, accompagnant le tout de mouvements de doigts pour scander les pieds du vers qu'il murmurait entre ses dents, qui le rendaient semblable à un joueur de mourre, et réjouissaient les polissons réunis en cercle autour de lui.

Ce poëte, il faut le dire, était plus singulièrement accoutré que l'effigie de Mardi-Gras, quand on la mène brûler au mercredi des Cendres, ou qu'un de ces mannequins qu'on suspend dans les vergers ou dans les vignes pour effrayer la gourmandise des oiseaux. On eût dit, à le voir, que le clocheteur de la Samaritaine, le petit More du Marché-Neuf ou le Jacquemard de Saint-Paul se fussent allés vêtir à la friperie. Un vieux feutre roussi par le soleil, lavé par la pluie, ceint d'un cordon de graisse, accrété, en guise de plumet, d'une plume de coq rongée aux mites, plus comparable à une chausse à filtrer d'apothicaire qu'à une coiffure humaine, lui descendait jusqu'au sourcil, le forçant à relever le nez pour voir, car les yeux étaient presque occultés sous ce bord flasque et crasseux. Son pourpoint, d'une étoffe et d'une couleur indescriptibles, paraissait de meilleure humeur que lui, car il riait par toutes les coutures. Ce vêtement facétieux crevait de gaieté et aussi de vieillesse, ayant vécu plus d'années que Mathusalem. Une lisière de drap de frise lui servait de ceinture et de baudrier, et soutenait en guise d'épée un fleuret démoucheté dont la pointe, comme un soc de charrue, creusait le pavé derrière lui. Des grègues de satin jaune, qui jadis avait déguisé les masques à quelque entrée de ballet, s'engloutissaient dans des bottes, l'une de pêcheur d'huîtres, en cuir noir, l'autre à genouillère, en cuir blanc de

Russie, celle-ci à pied plat, l'autre à pied tortu, ergotée d'un éperon, et que sa semelle feuilletée eût abandonnée depuis longtemps sans le secours d'une ficelle faisant plusieurs tours sur le pied comme les bandelettes d'un cothurne antique. Un roquet de bourracan rouge, que toutes les saisons retrouvaient à son poste, complétait cet ajustement qui eût fait honte à un cueilleur de pommes du Perche, et dont notre poëte ne semblait pas médiocrement fier. Sous les plis du roquet, à côté du pommeau de la brette chargée sans doute de le défendre, un chignon de pain montrait son nez.

Plus loin, dans une des demi-lunes pratiquées au-dessus de chaque pile, un aveugle, accompagné d'une grosse commère qui lui servait d'yeux, braillait des couplets gaillards, ou d'un ton comiquement lugubre, psalmodiait une complainte sur la vie, les forfaits et la mort d'un criminel célèbre. A un autre endroit, un charlatan, revêtu d'un costume en serge rouge, se démenait, un pélican à la main, sur une estrade enjolivée par des guirlandes de dents canines, incisives ou molaires, enfilées dans des fils de laiton. Il débitait aux badauds attroupés une harangue où il se faisait fort d'enlever sans douleur (pour lui-même) les chicots les plus rebelles et les mieux enracinés, d'un coup de sabre ou de pistolet, au choix des personnes, à moins, cependant, qu'elles ne préférassent être opérées par les moyens ordinaires. « Je ne les arrache pas... s'écriait-il d'une voix glapissante, Je les cueille ! Allons, que celui d'entre vous qui jouit d'une mauvaise denture entre dans le cercle sans crainte, et je vais le guérir à l'instant ! »

Un espèce de rustre, dont la joue ballonnée témoignait qu'il souffrait d'une fluxion, vint s'asseoir sur la chaise, et l'opérateur lui plongea dans la bouche la redoutable pince d'acier poli. Le malheureux, au lieu de se retenir aux bras du fauteuil, suivait sa dent, qui avait bien de la peine à se séparer de lui, et se soulevait à plus de deux pieds en l'air, ce qui amusait beaucoup la foule. Une saccade brusquement donnée finit son supplice, et l'opérateur brandit au-dessus des têtes son trophée tout sanglant !

Pendant cette scène grotesque, un singe attaché sur l'estrade par une chaînette rivée à un ceinturon de cuir qui lui sanglait les reins, contrefaisait d'une façon comique les cris, gestes et contorsions du patient.

Ce spectacle ridicule ne retint pas longtemps Hérode et Sigognac, qui s'arrêtèrent plus volontiers aux marchands de gazettes et aux bouquinistes installés sur les parapets. Même le Tyran fit remarquer à son compagnon un gueux tout déguenillé qui s'était établi en dehors du pont, sur l'épaisseur de la corniche, sa béquille et son écuelle auprès de lui, et de là haussant le bras, mettait son chapeau crasseux sous le nez des gens penchés pour feuilleter un livre ou regarder le cours de l'eau, afin qu'ils y jetassent un double ou un teston, ou plus s'il leur plaisait, car il ne refusait aucune monnaie, étant bien capable de faire passer la fausse.

« Chez nous, dit Sigognac, il n'y a que les hirondelles qui logent aux corniches, ici ce sont les hommes !

— Vous appelez ce maraud un homme ! dit Hérode, c'est bien de la politesse, mais chrétiennement il ne faut mépriser personne. Au reste, il y a de tout sur ce pont, peut-être même d'honnêtes gens, puisque nous y sommes. D'après le proverbe, on n'y saurait passer sans rencontrer un moine, un cheval blanc et une drôlesse. Voici précisément un frocard qui se hâte faisant claquer sa sandale, le cheval blanc n'est pas loin ; eh ! pardieu regardez devant vous ; cette rosse qui fait la courbette comme entre les piliers. Il ne manque plus que la courtisane. Nous n'attendrons pas longtemps. Au lieu d'une il en vient trois, la gorge découverte, fardées en roue de carrosse, et riant d'un rire affecté pour montrer leurs dents. Le proverbe n'a pas menti. »

Tout à coup un tumulte se fit entendre à l'autre bout du pont, et la foule courut au bruit. C'étaient des bretteurs qui s'escrimaient sur le terre-plein au pied de la statue, comme en l'endroit le plus libre et le plus dégagé. Ils criaient : *Tue ! tue !* et faisaient mine de se charger avec furie. Mais ce n'étaient qu'estocades simulées, que bottes retenues et courtoises comme dans les duels de comédie, où, tant tués que blessés, il n'y a jamais personne de mort. Ils se battaient deux contre deux, et paraissaient animés d'une rage extrême, écartant les épées qu'interposaient leurs compagnons pour les séparer. Cette feinte querelle avait pour but de produire un rassemblement pour que, parmi la foule, les coupe-bourses et les tire-laines pussent faire leurs coups tout à l'aise. En effet, plus d'un curieux qui était entré dans le groupe un beau manteau doublé de panne sur l'épaule, et la pochette bien garnie, sortit de la presse en simple pourpoint, et ayant dépensé son argent sans le savoir. Sur quoi les bretteurs, qui ne s'étaient jamais brouillés, s'entendant comme larrons en foire qu'ils étaient, se réconcilièrent et se secouèrent la main avec grande affectation de loyauté, déclarant l'honneur satisfait. Ce qui n'était vraiment pas difficile ; l'honneur de tels maroufles ne devait point avoir de bien sensibles délicatesses.

Sigognac, sur l'avis d'Hérode, ne s'était pas trop approché des combattants, de sorte qu'il ne pouvait les voir que confusément à travers les interstices que laissaient au regard les têtes et les épaules des curieux. Cependant il lui sembla reconnaître dans ces quatre drôles les hommes dont il avait, la nuit précédente, surveillé les mystérieuses allures à l'auberge de la rue Dauphine, et il communiqua son soupçon à Hérode. Mais déjà les bretteurs s'étaient prudemment éclipsés derrière la foule, et il eût été plus malaisé de les retrouver qu'une aiguille en un tas de foin.

« Il est possible, dit Hérode, que cette querelle n'ait été qu'un coup monté pour vous attirer sur ce point, car nous devons être suivis par les émissaires du duc de Vallombreuse. Un des bretteurs eût feint d'être gêné ou choqué de votre présence, et, sans vous laisser le temps de dégaîner, il vous eût porté comme par mégarde quelque botte assassine, et, au besoin, ses camarades vous auraient achevé. Le tout eût été mis sur le dos d'une rencontre et rixe fortuite. En de telles algarades, celui qui a reçu les coups les garde. La préméditation et le guet-apens ne se peuvent prouver.

— Cela me répugne, répondit le généreux Sigognac, de croire un gentilhomme capable de cette bassesse de faire assassiner son rival par des gladiateurs. S'il n'est pas satisfait d'une première rencontre, je suis prêt à croiser de nouveau le fer avec lui, jusqu'à ce que la mort de l'un ou de l'autre s'ensuive. C'est ainsi que les choses se passent entre gens d'honneur.

— Sans doute, répliqua Hérode, mais le Duc sait bien, quelque enragé qu'il soit d'orgueil, que l'issue du combat ne pourrait manquer de lui être funeste. Il a tâté de votre lame et en a senti la pointe. Croyez qu'il conserve de sa défaite une rancune diabolique, et ne sera pas délicat sur les moyens d'en tirer vengeance.

— S'il ne veut pas l'épée, battons-nous à cheval au pistolet, dit Sigognac, il ne pourra ainsi arguer de ma force à l'escrime. »

En discourant de la sorte, les deux compagnons gagnèrent le quai de l'École, et là un carrosse faillit écraser Sigognac, encore qu'il se fût rangé promptement. Sa taille mince lui valut de n'être pas aplati sur la muraille, tant la voiture le serrait de près, bien qu'il y eût de l'autre côté assez de place, et que le cocher, par une légère inflexion imprimée à ses chevaux, eût pu éviter ce passant qu'il semblait poursuivre. Les glaces de ce carrosse étaient levées, et les rideaux intérieurs abaissés ; mais qui les eût écartés eût vu un seigneur magnifiquement habillé, dont une bande de taffetas noir pliée en écharpe soutenait le bras. Malgré le reflet rouge des rideaux fermés, il était pâle, et les arcs minces de ses sourcils noirs se dessinaient dans une mate blancheur. De ses dents, plus pures que des perles, il mordait jusqu'au sang sa lèvre inférieure, et sa moustache fine, roidie par des cosmétiques, se hérissait avec des contractions fébriles comme celle du tigre flairant sa proie. Il était parfaitement beau, mais sa physionomie avait une telle expression de cruauté, qu'elle eût plutôt inspiré l'effroi que l'amour, du moins en ce moment, où des passions haineuses et mauvaises la décomposaient. A ce portrait, esquissé en soulevant le rideau d'une voiture qui passe à toute vitesse, on a sans doute reconnu le jeune duc de Vallombreuse.

« Encore ce coup manqué, dit-il, pendant que le carrosse l'emportait le long des Tuileries vers la porte de la Conférence. J'avais pourtant promis à mon cocher vingt-cinq louis, s'il était assez adroit pour accrocher ce damné Sigognac et le rouer contre une borne comme par accident. Décidément mon étoile pâlit ; ce petit hobereau de campagne l'emporte sur moi. Isabelle l'adore et me déteste. Il a battu mes estafiers, il m'a blessé moi-même. Fût-il invulnérable et protégé par quelque amulette, il faut qu'il meure, ou j'y perdrai mon nom et mon titre de duc.

« Humph ! fit Hérode en tirant une longue aspiration de sa poitrine profonde, les chevaux de ce carrosse semblent avoir l'humeur de ceux de Diomède, lesquels couraient sus aux hommes, les déchiraient et se nourrissaient de leur chair. Vous n'êtes pas blessé, au moins? Ce cocher de malheur vous voyait fort bien, et je gagerais ma plus belle recette qu'il cherchait à vous écraser, lançant son attelage de propos délibéré contre vous, pour quelque dessein ou vengeance occulte. J'en suis certain. Avez-vous remarqué s'il y avait quelque armoirie peinte sur les portières? En votre qualité de gentilhomme, vous connaissez la noble science héraldique, et les blasons des principales familles vous sont familiers.

— Je ne saurais le dire, répondit Sigognac ; un héraut d'armes même, en cette conjoncture, n'aurait pas discerné les émaux et couleurs d'un écu, encore moins ses partitions, figures et pièces honorables. J'avais trop affaire d'esquiver la machine roulante pour voir si elle était historiée de lions léopardés ou issants, d'alérions ou de merlettes, de besans ou de tourteaux, de croix cléchées ou vivrées, ou de tous autres emblèmes.

— Cela est fâcheux, répliqua Hérode ; cette remarque nous eût mis sur la trace et fait trouver, peut-être, le fil de cette noire intrigue, car il est évident qu'on cherche à se défaire de vous, *quibuscumque viis*, comme dirait le pédant Blazius en son latin... Quoique la preuve manque, je ne serais nullement étonné que ce carrosse appartînt au duc de Vallombreuse, qui voulait se donner le plaisir de faire passer son char sur le corps de son ennemi.

— Quelle pensée avez-vous là, seigneur Hérode? fit Sigognac ; ce serait une action basse, infâme et scélérate, par trop indigne d'un gentilhomme de grande maison comme est, après tout, ce Vallombreuse. D'ailleurs, ne l'avons-nous pas laissé en son hôtel de Poitiers, assez mal accommodé de sa blessure? comment se trouverait-il déjà à Paris, où nous ne sommes arrivés que d'hier?

— Ne nous sommes-nous point arrêtés assez longtemps à Orléans et à Tours, où nous avons donné des représentations, pour qu'il ait pu, avec les équipages dont il dispose, nous suivre et même nous devancer? Quant à sa blessure, soignée par les plus excellents médecins, elle a dû bientôt se fermer et se cicatriser. Elle n'était pas, d'ailleurs, de nature assez dangereuse pour empêcher un homme jeune et plein de vigueur de voyager tout à son aise en carrosse ou en litière. Il faut donc, mon cher Capitaine, vous bien tenir sur vos gardes, car on cherche à vous monter quelque coup de Jarnac ou à vous faire tomber en quelque embûche sous forme d'accident. Votre mort livrerait sans défense Isabelle aux entreprises du Duc. Que pourrions-nous contre un si puissant seigneur, nous autres pauvres histrions? S'il est douteux que Vallombreuse soit à Paris, ses émissaires, du moins, l'y remplacent, puisque cette nuit même, si vous n'aviez pas veillé sous les armes, ému d'un juste soupçon, ils vous auraient gentiment égorgillé en votre chambrette. »

Les raisons qu'alléguait Hérode étaient trop plausibles pour être discutées ; aussi le Baron n'y répondit-il que par un signe d'assentiment, et porta-t-il la main sur la garde de son épée, qu'il tira à demi, afin de s'assurer qu'elle jouait bien et ne tenait point au fourreau.

Tout en causant, les deux compagnons s'étaient avancés le long du Louvre et des Tuileries jusqu'à la porte de la Conférence, par où l'on va au Cours-la-Reine, lorsqu'ils virent devant eux un grand tourbillon de poussière où papillotaient des éclairs d'armes et des luisants de cuirasse. Ils se rangèrent pour laisser passer cette cavalerie qui précédait la voiture du roi, qui revenait de Saint-Germain au Louvre. Ils purent voir dans le carrosse, car les glaces étaient baissées et les rideaux écartés, sans doute pour que le populaire contemplât tout son soûl le Monarque arbitre de ses destinées, un fantôme pâle, vêtu de noir, le cordon bleu sur la poitrine, aussi immobile qu'une effigie de cire. De longs cheveux bruns encadraient ce visage mort attristé par un incurable ennui, un ennui espagnol, à la Philippe II, comme l'Escurial seul peut en mitonner dans son silence et sa solitude. Les yeux ne semblaient pas réfléchir les objets ; aucun désir, aucune pensée, aucun vouloir n'y mettait sa flamme. Un dégoût profond de la vie avait relâché la lèvre inférieure, qui tombait morose avec une sorte de moue boudeuse. Les mains blanches et maigres posaient sur les genoux, comme celles de certaines idoles égyptiennes. Cependant il y avait encore une majesté royale dans cette morne figure qui personnifiait la France, et en qui se figeait le généreux sang de Henri IV.

La voiture passa comme un éblouissement, suivie d'un gros de cavaliers qui fermaient l'escorte. Sigognac resta tout rêveur de cette apparition. En son imagination naïve, il se représentait le roi comme un être surnaturel, rayonnant dans sa puissance au milieu d'un soleil d'or et de pierreries, fier, splendide, triomphat, plus beau, plus grand, plus fort que tous les autres ; et il n'avait vu qu'une figure triste, chétive, ennuyée, souffreteuse, presque pauvre d'aspect, dans un costume sombre comme le deuil, et ne paraissant pas s'apercevoir du monde extérieur, occupée qu'elle était de quelque lugubre rêverie. « Eh ! quoi, se disait-il en lui-même, voilà le roi, celui en qui se résument tant de millions d'hommes, qui trône au sommet de la pyramide, vers qui tant de mains se tendent d'en bas suppliantes, qui fait taire ou gronder les canons, élève ou abaisse, punit ou récompense, dit « grâce » s'il le veut, quand la justice dit « mort », et peut changer d'un mot une destinée ! Si son regard tombait sur moi, de misérable je deviendrais riche, de faible puissant ; un homme inconnu se développerait salué et flatté de tous. Les tourelles ruinées de Sigognac se relèveraient orgueilleusement ; des domaines viendraient s'ajouter à mon patrimoine rétréci. Je serais seigneur du mont et de la plaine ! Mais comment penser que jamais il me découvre dans cette fourmilière humaine qui grouille vaguement à ses pieds et qu'il ne regarde pas? Et quand même il m'aurait vu, quelle sympathie peut-il se former entre nous ? »

Ces réflexions, et beaucoup d'autres qu'il serait trop long de rapporter, occupaient Sigognac, qui marchait silencieusement à côté de son compagnon. Hérode respecta cette rêverie, se divertissant à regarder les équipages aller et venir. Puis il fit observer au Baron qu'il allait être midi, et qu'il était temps de diriger l'aiguille de la boussole vers le pôle de la soupe, rien n'étant pire qu'un dîner froid, si ce n'est un dîner réchauffé.

Sigognac se rendit à ce raisonnement péremptoire, et ils reprirent le chemin de leur auberge. Rien de particulier n'avait eu lieu en leur absence. Il ne s'était passé que deux heures. Isabelle, tranquillement assise à table devant un potage étoilé de plus d'yeux que le corps d'Argus, accueillit son ami avec son doux sourire habituel en lui tendant sa blanche main. Les comédiens lui adressèrent des questions badines ou curieuses sur son excursion à travers la ville, lui demandant s'il possédait encore son manteau, son mouchoir et sa bourse. A quoi Sigognac répondit joyeusement par l'affirmative. Cette aimable causerie lui fit bientôt oublier ses sombres préoccupations, et il en vint à se demander en lui-même s'il n'était pas la dupe d'une imagination hypocondriaque qui ne voyait partout qu'embûches.

Il avait raison cependant, et ses ennemis, pour quelques tentatives avortées, ne renonçaient point à leurs noirs projets. Mérindol, menacé par le duc d'être rendu aux galères d'où il l'avait tiré s'il ne le défaisait de Sigognac, se résolut à requérir l'aide d'un brave de ses amis, à qui nulle entreprise ne répugnait, quelque hasardeuse qu'elle fût, si elle était bien payée. Il ne se sentait pas de force à venir à bout du Baron, qui d'ailleurs le connaissait maintenant, ce qui en rendait l'approche difficile, vu qu'il était sur ses gardes.

Mérindol alla donc à la recherche de ce spadassin qui demeurait place du Marché-Neuf, près du Petit-Pont, endroit peuplé principalement de bretteurs, filous, tireurs de laine et autres gens de mauvaise vie.

Avisant parmi les hautes maisons noires, qui s'épaulaient comme ivrognes ayant peur de tomber, une plus noire, plus délabrée, plus lépreuse encore que les autres, dont les fenêtres, débordant d'immondes guenilles, ressemblaient à des ventres ouverts laissant couler leurs entrailles, il s'engagea dans l'allée obscure qui servait d'entrée à cette caverne. Bientôt le jour venant de la rue s'éteignit, et Mérindol, tâtant les murailles suantes et visqueuses comme si des limaçons les eussent engluées de leur bave, trouva parmi l'ombre la corde tenant lieu de rampe à l'escalier, corde qu'on pouvait croire détachée d'un gibet et suiffée de graisse humaine. Il se hissa comme il put par cette échelle de meunier, trébuchant à chaque pas sur les bosses et callosités qu'avait formées à chaque marche la vieille boue entassée là, couche à couche, depuis le temps où Paris s'appelait Lutèce.

Cependant, à mesure que Mérindol avançait dans

son ascension périlleuse, les ténèbres se faisaient moins intenses. Une lueur blafarde et brouillée pénétrait à travers les vitres jaunes des jours de souffrance pratiqués pour éclairer l'escalier, et qui donnaient sur une cour noire et profonde comme un puits de mine. Enfin, il arriva au dernier étage à demi suffoqué par les vapeurs méphitiques s'exhalant des plombs. Deux ou trois portes s'ouvraient sur le palier dont le plafond en plâtre sale était enjolivé d'arabesques obscènes, de tire-bouchons et de mots plus que rabelaisiens tracés par la fumée des chandelles, fresques bien dignes d'une pareille bicoque.

L'une de ces portes était entre-bâillée. Mérindol la poussa d'un coup de pied, ne voulant y toucher de la main, et pénétra sans plus de cérémonie dans l'unique chambre composant le Louvre du bretteur Jacquemin Lampourde.

Une âcre fumée lui piqua les yeux et le gosier, si bien qu'il se prit à tousser comme un chat qui avale des plumes en croquant un oiseau, et qu'il se passa bien deux minutes avant qu'il pût parler. Profitant de la porte ouverte, la fumée se répandit sur le palier, et le brouillard devenant moins épais, le visiteur put discerner à peu près l'intérieur de la chambre.

Ce repaire mérite une description particulière, car il est douteux que l'honnête lecteur ait jamais mis le pied dans un taudis pareil, et il ne saurait se faire l'idée d'un tel dénûment.

Le bouge était meublé principalement de quatre murs le long desquels les infiltrations du toit avaient dessiné des îles inconnues et des fleuves qu'on ne rencontre en aucune carte géographique. Aux endroits à portée de la main, les locataires successifs du taudis s'étaient amusés à graver au couteau leurs noms incongrus, baroques ou hideux, par suite de ce penchant qui pousse les plus obscurs à laisser une trace de leur passage en ce monde. A ces noms souvent était accolé un nom de femme, Iris de carrefour, que surmontait un cœur percé d'une flèche semblable à une arête de poisson. D'autres, plus artistes, avec un bout de charbon retiré des cendres, avaient essayé de croquer quelque profil grotesque, une pipe entre les dents, ou quelque pendu tirant la langue et gambadant au bout d'une potence.

Sur le bord de la cheminée, où fumaient en bavant les branches d'un cotret volé, s'entassait dans la poussière un monde d'objets bizarres : une bouteille ayant, plantée dans le goulot, une chandelle à demi consumée, dont le suif avait coulé en larges nappes sur le verre, vrai flambeau d'enfant prodigue et de biberon ; un cornet de tric-trac, trois dés plombés, les *Heures* de Robert Besnières, à l'usage du lansquenet, un fagot de bouts de vieilles pipes, un pot en grès à mettre du pétun, un chausson renfermant un peigne édenté, une lanterne sourde arrondissant sa lentille comme une prunelle d'oiseau de nuit, des paquets de clefs, sans doute fausses, car il n'y avait en la chambre aucun meuble à ouvrir, un fer à relever la moustache, un angle de miroir au tain rayé comme par les griffes d'un diable, où l'on ne pouvait se voir qu'un œil à la fois, encore ne fallait-il pas que cet œil ressemblât à celui de Junon, qu'Homère appelle Βοῶπις, et mille autres brimborions fastidieux à décrire.

En face de la cheminée, sur un pan de muraille moins humide que les autres et tendu d'ailleurs d'un lambeau de serge verte, rayonnait un faisceau d'épées soigneusement fourbies, d'une trempe à l'épreuve et portant sur leur acier la marque des plus célèbres armuriers d'Espagne et d'Italie. Il y avait là des lames à deux tranchants, des lames triangulaires, des lames évidées au milieu pour laisser égoutter le sang; des dagues à large coquille, des coutelas, des poignards, des stylets et autres armes de prix dont la richesse faisait un singulier contraste avec le délabrement du bouge. Pas une tache de rouille, pas un grain de poussière ne les souillaient, c'étaient les outils du tueur, et dans un arsenal princier ils n'eussent pas été mieux entretenus, frottés d'huile, épongés de laine et conservés en leur état primitif. On eût dit qu'ils sortaient tout frais émoulus de la boutique. Lampourde, si négligent pour le reste, y mettait son amour-propre et sa curiosité. Cette recherche, quand on pensait au métier qu'il faisait, prenait un caractère horrible; et sur ces fers si bien polis, des reflets rouges semblaient flamboyer.

De siéges, il n'y en avait point, et l'on était libre de se tenir debout pour grandir, à moins qu'on ne préférât, si l'on ne voulait ménager la semelle de ses souliers, s'asseoir sur un vieux panier défoncé, une malle, ou un étui de luth qui traînait dans un coin.

La table se composait d'un volet abattu sur deux tréteaux. Elle servait aussi de lit. Après avoir fait carousse, le maître du logis s'y allongeait et, prenant le coin de la nappe, qui n'était autre que la panne de son manteau, dont il avait vendu le dessus pour se doubler la panse, il faisait demi-tour du côté de la muraille pour ne plus voir les bouteilles vides, spectacle singulièrement mélancolique aux ivrognes.

C'est dans cette position que Mérindol trouva Jacquemin Lampourde ronflant comme la pédale d'un tuyau d'orgue, bien que toutes les horloges des environs eussent sonné quatre heures de l'après-midi.

Un énorme pâté de venaison, qui montrait dans ses ruines vermeilles des marbrures de pistaches, gisait éventré sur le carreau, et plus qu'à moitié dévoré, comme un cadavre attaqué des loups au fond d'un bois, en compagnie d'un nombre fabuleux de flacons dont on avait sucé l'âme, et qui n'étaient plus que des fantômes de bouteilles, des apparences creuses bonnes à faire du verre cassé.

Un compagnon, que Mérindol n'avait pas aperçu d'abord, dormait à poings tendus sous la table, tenant encore au bec, entre ses dents, le tuyau cassé d'une pipe, dont le fourneau avait roulé à terre tout bourré d'un pétun qu'en son ivresse il avait oublié d'allumer.

« Hé, Lampourde ! dit l'estafier de Vallombreuse, c'est assez dormir comme cela ; ne me regarde pas avec ces yeux plus ronds que billes. Je ne suis point un commissaire ou un sergent qui te vient querir pour te mener au Châtelet. Il s'agit d'une affaire importante : tâche de repêcher ta raison noyée au fond des pots, et de m'écouter. »

Le personnage ainsi interpellé se souleva avec une lenteur somnolente, se mit sur son séant, développa, en s'étirant, de longs bras, dont les poings touchaient presque aux deux murs de la chambre, ouvrit une bouche immense dentée de crocs pointus, et, se tordant la mâchoire, dessina un bâillement formidable, semblable au rictus d'un lion ennuyé, le tout accompagné de gloussements inarticulés et gutturaux.

Ce n'était point un Adonis que Jacquemin Lampourde, bien qu'il se prétendît favorisé des femmes autant que pas un, et même, à l'entendre, des plus hautes et mieux situées. Sa grande taille dont il tirait fierté, ses maigres jambes héronnières, son échine efflanquée, sa poitrine osseuse et cardinalisée à la boisson, qu'on voyait en ce moment par sa chemise entr'ouverte, ses bras de singe assez longs pour qu'il pût nouer ses jarretières sans presque se baisser, ne composaient pas un physique bien agréable ; quant à sa figure, un nez prodigieux qui rappelait celui de Cyrano de Bergerac, prétexte de tant de duels, y occupait la place la plus importante. Mais Lampourde s'en consolait avec l'axiome populaire : « Jamais grand nez n'a gâté visage. » Les yeux, quoique brouillés encore d'ivresse et de sommeil, avaient dans leurs prunelles de froids éclairs d'acier annonçant le courage et la résolution. Sur les joues décharnées deux ou trois rides perpendiculaires, pareilles à des coups d'épée, dessinaient leurs lignes rigides qui n'étaient pas précisément des nids d'amours. Une tignasse de cheveux noirs fort emmêlée pleuvait autour de cette physionomie bonne à sculpter sur un manche de violon et dont personne cependant n'avait envie de se moquer, tant l'expression en était inquiétante, narquoise et féroce.

« Que le Maulubec trousse l'animal qui me vient ainsi troubler en mes joies et patauger parmi mes rêves anacréontiques! J'étais heureux; la plus belle princesse de la terre m'accueillait gracieusement. Vous avez fait envoler mon songe.

— Trêve de billevesées, fit Mérindol avec impatience, prête-moi deux minutes ton ouïe et ton attention.

— Je n'écoute personne quand je suis gris, répondit majestueusement Jacquemin Lampourde en s'étayant sur le coude. D'ailleurs j'ai de l'argent, beaucoup d'argent. Nous avons cette nuit détroussé un mylord anglais tout cousu de pistoles, je suis en train de manger et de boire ma part. Mais avec un petit tour de lansquenet ce sera bientôt fini. A ce soir donc les affaires sérieuses. Trouvez-vous à minuit sur le terre-plein du Pont-Neuf au pied du cheval de bronze. J'y serai, frais, limpide, alerte, jouissant de tous mes moyens. Nous accorderons nos flûtes et conviendrons des sommes, lesquelles doivent être considérables, car j'aime à croire qu'on ne dérange pas un brave comme moi pour des friponneries subalternes, des vols insignifiants ou autres menues peccadilles. Décidément le vol m'ennuie, je ne fais plus que l'assassinat, c'est plus noble. On est un carnassier léonin, et non une bête de rapine. S'il s'agit de tuer je suis votre homme, et encore faut-il que l'attaqué se défende. Les victimes sont si lâches parfois, que cela me dégoûte. Un peu de résistance donne du cœur à l'ouvrage.

— Oh! pour cela sois tranquille, répondit Mérindol avec un mauvais sourire. Tu trouveras à qui parler.

— Tant mieux, fit Jacquemin Lampourde, il y a longtemps que je ne me suis escrimé avec quelqu'un de ma force. Mais en voilà assez. Sur ce, bonsoir, et laissez-moi dormir. »

Mérindol parti, Jacquemin Lampourde essaya de se rendormir, mais en vain. Le sommeil interrompu ne revint pas. Le bretteur se leva, secoua rudement le compagnon qui ronflait sous la table et tous deux s'en allèrent dans un tripot où se jouaient le lansquenet et la bassette. L'assistance était composée de plumets, de spadassins, de filous, de laquais, de clercs, de quelques bourgeois naïfs conduits là par des filles, pauvres pigeons destinés à être plumés vifs. On n'entendait que le bruit des dés roulant dans le cornet et le froissement des cartes battues, car les joueurs sont d'ordinaire silencieux, sauf, en cas de perte, quelques interjections blasphématoires. Après des alternatives de chance et de guignon, le vide, duquel la nature et l'homme surtout ont horreur, fut hermétiquement pratiqué dans les pochettes de Lampourde.

Il voulut jouer sur parole, mais ce n'était pas une monnaie qui eût cours en ce lieu, où les joueurs, en recevant leur gain, mordaient les pièces par manière d'éprouvette, pour voir si les louis n'étaient point en plomb doré et les testons en étain à fondre des cuillères. Force lui fut de se retirer nu comme un petit saint Jean, après être entré gros seigneur et remuant les pistoles à pleine main!

« Ouf! fit-il quand l'air frais de la rue le frappa au visage et lui rendit son sang-froid, me voilà débarrassé; c'est drôle comme l'argent me grise et m'abrutit! Je ne m'étonne plus que les traitants soient si bêtes. Maintenant que je n'ai plus le sol, je me sens plein d'esprit; les idées bourdonnent autour de ma cervelle comme abeilles autour d'une ruche. De Laridon je redeviens César! Mais voici que le clocheteur de la Samaritaine martèle douze heures; Mérindol doit m'attendre devant le roi de bronze. »

Et il se dirigea vers le Pont-Neuf. Mérindol était à son poste, occupé à regarder son ombre au clair de lune. Les deux spadassins, ayant bien regardé autour d'eux pour voir si personne ne pouvait les entendre, parlèrent cependant à voix basse pendant assez longtemps. Ce qu'ils dirent, nous l'ignorons, mais en quittant l'agent du duc de Vallombreuse, Lampourde faisait sonner de l'or dans ses poches avec une impudence qui montrait combien il était redouté sur le Pont-Neuf.

XII

LE RADIS COURONNÉ

En quittant Mérindol, une incertitude travaillait Jacquemin Lampourde, et lorsqu'il fut arrivé au bout du Pont-Neuf, il s'arrêta et demeura quelque temps perplexe comme l'âne de Buridan entre ses deux mesures d'avoine, ou, si cette comparaison ne vous plaît point, comme un fer entre deux aimants d'égale force. D'une part le lansquenet exerçait sur lui une attraction impérieuse avec son tintement lointain de pièces d'or ; de l'autre le cabaret se présentait orné de séductions non moindres, faisant sonner son carillon de pots. Embarrassante alternative ! Bien que les théologiens fassent du libre arbitre la plus belle prérogative de l'homme, Lampourde, maîtrisé par deux penchants irrésistibles, car il était aussi joueur qu'ivrogne, et aussi ivrogne que joueur, ne savait réellement à quoi se décider. Il fit trois pas vers le tripot ; mais les bouteilles pansues, couvertes de poussière, drapées de toiles d'araignées, coiffées d'un rouge casque de cire, apparurent à son imagination sous un rayon si vif, qu'il en fit trois pas vers le cabaret. Alors le Jeu agita fantastiquement à ses oreilles un cornet plein de dés plombés, et lui arrondit devant les yeux un demi-cercle de cartes biseautées, diapré comme une queue de paon, vision enchanteresse qui lui cloua les pieds au sol.

« Ah çà ! est-ce que je vais rester là planté comme une idole, se dit à lui-même le bretteur impatienté de ses propres tergiversations, je dois avoir l'air d'un franc viédaze regardant voler des coquecigrues, avec ma mine ahurie et quidditative. Pardieu ! si je n'allais ni au cabaret ni au tripot, et rendais visite à ma déesse, à mon Iris, à la nonpareille beauté qui me retient en ses lacs. Mais peut-être, à cette heure, sera-t-elle occupée à quelque bal ou festin nocturne, hors de son logis. Et d'ailleurs la volupté amollit le courage, et les plus grands capitaines se sont repentis de s'être trop adonnés aux femmes. Témoin Hercule avec sa Déjanire, Samson avec sa Dalila, Marc-Antoine avec sa Cléopâtre, sans compter les autres dont je ne me souviens pas, car on a cueilli bien des fois les prunes depuis que j'ai fait mes classes. Donc, renonçons à cette fantaisie lascive et vitupérable. Mais que faire cependant entre ces deux charmants objets ? Qui choisit l'un s'expose à regretter l'autre. »

En minutant ce monologue, Jacquemin Lampourde, les mains plongées dans ses poches, le menton appuyé sur sa fraise de manière à retrousser sa barbiche, semblait pousser des racines entre les pavés et se pétrifier en statue, comme cela arrive à plus d'un compagnon aux *Métamorphoses d'Ovide*. Tout à coup il fit un soubresaut si brusque qu'un bourgeois attardé qui passait par là s'en émut de peur et hâta le pas, croyant qu'il allait l'assaillir et à tout le moins lui tirer la laine. Lampourde n'avait aucune intention de détrousser ce nigaud, qu'en sa rêverie distraite il ne voyait même point; mais une idée triomphante venait de lui traverser la cervelle. Ses incertitudes étaient finies.

Il tira vivement un doublon de sa poche, le jeta en l'air après avoir dit : « Pile pour le cabaret, face pour le tripot! »

La pièce pirouetta plusieurs fois, et, ramenée à terre par sa pesanteur, retomba sur un pavé, faisant luire sa paillette d'or sous le rayon d'argent qui s'échappait de la lune, en ce moment débarrassée de tout nuage. Le bretteur s'agenouilla pour déchiffrer l'oracle rendu par le hasard. La pièce avait répondu pile à la question posée. Bacchus l'emportait sur la Fortune.

« C'est bien, je me griserai, » dit Lampourde en remettant le doublon, dont il essuya la boue, en son escarcelle profonde comme l'abîme, étant destinée à engloutir beaucoup de choses.

Et, faisant de grandes enjambées, il se dirigea vers le cabaret du *Radis couronné*, sanctuaire habituel de ses libations au dieu de la vigne. Le *Radis couronné* présentait à Lampourde cet avantage d'être situé à l'angle du Marché-Neuf, à deux pas de son logis qu'il regagnait en quelques zigzags lorsqu'il s'était mis du vin jusqu'au nœud de la gorge, à partir de la semelle de ses bottes.

C'était bien le plus abominable bouge qu'on pût

imaginer. Des piliers trapus, englués d'un rouge sanguinolent et vineux, supportaient l'énorme poutre qui lui servait de frise et dont les rugosités affectaient de certaines formes indiquant d'anciennes sculptures à demi effacées par le temps. Avec beaucoup d'attention on parvenait à y démêler un enroulement de ceps et de pampres, à travers lesquels gambadaient des singes tirant des renards par la queue. Sur le claveau de la porte figurait un énorme radis au naturel, feuillé de sinople et sommé d'une couronne d'or, le tout fort terni, qui depuis des générations de buveurs servait d'enseigne et de désignation au cabaret.

Les baies formées par l'espacement des piliers étaient closes, en ce moment, de volets à lourdes ferrures capables de soutenir un siége, mais non si hermétiquement joints qu'ils ne laissassent filtrer des raies de lumière rougeâtre, et s'échapper une sourde rumeur de chansons et de querelles ; ces lueurs, s'allongeant sur le pavé miroité de boue, produisaient un effet étrange dont Lampourde ne sentit pas le côté pittoresque, mais qui lui indiqua qu'il y avait encore nombreuse compagnie au *Radis couronné*.

Heurtant la porte avec le pommeau de son épée, le bretteur, par le rhythme des coups qu'il frappa, se fit reconnaître pour un habitué de la maison, et l'huis s'entre-bâilla afin de lui livrer passage.

La salle où se tenaient les buveurs avait assez l'air d'une caverne. Elle était basse, et la maîtresse poutre qui traversait le plafond, ayant fait ventre sous le tassement des étages supérieurs, semblait près de rompre, encore qu'elle fût solide à porter un beffroi, pareille en cela à la tour de Pise ou des Asinelli de Bologne qui penche toujours et ne tombe jamais. Les fumées des pipes et des chandelles avaient rendu le plafond aussi noir que l'intérieur des cheminées où l'on prépare les harengs-saurs, les boutargues et les jambons. Anciennement les murs avaient été peints d'une couleur rouge, encadrée de sarments et brindilles de vigne, par la brosse de quelque décorateur italien venu en France à la suite de Catherine de Médicis. La peinture s'était conservée dans le haut de la salle, quoique bien assombrie et ressemblant plus à des plaques de sang figé qu'à cette réjouissante teinte écarlate dont elle devait briller en sa fleur de nouveauté. L'humidité, le frottement des dos, la crasse des têtes qui s'y appuyaient, en avaient gâté et détruit tout le bas, où le plâtre apparaissait sale, éraillé et nu. Jadis le cabaret avait été mieux hanté ; mais peu à peu, aux courtisans et aux capitaines, les mœurs devenant plus délicates, s'étaient substitués des brelandiers, des aigrefins, des coupe-bourses et des coupe-jarrets, toute une clientèle de truands hasardeux qui avaient donné leur empreinte horrible au bouge, et fait de la gaie taverne un repaire sinistre. Un escalier de bois conduisant à une galerie où s'ouvraient les portes de réduits si bas, qu'on n'y pénétrait qu'en rentrant les cornes et la tête comme un limaçon, occupait la paroi qui faisait face à l'entrée. Sous la cage de l'escalier, à l'ombre de la soupente, quelques futailles, les unes pleines, les autres en vidange, étaient disposées dans une symétrie

9.

plus agréable aux ivrognes que toute autre sorte d'ornement. Dans la cheminée à grande hotte, flambaient des fagots de bourrée dont les bouts brûlaient jusque sur le plancher, qui, n'étant fait que d'un carrelage de vieilles briques, ne courait pas risque d'incendie. Ce feu illuminait de ses reflets l'étain d'un comptoir placé vis-à-vis et où trônait le cabaretier, derrière un rempart de pots, de pintes, de bouteilles et de brocs. Sa vive lueur, éteignant les auréoles jaunes des chandelles qui grésillaient dans la fumée, faisait danser le long des murailles les ombres des buveurs dessinées en caricatures, avec des nez extravagants, des mentons de galoche, des toupets de Riquet à la houppe et des déformations aussi bizarres que celles des *Songes drôlatiques* de maître Alcofribas Nasier. Ce sabbat de découpures noires, s'agitant et fourmillant derrière les figures réelles, semblait s'en moquer et en faire spirituellement la parodie. Les habitués du bouge, assis sur des bancs, s'accoudaient sur des tables dont le bois tailladé d'estafilades, chamarré de noms gravés au couteau, tatoué de brûlures, était gras de sauces et de vins répandus ; mais les manches qui l'essuyaient ne pouvaient pour la plupart être salies, quelques-unes même étant percées au coude n'y compromettaient que la chair du bras qu'elles étaient censées revêtir. Éveillées au tintamarre du cabaret, deux ou trois poules, Lazares emplumés, qui à cette heure eussent dû être juchées sur leur perchoir, s'étaient glissées dans la salle par une porte communiquant avec la cour, et picoraient sous les pieds et entre les jambes des buveurs les miettes tombées du festin.

Quand Jacquemin Lampourde entra au *Radis couronné*, le plus triomphant vacarme régnait dans l'établissement. Des gaillards à mine truculente, tendant leurs pots vides, frappaient sur les tables des coups de poing à tuer des bœufs et qui faisaient trembler les suifs emmanchés dans des martinets de fer. D'autres criaient « tope et masse » en répondant à des rasades. Ceux-ci accompagnaient une chanson bachique, hurlée en chœur avec des voix aussi lamentablement fausses que celles de chiens hurlant à la lune, d'un cliquetis de couteau sur les côtes de leurs verres et d'un remuement d'assiettes tournées en meule. Ceux-là inquiétaient la pudeur des Maritornes, qui, les bras élevés au-dessus de la foule, portaient des plats de victuailles fumantes et ne pouvaient se défendre contre leurs galantes entreprises, tenant plus à conserver leur plat que leur vertu. Quelques-uns pétunaient dans de longues pipes de Hollande et s'amusaient à souffler de la fumée par les naseaux.

Il n'y avait pas que des hommes dans cette cohue, le beau sexe y était représenté par quelques échantillons assez laids ; car le vice se permet parfois de n'avoir pas le nez mieux fait que la vertu. Ces Philis, dont le premier venu, moyennant la pièce ronde, pouvait être le Tircis ou le Tityre, se promenaient par couples, s'arrêtant aux tables, et buvaient comme colombes familières en la coupe de chacun. Ces copieuses lampées, jointes à la chaleur du lieu, faisaient leurs joues cramoisies sous le rouge de brique dont elles étaient enluminées, en sorte qu'elles semblaient des idoles peintes à deux couches. Des cheveux faux ou vrais, tournés en accroche-cœurs, étaient plaqués sur leurs fronts luisants de céruse ou, calamistrés au fer, allongeaient leurs spirales jusque sur des poitrines largement découvertes et passées au badigeon, non sans quelque petite veine d'azur dessinée en leurs blancheurs postiches. Leurs ajustements affectaient une braverie mignarde et galante. Ce n'était que rubans, plumes, broderies, galons, ferrets, aiguillettes, couleurs vives ; mais il était aisé de voir que ce luxe, fait pour la montre, n'avait rien de réel et sentait la friperie : les perles n'étaient que verre soufflé, les bijoux d'or que cuivre, les robes de soie que vieilles jupes retournées et reteintes ; mais ces élégances de mauvais aloi suffisaient à éblouir les yeux avinés des compagnons réunis en ce bouge. Quant à l'odeur, si ces dames ne flairaient pas la rose, elles sentaient le musc comme un terrier de putois, seule odeur assez forte pour dominer les infectes exhalaisons du taudis, et qu'on trouvait par comparaison plus suave que baume, ambroisie et benjoin. Quelquefois un plumet échauffé de luxure et de boisson faisait asseoir sur son genou une de ces beautés peu farouches, et lui chuchotait à l'oreille, dans un gros baiser, des propositions anacréontiques reçues avec des rires affectés et un « non » qui voulait dire « oui; » puis, au long de l'escalier, on voyait des groupes qui montaient, l'homme le bras sur la taille de la femme, la femme se retenant à la rampe et faisant de petites façons enfantines, car même en la débauche la plus abandonnée il faut encore quelques semblants de pudeur. D'autres redescendaient la mine confuse, tandis que leur Amaryllis de rencontre faisait bouffer sa jupe de l'air le plus détaché du monde.

Lampourde, habitué de longue main à ces mœurs qui, d'ailleurs, lui paraissaient naturelles, ne prêtait aucune attention au tableau dont nous venons de tirer un crayon rapide. Assis devant une table, le dos appuyé au mur, il regardait d'un œil plein de tendresse et de concupiscence une bouteille de vin des Canaries qu'une servante venait d'apporter, une bouteille antique et recommandable, de derrière les fagots et du tas réservé aux goinfres et biberons émérites. Quoique le bretteur fût seul, deux verres avaient été placés sur la table, car on savait son horreur pour l'ingurgitation solitaire des liquides, et d'un moment à l'autre un compagnon de beuverie pouvait lui survenir. En attendant ce convive fortuit, Lampourde élevait lentement, à la hauteur de sa visée, le verre effilé de patte et tourné en clochette de liseron où brillait, pailletée d'un point lumineux, la blonde et généreuse liqueur. Puis, ayant satisfait le sens de la vue en admirant cette chaude couleur de topaze brûlée, il passait au sens de l'odorat, et, remuant le vin par une secousse ménagée qui lui imprimait une sorte de rotation, il en humait l'arome à narines aussi béantes que les fosses d'un dauphin héraldique. Restait le sens du goût. Les papilles du palais, convenablement excitées, s'imprégnaient d'une gorgée de ce nectar; la langue la promenait autour des badigoinces et l'envoyait enfin au gosier avec un clappement approbatif. Ainsi maître Jacquemin Lampourde, au moyen d'un seul verre, flattait-il trois des cinq sens que l'homme possède, ce qui était le fait d'un épicurien consommé tirant des choses jusqu'au dernier suc et quintessence de plaisir qu'elles contiennent. Encore prétendait-il bien que le tact et l'ouïe pouvaient y avoir leur part de jouissance : le tact, par le poli, la netteté et la forme du cristal; l'ouïe, par la musique, vibration et parfait accord qu'il rend lorsqu'on le choque avec le dos d'une lame ou qu'on promène circulairement ses doigts mouillés sur le bord du verre. Mais ce sont là paradoxes, billevesées et fantaisies d'un raffinement trop subtil, ne prouvant rien pour vouloir trop prouver, sinon le vicieux raffinement de ce maraud.

Notre bretteur était là depuis quelques minutes quand la porte du cabaret s'entr'ouvrit; un quidam, vêtu de noir de la tête aux pieds, n'ayant de blanc que son rabat et un flot de linge qui lui bouffait au ventre, entre sa veste et son haut-de-chausses, fit son apparition dans l'établissement. Quelques broderies de jayet, à moitié défilées, avaient la velléité, non suivie d'effet, d'agrémenter le délabrement de son costume dont la coupe cependant trahissait un reste d'ancienne élégance.

Ce personnage offrait la particularité d'avoir la face d'une blancheur blafarde comme si elle avait été saupoudrée de farine, et le nez aussi rouge qu'un charbon ardent. De petites fibrilles violettes le veinaient et témoignaient d'un culte assidu pour la Dive Bouteille. Le calcul de ce qu'il avait fallu de tonneaux de vin et de fiasques d'eau-de-vie avant de l'amener à cette intensité d'érubescence, effrayait l'imagination. Ce masque bizarre ressemblait à un fromage où l'on aurait planté une guigne. Pour achever la portraiture, il eût suffi de deux pepins de pomme à la place des yeux et d'une mince estafilade représentant la bouche fendue en tirelire. Tel était Malartic, l'ami de cœur, le Pylade, l'Euryale, le *fidus Achates* de Jacquemin Lampourde; il n'était pas beau, certes, mais les qualités morales rachetaient bien chez lui ces petits désagréments physiques. Après Jacquemin, à l'endroit duquel il professait la plus profonde admiration, c'était la meilleure lame de Paris. Au jeu, il retournait le roi avec un bonheur que personne ne se permettait de trouver insolent; il buvait toujours sans paraître jamais gris, et quoiqu'on ne lui connût point de tailleur, il était mieux fourni de manteaux que le courtisan le plus accommodé. Du reste, homme délicat à sa manière, ayant toutes les probités de la caverne, capable de se faire tuer pour soutenir un camarade et d'endurer, sans desserrer les dents, estrapade, brodequins, chevalet, même la question de l'eau, la plus tortionnaire pour un biberon de son calibre, plutôt que de compromettre sa bande par un mot indiscret. Un fort charmant sujet en son genre! aussi jouissait-il de l'estime générale dans le monde où s'exerçait son industrie.

Malartic alla droit à la table de Lampourde, prit un escabeau, s'assit en face de son ami, empoigna silencieusement le verre plein qui semblait l'attendre et le vida d'un trait. Son système différait de celui de Jacquemin, mais n'en était pas moins efficace, comme le prouvait la pourpre cardinalesque de son nez. Au bout de la séance, les deux amis comptaient le même nombre de marques à la craie sur l'ardoise de l'hôtelier, et le bon père Bacchus, à cheval sur la barrique, leur souriait sans préférence comme à deux dévots de culte divers, mais d'égale ferveur. L'un dépêchait sa messe, l'autre la faisait durer ; mais toujours la messe était dite.

Lampourde, qui connaissait les mœurs du compagnon, lui remplit plusieurs fois son verre jusqu'au bord. Ce manége nécessita l'apparition d'une seconde bouteille, laquelle se trouva comme la première bientôt mise à sec; celle-là fut suivie d'une troisième qui tint plus longtemps et fit plus de façons pour se rendre. Après quoi, pour reprendre haleine, les deux bretteurs demandèrent des pipes et se mirent à envoyer au plafond, à travers le brouillard condensé au-dessus de leurs têtes, de longs tire-bouchons de fumée pareils à ceux que les enfants mettent aux cheminées des maisons qu'ils griffonnent sur leurs livres et leurs cahiers d'étude. Après un certain nombre de bouffées aspirées et rendues, ils disparurent, à l'instar des dieux d'Homère et de Virgile, dans un nuage où le nez de Malartic flamboyait seul comme un rouge météore.

Enveloppés de cette brume, les deux compagnons isolés des autres buveurs commencèrent une conversation qu'il eût été dangereux que le Chevalier du Guet entendît; heureusement le *Radis couronné* était un lieu sûr, aucune mouche n'eût osé s'y risquer, et la trappe de la cave se fût ouverte sous les pieds de l'exempt assez audacieux pour pénétrer dans ce repaire. Il n'en serait sorti que haché menu comme chair à pâté.

« Comment vont les affaires, disait Lampourde à Malartic avec le ton d'un marchand qui se renseigne sur le cours des denrées; nous sommes dans une morte-saison. Le roi habite Saint-Germain où les courtisans le suivent. Cela fait du tort au commerce; il n'y a plus à Paris que des bourgeois et des gens de peu ou de rien.

— Ne m'en parle pas! répondit Malartic, c'est une indignité. L'autre soir j'arrête sur le Pont-Neuf un gaillard d'assez bonne apparence, je lui demande la bourse ou la vie; il me jette sa bourse, il n'y avait que trois ou quatre pièces de six blancs, et le manteau qu'il me laissa n'était que de serge avec un galon d'or faux. Au lieu d'être le voleur, j'étais le volé. Au tripot, on ne rencontre plus que des laquais, des clercs de procureurs ou des enfants précoces qui ont pris dans le tiroir paternel quelques pistoles pour venir tenter la fortune. En deux coups de cartes et trois coups de dés on en a vu la fin. Il est outrageux de déployer ses talents pour un si mince résultat! Les Lucindes, les Dorimènes, les Cidalises, ordinairement si pitoyables aux braves, se refusent à payer les billets et les notes, encore que nous les rossions d'importance, sous prétexte que la cour n'étant plus ici, elles ne reçoivent ni régals ni cadeaux, et sont obligées pour vivre de mettre leurs nippes en gage. Sans un vieux cornard jaloux qui m'emploie à bâtonner les amants de sa femme, je n'aurais pas gagné ce mois-ci de quoi boire de l'eau, nécessité à laquelle nul dénûment ne me forcera, la mort perpendiculaire me semblant cent fois plus douce. On ne m'a pas commandé le moindre guet-apens, le plus léger rapt, le plus petit assassinat. En quel temps vivons-nous, mon Dieu ! Les haines mollissent, les rancunes s'en vont à vau-l'eau, le sentiment de la vengeance se perd ; on oublie les insultes comme les bienfaits ; le siècle embourgeoisé s'énerve et les mœurs deviennent d'une fadeur qui me dégoûte.

— Le bon temps est passé, répliqua Jacquemin Lampourde ; autrefois un grand aurait pris nos courages à son service. Nous l'aurions aidé en ses expéditions et besognes secrètes, maintenant il faut travailler pour le public. Cependant il y a encore quelques bonnes aubaines. »

Et en disant ces mots il agitait des pièces d'or dans sa poche. Cette sonnerie mélodieuse fit petiller étrangement l'œil de Malartic ; mais bientôt son regard reprit son expression placide, l'argent d'un camarade étant chose sacrée ; il se contenta de pousser un soupir qui pouvait se traduire par ces mots : « Tu es bien heureux, toi ! »

« Je pense d'ici à peu, continua Lampourde, pouvoir te procurer du travail, car tu n'es pas paresseux à la besogne, et tu as bientôt fait de retrousser ta manche lorsqu'il s'agit de détacher une estocade ou de tirer un coup de pistolet. Homme d'ordre, tu exécutes les commandes qu'on te fait dans le délai voulu, et tu prends sur toi les risques de police. Je m'étonne que la Fortune ne soit point descendue de sa boule de verre devant ta porte ; il est vrai que cette guenippe, avec le mauvais goût, ordinaire aux femmes, comble de ses faveurs un tas de freluquets et de béjaunes au détriment des gens de mérite. En attendant que la drôlesse ait un caprice pour toi, passons le temps à boire, *papaliter*, jusqu'à ce que le liége de nos semelles se gonfle. »

Cette résolution philosophique était trop incontestablement sage pour que le compagnon de Jacquemin y fît la moindre objection. Les deux bretteurs bourrèrent leurs pipes et remplirent leurs verres, s'accoudant à la table comme des gens qui s'établissent dans leur bien-être et ne veulent point qu'on les dérange de leur quiétude.

Ils en furent pourtant dérangés. Dans l'angle de la salle, une rumeur de voix s'élevait d'un groupe qui entourait deux hommes posant entre eux les conditions d'un pari à la suite de l'impossibilité chez l'un de croire à un fait avancé par l'autre, à moins de le voir de ses propres yeux.

Le groupe s'entr'ouvrit. Malartic et Lampourde, dont l'attention était éveillée, aperçurent un homme de moyenne taille, mais singulièrement alerte et vigoureux, hâlé de visage comme un More d'Espagne, les cheveux noués d'un mouchoir, vêtu d'un caban de couleur marron qui en s'entr'ouvrant permettait de voir un justaucorps de buffle et des chausses brunes ornées sur la couture d'un rang de boutons de cuivre en forme de grelots. Une large ceinture de laine rouge lui sanglait les reins, et il en avait tiré une navaja valencienne qui, ouverte, atteignait la longueur d'un sabre. Il en serra le cercle, en essaya la pointe avec le bout du doigt et parut satisfait de son examen, car il dit à son adversaire : « Je suis prêt, » puis, avec un accent guttural, il siffla un nom bizarre que n'avaient jamais entendu les buveurs du *Radis Couronné,* mais qui a déjà figuré plus d'une fois dans ces pages : « Chiquita ! Chiquita ! »

A la seconde appellation, une fillette maigre et hâve, endormie dans un coin sombre, se débarrassa de la cape dont elle s'était soigneusement entortillée et qui la faisait ressembler à un paquet de chiffons, s'avança vers Agostin, car c'était lui, et fixant sur le bandit ses grands yeux étincelants, avivés encore par une auréole de bistre, elle lui dit d'une voix grave et profonde qui contrastait avec son apparence chétive :

« Maître, que veux-tu de moi ? je suis prête à t'obéir ici comme sur la lande, car tu es brave et ta navaja compte bien des raies rouges. » Chiquita dit ces mots en langue eskuara ou patois basque, aussi inintelligible pour des Français que du haut allemand, de l'hébreu ou du chinois.

Agostin prit Chiquita par la main et la plaça debout contre la porte en lui recommandant de se tenir immobile. La petite, accoutumée à ces exercices, ne témoignait ni frayeur ni surprise; elle restait là, les bras ballants, regardant devant elle avec une sérénité parfaite, tandis qu'Agostin placé à l'autre bout de la salle, un pied avancé, l'autre en retraite, balançait le long couteau dont le manche était appuyé sur son avant-bras.

Une double haie de curieux formait une sorte d'allée d'Agostin à Chiquita, et ceux des truands qui avaient la barrique proéminente la rentraient en retenant leur respiration, de peur qu'elle ne dépassât la ligne. Les nez en flûtes d'alambic se reculaient prudemment pour n'être pas tranchés au vol.

Enfin le bras d'Agostin se détendit comme un ressort; un éclair brilla et l'arme formidable alla se planter dans la porte juste au-dessus de la tête de Chiquita, sans lui couper un cheveu, mais avec une précision telle qu'il semblait qu'on eût voulu prendre la mesure de sa taille.

Quand la navaja passa en sifflant, les spectateurs n'avaient pu s'empêcher de baisser les yeux; mais l'épaisse frange de cils de la jeune fille n'avait pas même palpité. L'adresse du bandit excita une rumeur admirative parmi ce public difficile. L'adversaire même qui avait douté que ce coup fût possible battit des mains plein d'enthousiasme.

Agostin détacha le couteau qui vibrait encore, retourna à son poste, et cette fois fit passer la lame entre le bras et le corps de Chiquita impassible. Si la pointe eût dévié de trois ou quatre lignes, elle arrivait en plein cœur. Bien que la galerie criât que c'était assez, Agostin recommença l'expérience de l'autre côté du buste pour montrer que son adresse ne devait rien au hasard.

Chiquita, enorgueillie par ces applaudissements qui s'adressaient autant à son courage qu'à la dextérité d'Agostin, promenait autour d'elle un regard de triomphe ; ses narines gonflées aspiraient l'air avec force, et dans sa bouche entr'ouverte, ses dents pures comme celles d'un animal sauvage, brillaient d'une blancheur féroce. L'éclat de sa denture, les paillettes phosphoriques de ses prunelles, mettaient à son visage sombre, tanné par le grand air, trois points lumineux qui l'éclairaient. Ses cheveux incultes se tordaient autour de son front et de ses joues en longs serpents noirs, mal retenus par un ruban incarnadin que débordaient et cachaient çà et là les boucles rebelles. A son col, plus fauve que du cuir de Cordoue, luisaient comme des gouttes laiteuses les perles du collier qu'elle tenait d'Isabelle. Quant à son costume, il était changé sinon amélioré. Chiquita ne portait plus la jupe jaune serin brodée d'un perroquet, qui lui eût donné à Paris l'aspect par trop étrange et remarquable. Elle avait une courte robe bleu sombre, à petits plis froncés sur les hanches, et une sorte de veste ou brassière en bouracan noir que fermaient, à la naissance de la poitrine, deux ou trois boutons de corne. Ses pieds, habitués à fouler la bruyère fleurie et parfumée, étaient chaussés de souliers beaucoup trop grands pour elle, car le savetier n'en avait pu trouver d'assez petits en son échoppe. Ce luxe paraissait la gêner; mais il avait bien fallu faire cette concession aux froides boues parisiennes. Elle était tout aussi farouche qu'à l'auberge du *Soleil bleu*, cependant on voyait qu'un plus grand nombre d'idées passaient à travers sa sauvagerie, et, dans l'enfant, déjà pointait quelque nuance de la jeune fille. Elle avait vu bien des choses depuis son départ de la lande, et de ces spectacles son imagination naïve gardait comme un éblouissement.

Elle regagna le coin qu'elle occupait et, s'enveloppant de sa mante, reprit son sommeil interrompu. L'homme qui avait perdu le pari paya les cinq pistoles, montant de l'enjeu, au compagnon de Chiquita. Celui-ci fit glisser les pièces dans sa ceinture et se rassit à sa table devant le broc à demi vidé qu'il acheva lentement, car n'ayant pas de logis déterminé, il préférait rester au cabaret à grelotter sous quelque arche de pont ou quelque porche de couvent en attendant le jour, si long à paraître en cette saison. Ce cas était celui de plusieurs autres pauvres diables qui ronflaient à poings fermés, les uns sur les bancs, les autres dessous, roulés dans leurs capes pour toute couverture. C'était un spectacle drôlatique que celui de toutes ces bottes qui s'allongeaient sur le parquet comme des pieds de corps morts après la bataille. Bataille, en effet, où les navrés de Bacchus gagnaient en chancelant quelque angle obscur; et la tête appuyée à la muraille, écorchaient piteusement le renard, moqués de leurs compagnons plus robustes d'estomac et versaient du vin au lieu de sang.

« Par la Sainsanbreguoy, dit Lampourde à Malartic, voilà un drôle qui n'est pas manchot, et que je note pour le retrouver au besoin en des expéditions difficiles. Ce coup de couteau à distance vaut mieux pour les sujets d'approche farouche qu'une pistolade qui fait du feu, de la fumée et du bruit et semble appeler les sergents à l'aide.

— Oui, répondit Malartic, c'est un joli travail et proprement exécuté; mais si l'on manque son coup, on est désarmé et l'on reste quinaud. Pour moi, ce qui me charme en cet exercice et montre d'adresse périlleuse, c'est la bravoure de la jeune fille. Cette mauviette! cela n'a pas deux onces de chair sur les os et cela loge dans l'étroite cage de sa maigre poitrine un vrai cœur de lion ou de héros antique. Elle me plaît d'ailleurs avec ses grands yeux charbonnés et fiévreux et sa mine tranquillement hagarde. Au milieu de ces outardes, tadornes, oies et autres oiseaux de basse-cour, elle a l'air d'un jeune faucon dans un poulailler. Je me connais en femmes, et je puis juger la fleur d'après le bourgeon. La Chiquita, comme l'appelle ce maraud basané, sera dans deux ou trois ans d'ici un morceau de roi...

— Ou de voleur, continua philosophiquement Jacquemin Lampourde. A moins que le sort ne concilie ces deux extrêmes en faisant de cette *morena*, comme disent les Espagnols, la maîtresse d'un filou et d'un prince. Cela s'est vu et ce n'est pas toujours le prince qu'on aime le plus, tant ces drôlesses ont la fantaisie coquine et déréglée. Mais laissons là ces discours superflus et venons aux choses sérieuses. J'aurais besoin peut-être, d'ici à peu, de quelques braves à tout poil pour une expédition qu'on me propose, non tant lointaine que celle des Argonautes au pourchas de la toison d'or.

— Belle toison! fit Malartic le nez dans son verre dont le vin semblait grésiller et bouillir au contact de ce charbon ardent.

— Expédition assez compliquée et dangereuse, poursuivit le bretteur; je suis chargé de supprimer un certain capitaine Fracasse, baladin de son métier, qui gêne à ce qu'il parait les amours d'un fort grand seigneur. Pour ce travail, j'y suffirai bien tout seul; mais il s'agit aussi d'organiser le rapt de la donzelle aimée à la fois du grand et de l'histrion, et qui sera disputée aux ravisseurs par sa compagnie; dressons une liste d'amis solides et sans scrupules. Que te semble de Piquenterre?

— Excellent! répondit Malartic; mais il n'y faut pas compter. Il brandille à Montfaucon, au bout d'une chaîne de fer, en attendant que sa carcasse déchiquetée des oiseaux tombe en la fosse du gibet, sur les ossements des camarades qui l'ont précédé.

— C'est donc cela, dit Lampourde avec le plus beau sang-froid du monde, qu'on ne le voyait pas depuis quelque temps. Ce que c'est que la vie! Un soir, vous faites tranquillement carousse avec un ami dans un cabaret d'honneur; puis vous allez chacun de votre côté à vos petites affaires. Huit jours après quand vous demandez « que devient un tel, » on vous répond : « Il est pendu. »

— Hélas ! c'est comme cela, soupira l'ami de Lampourde en prenant une pose tragiquement élégiaque ou élégiaquement tragique ; ainsi que le dit le sieur de Malherbe en sa consolation à Duperrier :

> *Il* était de ce monde où les meilleures choses
> Ont le pire destin.

— Ne nous abandonnons pas à des pleurnichements féminins, dit le bretteur. Montrons un mâle et stoïque courage et continuons à marcher dans la vie, le chapeau enfoncé jusqu'au sourcil et le poing sur le rognon, défiant la potence qui, après tout, fors l'honneur, n'est pas beaucoup plus redoutable que le feu des canons, pierriers, coulevrines et bombardes qu'affrontent les soldats et capitaines, sans compter les mousquetades et l'arme blanche. A défaut de Piquenterre, qui doit être en la gloire près du bon larron, prenons Cornebœuf. C'est un gaillard râblé et trapu, bon pour les grosses besognes.

— Cornebœuf, répondit Malartic, est présentement en voyage le long des côtes barbaresques sous le commandement de Cadet la Perle. Le roi le tient en estime si particulière qu'il l'a fait blasonner d'une fleur de lis à l'épaule pour le retrouver partout au cas qu'il se perdît. Mais, par exemple, Piedgris, Tordgueule, La Rapée et Bringuenarilles sont libres et « *a la disposicion de usted.* »

— Ces noms me suffisent ; ils appartiennent à des

braves et tu m'aboucheras avec eux lorsqu'il en sera temps. Sur ce, achevons cette quarte bouteille et tirons nos grègues d'ici. Le lieu commence à devenir plus méphitique que le lac Averne, au-dessus duquel les oiseaux ne peuvent voler sans tomber morts pour la malignité des exhalaisons. Cela sent le gousset, l'écafignon, le faguenas et le cambouis. L'air frais de la nuit nous fera du bien. A propos, où couches-tu ce soir?

— Je n'ai point envoyé en avant mon fourrier préparer mes logis, répondit Malartic, et ma tente n'est dressée nulle part; je pourrais frapper à l'hôtel de la Limace, mais j'y ai un mémoire long comme mon épée, et rien n'est plus désagréable à voir au réveil que la mine renfrognée d'un vieil hôte qui se refuse avec grognement à la moindre dépense nouvelle et réclame son dû, agitant une poignée de notes au-dessus de sa tête comme le sieur Jupin son foudre. L'apparition subite d'un exempt me serait moins maussade.

— Pur effet nerveux, faiblesse compréhensible, car chaque grand homme a la sienne, fit sentencieusement Lampourde; mais puisqu'il te répugne de te présenter à la Limace, et que l'hôtel de la Belle-Étoile est un peu trop réfrigérant par l'hiver qui court, je t'offre l'hospitalité antique dans mon taudis aérien et pour couche la moitié de mon tréteau.

— J'accepte, répondit Malartic, avec une reconnaissance bien sentie. O trois et quatre fois heureux le mortel qui a des lares et des pénates et peut faire asseoir à son foyer l'ami de son cœur! »

Jacquemin Lampourde avait accompli la promesse qu'il s'était faite après la réponse de l'oracle en faveur du cabaret. Il était saoul comme grive en vendange; mais personne n'était maître de sa boisson comme Lampourde. Il gouvernait le vin et le vin ne le gouvernait pas. Pourtant quand il se leva, il lui sembla que ses jambes pesaient comme saumons de plomb et s'enfonçaient dans le plancher. D'un vigoureux coup de jarret il détacha ses pieds alourdis et marcha résolûment vers la porte, la tête haute et tout d'une pièce. Malartic le suivit d'un pas assez ferme, car rien ne pouvait ajouter à son ivresse. Plongez en la mer une éponge saturée d'eau, elle n'en boira pas une goutte de plus. Tel était Malartic, à cette différence près, que chez lui le liquide n'était pas eau, mais bien pur jus de sarment. La sortie des deux camarades s'effectua donc sans encombre, et ils parvinrent à se hisser, quoiqu'ils ne fussent pas des anges, par l'échelle de Jacob montant de la rue au grenier de Lampourde.

A cette heure, le cabaret présentait un aspect lamentablement ridicule. Le feu s'éteignait dans l'âtre. Les chandelles, qu'on ne mouchait plus, avaient un pied de nez, et leurs mèches balançaient de larges champignons noirs. Des stalactites de suif en coulaient le long des chandeliers où elles se figeaient en se refroidissant. La fumée des pipes, des haleines et des mets s'était condensée près du plafond en un épais brouillard; le plancher, couvert de débris et de boue, aurait eu besoin pour le nettoyer qu'on y fît passer un fleuve comme dans les étables d'Augias. Les tables étaient jonchées de reliefs, de carcasses et d'os jamboniques qu'on eût dit déchiquetés par les crocs de mâtins charogneux. Çà et là quelque broc renversé pendant le tumulte d'une querelle épanchait un reste de vin, dont les gouttes tombant dans la mare rouge qu'elles avaient formée, semblaient les gouttes de sang d'une tête coupée reçues dans un bassin; le bruit de leur chute, intermittent et régulier, scandait comme le tictac d'une horloge le ronflement des ivrognes.

Le petit More du Marché-Neuf frappa quatre heures. Le cabaretier qui s'était assoupi, la tête appuyée sur ses bras en croix, s'éveilla, promena un regard inquisitif autour de la salle, et voyant que la consommation s'était ralentie, il appela ses garçons et leur dit : « Il se fait tard; balayez-moi ces marauds et ces coquines avec les épluchures : aussi bien ils ne boivent plus ! » Les garçons brandirent leurs balais, jetèrent trois ou quatre seaux d'eau, et en moins de cinq minutes, à grand renfort de bourrades, le cabaret fut vidé dans la rue.

XIII

DOUBLE ATTAQUE

Le duc de Vallombreuse n'était pas homme à négliger son amour plus que sa vengeance. S'il haïssait mortellement Sigognac, il avait pour Isabelle une de ces passions furieuses que surexcite le sentiment de l'impossible chez ces âmes hautaines et violentes habituées à ce que rien ne leur résiste. Triompher de la comédienne devenait la pensée dominante de sa vie ; gâté par les faciles victoires qu'il avait remportées en sa carrière galante, il ne pouvait s'expliquer cette défaite, et souvent il se disait, à travers les conversations, les promenades, les exercices, au théâtre comme au temple, à la ville comme à la cour, pris d'un étonnement subit en sa rêverie profonde : « Comment se fait-il qu'elle ne m'aime pas? »

En effet, cela était difficile à comprendre pour quelqu'un qui ne croyait pas à la vertu des femmes, et encore moins à celle des actrices. Il se demandait si la froideur d'Isabelle n'était pas un jeu concerté pour obtenir de lui davantage, rien n'allumant le désir comme ces pudicités feintes et mines de n'y vouloir toucher. Cependant la façon dédaigneuse dont elle avait renvoyé le coffret à bijoux placé dans sa chambre par Léonarde prouvait surabondamment qu'elle n'était pas de ces femmes qui marchandent pour se vendre plus cher. Des parures encore plus riches n'eussent pas produit meilleur effet. Puisque Isabelle n'ouvrait même pas les écrins, que servait qu'ils continssent des perles et des diamants à tenter une reine? L'amour épistolaire ne l'eût pas touchée non plus, quelque élégance et passion que les secrétaires du jeune duc eussent pu mettre à peindre la flamme de leur maître. Elle ne décachetait pas les lettres. Ainsi prose et vers, tirades et sonnets n'auraient fait que mollir. D'ailleurs ces moyens langoureux, bons pour les galants transis, ne congruaient pas à l'humeur entreprenante de Vallombreuse. Il fit appeler dame Léonarde, avec laquelle il n'avait cessé d'entretenir des intelligences secrètes, étant toujours bon de maintenir un espion dans la place, même fût-elle imprenable. Parfois la garnison se relâche, et une poterne est bien vite ouverte, par quoi s'insinue l'ennemi.

Léonarde, par un escalier dérobé, fut introduite en la chambre particulière du duc, où il ne recevait que ses plus intimes amis et fidèles serviteurs. C'était une pièce de forme oblongue, revêtue d'une boiserie à pilastres cannelés d'ordre ionique, dont les entrecolonnements étaient occupés par des cadres ovales d'un goût luxuriant et touffu sculptés dans le bois plein et que semblaient suspendre à la corniche d'un haut relief des nœuds de ruban et des lacs d'amour dorés d'une ingénieuse complication. Ces médaillons renfermaient sous apparences de mythologies, telles que

Flores, Vénus, Charites, Dianes, nymphes chasseresses et bocagères les maîtresses du jeune duc, accoutrées à la grecque et montrant l'une sa gorge alabastrine, l'autre sa jambe faite au tour, celle-ci des épaules à fossettes, celle-là des charmes plus mystérieux avec un artifice si subtil, qu'on eût dit des tableaux dus à la fantaisie du peintre plutôt que des portraits d'après le vif. Les plus prudes avaient cependant posé pour ces peintures qui étaient de Simon Vouet, célèbre maître du temps, croyant faire une faveur unique et ne s'imaginant pas former une galerie.

Au plafond creusé en conque était figurée une toilette de Vénus. La déesse se regardait du coin de l'œil, après avoir été attifée par ses nymphes, à un miroir que lui présentait un grand Cupidon hors de page à qui l'artiste avait donné les traits du duc, mais on voyait bien que son attention était plus pour l'Amour que pour le miroir. Des cabinets incrustés en pierres dures de Florence, bourrés de billets doux, de tresses de cheveux, de bracelets et de bagues et autres témoignages de passions oubliées; une table de même matière où sur un fond de marbre noir se découpaient des bouquets de fleurs aux couleurs vives, muguettées par des papillons ailés de pierreries; des fauteuils à pieds tournés en bois d'ébène couverts d'une brocatelle saumon ramagée d'argent, un épais tapis de Smyrne où peut-être s'étaient assises les sultanes, et rapporté de Constantinople par l'ambassadeur de France, composaient l'ameublement aussi riche que voluptueux de ce réduit, que Vallombreuse préférait aux appartements d'apparat et qu'il habitait d'ordinaire.

Le duc fit de la main un signe de condescendance à Léonarde et lui indiqua un placet pour s'asseoir. Léonarde était l'idéal de la douegna, et ce luxe frais et jeune faisait encore ressortir son teint de vieille cire jaune et sa laideur répulsive. Son costume noir passementé de jais, ses coiffes rabattues lui donnaient d'abord un aspect sévère et respectable, mais le sourire équivoque qui se jouait dans les bouquets de poils obombrant les commissures de ses lèvres, le regard hypocritement luxurieux de ses yeux cerclés de rides brunes; l'expression basse, avide et servile de sa mine vous détrompaient bientôt et vous disaient que vous n'aviez pas devant vous une dame Pernelle, mais une dame Macette, de celles qui lavent les jeunes filles pour le sabbat et qui chevauchent le samedi un balai entre les jambes.

« Dame Léonarde, dit le duc rompant le silence, je vous ai fait venir, car je sais que vous êtes une personne fort experte aux choses d'amour pour les avoir pratiquées en votre jeune temps et servies en votre maturité, afin de me concerter avec vous sur les moyens de séduire cette farouche Isabelle. Une duègne qui a été jeune-première doit connaître toutes les rubriques.

— Monsieur le duc, répondit la vieille comédienne d'un air de componction, fait beaucoup d'honneur à mes faibles lumières et ne peut douter de mon zèle à lui complaire en tout.

— Je n'en doute point, fit négligemment Vallombreuse; mais, cependant, mes affaires n'en sont guère plus avancées. Que devient cette beauté revêche? Est-elle toujours aussi entichée de son Sigognac?

— Toujours, répliqua dame Léonarde en poussant un soupir; la jeunesse a de ces entêtements bizarres qui ne s'expliquent point. Isabelle, d'ailleurs, ne semble pas pétrie dans le limon ordinaire. Aucune tentation ne mord sur elle, et dans le Paradis terrestre elle eût été femme à ne point écouter le serpent.

— Comment donc, s'écria le duc avec un mouvement de colère, ce damné Sigognac a-t-il pu se faire entendre de cette oreille si bien fermée aux propos des autres? Possède-t-il quelque philtre, quelque amulette, quelque talisman?

— Aucun, monseigneur; il était malheureux, et pour ces âmes tendres, romanesques et fières, consoler est le plus grand bonheur qui soit; elles préfèrent donner à recevoir, et la pitié, les yeux humides de larmes, ouvre la porte à l'amour. C'est le cas d'Isabelle.

— Vous me dites des choses de l'autre monde; être maigre, sans le sol, piteux, délabré, mal en point, ridicule, ce sont là, selon vous, des raisons d'être aimé! les dames de la cour riraient bien d'une pareille doctrine.

— En effet, elle n'est pas commune, heureusement, et l'on voit peu de femmes donner dans ce travers. Votre Seigneurie est tombée sur une exception.

— Mais c'est à devenir fou de rage, de penser que

ce hobereau réussit là où j'échoue et entre les bras de sa maîtresse se raille de ma déconvenue.

— Votre Seigneurie peut s'épargner ce chagrin. Sigognac ne jouit point de ses amours au sens que l'entend monsieur le duc. La vertu d'Isabelle n'a reçu aucune brèche. La tendresse de ces parfaits amants, bien que vive, est toute platonique et se contente de quelque baiser sur la main ou sur le front. C'est pour cela qu'elle dure; satisfaite, elle s'éteindrait toute seule.

— Dame Léonarde, êtes-vous bien sûre de cela? est-il croyable qu'ils vivent ainsi chastement ensemble dans la licence des coulisses et des voyages, couchant sous le même toit, soupant à la même table, rapprochés sans cesse par les nécessités des répétitions et des jeux de scène? Il faudrait qu'ils fussent des anges.

— Isabelle est à coup sûr un ange, et elle n'a pas l'orgueil qui fit choir Lucifer du ciel. Quant à Sigognac, il obéit aveuglément à sa maîtresse, et accepte tous les sacrifices qu'elle lui impose.

— S'il en est ainsi, dit Vallombreuse, que pouvez-vous faire pour moi? Allons, cherchez dans quelque tiroir secret de votre boîte à malice un vieux stratagème irrésistible, une fourberie triomphante, une machination à rouages compliqués qui me donne la victoire; vous savez que l'or et l'argent ne me coûtent rien. »

Et il plongea sa main, plus blanche et aussi délicate que celle d'une femme, dans une coupe de Benvenuto Cellini, posée sur une table auprès de lui et remplie de pièces d'or. A la vue de ces monnaies qui bruissaient avec un tintement persuasif, les yeux de chouette de la douegna s'allumèrent, perçant de deux trous lumineux le cuir basané de sa face morte. Elle parut réfléchir profondément et resta quelques instants muette.

Vallombreuse attendait avec impatience le résultat de cette rêverie ; enfin la vieille reprit la parole.

« A défaut de son âme, peut-être puis-je vous livrer son corps. Une empreinte de serrure à la cire, une fausse clef et un bon narcotique feraient l'affaire.

— Pas de cela ! interrompit le duc, qui ne put se défendre d'un mouvement de dégoût. Fi donc ! posséder une femme endormie, un corps inerte, une morte, une statue sans conscience, sans volonté, sans souvenir ! avoir une maîtresse qui au réveil vous regarderait les yeux étonnés comme sortant d'un rêve, et reprendrait aussitôt son aversion pour vous avec son amour pour un autre ! être un cauchemar, un songe lubrique qu'on oublie au matin ! jamais je ne descendrai si bas.

— Votre Seigneurie a raison, dit Léonarde, la possession n'est rien si l'on n'a le consentement, et je ne proposais cet expédient qu'à bout de ressources. Je n'aime pas non plus ces moyens ténébreux, et ces breuvages qui sentent la pharmacopée de l'empoisonneuse. Mais pourquoi étant beau comme Adonis favori de Vénus, splendide en vos ajustements, riche, puissant à la cour, ayant tout ce qui plaît aux femmes, ne faites-vous pas tout simplement la cour à l'Isabelle ?

— Eh ! pardieu, la vieille a raison, s'écria Vallombreuse, en jetant un regard de complaisance à un miroir de Venise supporté par deux Amours sculptés qui se tenaient en équilibre sur une flèche d'or, de telle façon que la glace se penchait et se redressait à volonté pour qu'on pût s'y voir plus à son aise. Isabelle a beau être froide et vertueuse, elle n'est pas aveugle, et la nature n'a pas été pour moi si marâtre que ma présence inspire l'horreur. Je lui ferai toujours bien l'effet d'une statue ou d'un tableau qu'on admire, encore qu'on ne l'aime pas, mais qui retient les yeux, et les charme par sa symétrie et son coloris agréable. Et puis je lui dirai de ces choses à quoi les femmes ne résistent point, avec ces regards qui fondent la glace des cœurs et dont le feu, soit dit sans fatuité, a incendié les belles les plus hyperboréennes et les plus glacées de la cour; cette comédienne d'ailleurs a de la fierté, et la poursuite d'un duc ne peut que flatter son orgueil. Je l'appuierai à la Comédie et dresserai des cabales en sa faveur. Ce sera miracle alors si elle pense encore à ce petit Sigognac duquel je saurai bien me défaire.

— Monsieur le duc n'a rien à me dire de plus, fit dame Léonarde, qui s'était levée et restait les mains croisées sur sa ceinture dans une pose d'attente respectueuse.

— Non, répondit Vallombreuse, vous pouvez vous retirer, mais auparavant prenez ceci (et il lui tendait une poigné de louis d'or), ce n'est pas votre faute s'il se trouve en la troupe d'Hérode une pudicité invraisemblable. »

La vieille remercia le jeune duc et se retira à la reculade jusque vers la porte, sans se prendre les pieds dans ses jupes, avec une habitude que lui avait donnée le théâtre. Là elle se retourna tout d'une pièce et disparut bientôt dans les profondeurs de l'escalier. Resté seul, Vallombreuse sonna son valet de chambre pour qu'il le vînt accommoder.

« Çà, Picard, dit le duc, il te faut surpasser et me faire une toilette triomphante ; je veux être plus beau que Buckingham s'efforçant de plaire à la reine Anne d'Autriche. Si je reviens bredouille de ma chasse à la beauté, tu recevras les étrivières, car je n'ai aucun défaut ou vice à dissimuler postichement.

— Votre Seigneurie a la meilleure grâce du monde, répondit Picard, et chez elle l'Art n'a qu'à mettre la Nature en son lustre. Si monsieur le duc veut s'asseoir devant la glace et se tenir tranquille quelques minutes, je vais le testonner et l'adoniser de telle sorte qu'il ne rencontrera pas de cruelles. »

Ayant dit ces mots, Picard plongea des fers à friser dans une coupe d'argent où, recouverts de cendre, des noyaux d'olive faisaient un feu doux comme celui des braseros espagnols, et quand ils furent chauds au degré juste, ce qu'il reconnut en les approchant de sa joue, il commença à pincer par le bout ces belles boucles d'ébène dont la souplesse ne demandait pas mieux que de se tourner mignardement en spirales.

Lorsque M. le duc de Vallombreuse fut coiffé, et qu'un cosmétique d'un parfum suave mieux flairant que baume eut fixé ses fines moustaches semblables à l'arc de Cupidon, le valet de chambre, satisfait de son ouvrage, se renversa un peu en arrière pour le contempler, comme un peintre qui regarde, en clignant l'œil, la dernière touche posée à son tableau.

« Quel habit monsieur le duc désire-t-il mettre aujourd'hui ? Si j'osais risquer un avis à qui n'en a pas besoin, je conseillerais à Sa Seigneurie le costume de velours noir à taillades et à bouffettes en satin de la même couleur, avec les bas de soie et un simple col en point de Raguse. Les brocarts, les satins brochés, les toiles d'or et d'argent, les pierreries pourraient, par leur éclat intempestif, distraire les regards qui se doivent porter uniquement sur la figure de monsieur, dont les charmes ne furent jamais plus irrésistibles ; le noir relèvera cette pâleur délicate qui lui reste de sa blessure et lui donne tant d'intérêt.

— Le drôle a le goût bon, et sait flatter aussi bien qu'un courtisan, murmura intérieurement Vallombreuse ; oui, le noir m'ira bien ! Isabelle, d'ailleurs, n'est point femme à s'éblouir devant des orfrois de brocart et des bluettes de diamants. Picard, continua-t-il tout haut, passez-moi le pourpoint et les chausses de velours, et donnez-moi l'épée d'acier bruni. Maintenant, dites à la Ramée qu'il fasse mettre les chevaux au carrosse, les quatre bais, et promptement. Je veux sortir dans un quart d'heure. »

Picard disparut aussitôt pour faire exécuter les ordres de son maître. Vallombreuse, en attendant la voiture, se promenait de long en large à travers la chambre, jetant, toutes les fois qu'il passait devant, un coup d'œil interrogatif au miroir de Venise, lequel, contre l'ordinaire des miroirs, lui faisait à chaque demande une réponse flatteuse.

« Il faudrait que cette péronnelle fût diantrement superbe, revêche et dégoûtée, pour ne pas devenir subitement toute vive amoureuse folle de moi, malgré ses simagrées de vertu et ses langueurs platoniques avec le Sigognac. Oui, ma toute belle, vous figurerez bientôt dans un de ces cadres ovales, peinte au naturel, en Phœbé forcée malgré sa froideur de venir baiser Endymion. Vous prendrez place parmi ces déités qui furent d'abord non moins prudes, farouches et hyrcaniennes que vous ne l'êtes, et qui sont plus grandes dames assurément que vous ne le serez jamais. Votre défaite ne manquera pas longtemps à ma gloire; car sachez, ma petite comédienne, que rien ne peut faire obstacle à la volonté d'un Vallombreuse. *Frango nec frangor*, telle est ma devise ! »

Un laquais vint annoncer que le carrosse était avancé. La distance qui sépare la rue des Tournelles, où demeurait le duc de Vallombreuse, de la rue Dauphine, fut bientôt franchie au trot de quatre vigoureux mecklembourgeois touchés par un cocher de grande maison, qui n'eût pas cédé le haut du pavé à un prince du sang, et qui coupait insolemment toutes les voitures. Quelque hardi et sûr de lui-même que fût le duc, pendant le trajet, il ne put se défendre d'une certaine émotion assez rare chez lui. L'incertitude de savoir comment il serait reçu de cette dédaigneuse Isabelle lui faisait battre le cœur un peu plus vite que de coutume. Les sentiments qu'il éprouvait étaient de nature fort opposée. Ils variaient de la haine à l'amour, selon qu'il s'imaginait la jeune comédienne rebelle ou docile à ses vœux.

Quand le beau carrosse doré, traîné par des chevaux de prix et surchargé de laquais aux livrées de Vallombreuse, entra dans l'auberge de la rue Dauphine, dont les portes s'ouvrirent toutes grandes pour le recevoir, l'hôtelier, le bonnet à la main, se précipita plutôt qu'il ne descendit du haut du perron pour aller à la rencontre de ce magnifique visiteur, et savoir ce qu'il désirait.

Si vite que l'hôtelier eût couru, Vallombreuse, sautant du carrosse à terre sans l'aide du marchepied, s'avançait déjà vers l'escalier d'un pas rapide. Le front de l'aubergiste, prosterné tout bas, lui heurta presque les genoux. Le jeune duc, de cette voix stridente et brève qui lui était familière lorsque quelque passion l'agitait, lui dit :

« Mademoiselle Isabelle demeure en cette maison. Je la voudrais voir. Est-elle au logis à cette heure? Il n'est pas besoin de la prévenir de ma visite. Donnez-moi seulement un laquais qui m'accompagne jusqu'à sa porte. »

L'hôtelier avait répondu à ces questions par des respectueuses inclinaisons de tête, et il ajouta :

« Monseigneur, laissez-moi la gloire de vous conduire moi-même; un tel honneur n'est point fait pour un maraud de valet. A peine si le maître de céans y suffit.

— Comme vous voudrez, dit Vallombreuse avec une nonchalance hautaine, mais faites vite ; voici déjà des têtes qui se mettent aux fenêtres et se penchent pour me regarder comme si j'étais le Grand Turc ou l'Amorabaquin.

— Je vais vous précéder pour vous montrer le chemin, » dit l'hôtelier, tenant des deux mains son bonnet pressé sur son cœur.

L'escalier franchi, le duc et son guide s'engagèrent dans un long corridor sur lequel s'ouvraient des portes comme dans un cloître de couvent. Arrivé devant la chambre d'Isabelle, l'hôte s'arrêta et dit :

« Qui aurai-je l'honneur d'annoncer?

— Vous pouvez vous retirer, maintenant, répondit Vallombreuse en mettant la main sur la clef, je m'annoncerai moi-même. »

Isabelle, assise près de la fenêtre dans une chaise haute, en manteau du matin, les pieds nonchalamment allongés sur un tabouret de tapisserie, était en train d'étudier le rôle qu'elle devait remplir dans la pièce nouvelle. Les yeux fermés, afin de ne pas voir les paroles écrites sur son cahier, elle répétait à voix basse, comme un écolier sa leçon, les huit ou dix vers qu'elle venait de lire plusieurs fois. La lumière de la croisée, dessinant le contour velouté de son profil, piquait des étincelles d'or aux petits cheveux follets qui se crespelaient sur sa nuque, et faisait luire la nacre transparente de ses dents dans sa bouche entr'ouverte. Un reflet tempérait par sa lueur argentée ce que l'ombre, baignant les chairs et le vêtement, aurait eu de trop noir, et produisait cet effet magique si recherché des peintres, qu'ils appellent « clair-obscur » en leur langage. Cette jeune femme ainsi posée formait un tableau charmant, qui n'eût eu besoin que d'être copié par un habile homme pour devenir l'honneur et la perle d'une galerie.

Croyant que ce fût quelque fille de chambre qui entrât pour les besoins du service, Isabelle n'avait pas relevé ses longues paupières dont les cils, traversés du jour, ressemblaient à des fils d'or, et continuait dans une somnolence rêveuse à débiter machinalement ses rimes comme on égrène un chapelet, presque sans y penser. Elle n'avait d'ailleurs aucune défiance, en plein jour, dans cette auberge toute pleine de monde, tout près de ses camarades, et ne sachant pas que Vallombreuse fût à Paris. Les tentatives contre Sigognac ne s'étaient pas renouvelées, et la jeune comédienne, quelque timide qu'elle fût, commençait à reprendre un peu d'assurance. Sa froideur avait sans doute découragé le caprice du jeune duc, auquel en ce moment elle ne pensait non plus qu'au prêtre Jean ou à l'empereur de la Chine.

Vallombreuse s'était avancé jusqu'au milieu de la chambre, suspendant ses pas, retenant son haleine, pour ne pas déranger ce gracieux tableau qu'il contemplait avec un ravissement bien concevable ; en attendant qu'Isabelle levât les yeux et l'aperçût, il avait mis un genou en terre et tenait d'une main son feutre dont la plume balayait le plancher, tandis qu'il appuyait l'autre main sur son cœur dans une pose qu'on n'eût pu désirer plus respectueuse pour une reine.

Si la jeune comédienne était belle, Vallombreuse, il faut l'avouer, n'était pas moins beau ; la lumière donnait en plein sur sa figure d'une régularité parfaite et semblable à celle d'un jeune dieu grec qui se serait fait duc depuis la déchéance de l'Olympe. En ce moment, l'amour et l'admiration qui s'y peignaient en avaient fait disparaître cette expression impérieusement cruelle qu'on regrettait parfois d'y voir. Les yeux jetaient des flammes, la bouche semblait lumineuse ; à ses joues pâles il montait du cœur comme une sorte de clarté rose. Des éclairs bleuâtres passaient sur ses cheveux bouclés et lustrés de parfums comme des frissons de jour sur du jayet poli. Son col, délicat et robuste à la fois, prenait des blancheurs de marbre. Illuminé par la passion, il rayonnait, il étincelait, et vraiment on comprenait qu'un duc fait de la sorte ne pût admettre l'idée que déesse, reine ou comédienne lui résistât.

Enfin Isabelle tourna la tête et vit le duc de Vallombreuse agenouillé à six pas d'elle. Persée lui eût porté au visage le masque de Méduse, enchâssé dans son bouclier et faisant la grimace de l'agonie au milieu d'un éparpillement de serpenteaux, qu'elle n'eût pas éprouvé une stupeur pareille. Elle resta glacée, pétrifiée, les yeux dilatés de terreur, la bouche entr'ouverte et le gosier aride, sans pouvoir faire un mouvement ni pousser un cri. Une pâleur de mort se répandit sur ses traits, son dos s'emperla de sueur froide ; elle crut qu'elle allait s'évanouir ; mais par un prodigieux effort de volonté, elle rappela ses sens pour ne pas rester exposée aux entreprises de ce téméraire.

« Je vous inspire donc une bien insurmontable horreur, dit Vallombreuse sans quitter sa position et de la voix la plus douce, que ma vue seule vous produit un tel effet. Un monstre d'Afrique sortant de sa caverne, la gueule rouge, les dents aiguisées et les griffes en arrêt vous eût, certes, moins effrayée. Mon entrée, j'en conviens, a été un peu inopinée et subite; mais il ne faut pas en vouloir à la passion des incivilités qu'elle fait commettre. Pour vous voir, j'ai affronté votre courroux, et mon amour, au risque de vous déplaire, se met à vos pieds suppliant et timide.

— De grâce, monsieur le duc, relevez-vous, dit la jeune comédienne, cette position ne vous convient point. Je ne suis qu'une pauvre actrice de province, et mes faibles charmes ne méritent pas une telle conquête. Oubliez un caprice passager et portez ailleurs des vœux que tant de femmes seraient heureuses de combler. Ne rendez point les reines, les duchesses et les marquises jalouses à cause de moi.

— Et que m'importent toutes ces femmes, fit impétueusement Vallombreuse en se relevant, si c'est votre fierté que j'adore, si vos rigueurs ont plus de charme à mes yeux que les faveurs des autres, si votre sagesse m'enivre, si votre modestie excite ma passion jusqu'au délire, s'il faut que vous m'aimiez ou que je meure! Ne craignez rien, ajouta-t-il en voyant qu'Isabelle ouvrait la fenêtre comme pour se précipiter s'il se portait à quelque violence, je ne demande autre chose sinon que vous souffriez ma présence, que vous me permettiez de vous faire ma cour et d'attendrir votre cœur, comme font les amants les plus respectueux.

— Épargnez-moi ces poursuites inutiles, répondit Isabelle, et j'aurai pour vous, à défaut d'amour, une reconnaissance sans bornes.

— Vous n'avez ni père, ni mari, ni amant, dit Vallombreuse, qui se puisse opposer à ce qu'un galant homme vous recherche et tâche de vous agréer. Mes hommages ne sont pas une insulte. Pourquoi me repousser? Oh! vous ne savez pas quelle vie splendide j'ouvrirais devant vous si vous consentiez à m'accueillir. Les enchantements des féeries pâliraient à côté des imaginations de mon amour pour vous plaire. Vous marcheriez comme une déesse sur les nuées. Vos pieds ne fouleraient que de l'azur et de la lumière. Toutes les cornes d'abondance répandraient leurs trésors devant vos pas. Vos souhaits n'auraient pas le temps de naître, je les surprendrais dans vos yeux et je les devancerais. Le monde lointain s'effacerait comme un rêve, et d'un même vol, à travers les rayons, nous monterions vers l'Olympe plus beaux, plus heureux, plus enivrés que Psyché et l'Amour. Voyons, Isabelle, ne détournez pas ainsi la tête, ne gardez pas ce silence de mort, ne poussez pas au désespoir une passion qui peut tout, excepté renoncer à elle-même et à vous.

— Cette passion dont toute autre tirerait orgueil, répondit modestement Isabelle, je ne saurais la partager. La vertu que je fais profession d'estimer plus que la vie ne s'y opposerait pas, que je déclinerais encore ce dangereux honneur.

— Regardez-moi d'un œil favorable, continua Vallombreuse, je vous rendrai un objet d'envie pour les plus grandes et les plus haut situées. A une autre femme je dirais : dans mes châteaux, dans mes terres, dans mes hôtels, prenez ce qui vous plaira, saccagez mes cabinets pleins de diamants et de perles, plongez vos bras jusqu'aux épaules au fond de mes coffres, habillez votre livrée d'habits trop riches pour des princes, faites ferrer d'argent fin les chevaux de vos carrosses, menez le train d'une reine; éblouissez Paris qui pourtant ne s'étonne guère. Tous ces appâts sont trop grossiers pour une âme de la trempe dont est la vôtre. Mais cette gloire peut vous toucher d'avoir réduit et vaincu Vallombreuse, de le mener captif derrière votre char de triomphe, de nommer votre serviteur et votre esclave celui qui n'a jamais obéi, et que nuls fers n'ont pu retenir.

— Ce prisonnier serait trop illustre pour mes chaînes, dit la jeune actrice, et je ne voudrais pas contraindre une liberté si précieuse! »

Jusque-là le duc de Vallombreuse s'était contenu; il forçait sa violence naturelle à une douceur feinte, mais la résistance respectueuse et ferme d'Isabelle commençait à faire bouillonner sa colère. Il sentait un amour derrière cette vertu, et son courroux s'augmentait de sa jalousie. Il fit quelques pas vers la jeune fille qui mit la main sur la ferrure de la fenêtre. Ses traits étaient contractés, il se mordait les lèvres et l'air de méchanceté avait reparu sur son visage.

« Dites plutôt, reprit-il d'une voix altérée, que vous êtes folle de Sigognac ! Voilà la raison de cette vertu dont vous faites montre. Qu'a-t-il donc pour vous charmer de la sorte cet heureux mortel? Ne suis-je pas plus beau, plus noble, plus riche, aussi jeune, aussi spirituel, aussi amoureux que lui !

— Il a du moins, répondit Isabelle, une qualité qui vous manque : celle de respecter ce qu'il aime.

— C'est qu'il n'aime pas assez, » fit Vallombreuse en prenant dans ses bras Isabelle dont le corps penchait déjà hors de la fenêtre, et qui, sous l'étreinte de l'audacieux, poussa un faible cri.

Au même instant la porte s'ouvrit. Le Tyran, faisant des courbettes et des révérences outrées, pénétra dans la chambre et s'avança vers Isabelle, qu'aussitôt lâcha Vallombreuse avec une rage profonde d'être ainsi interrompu en ses prouesses amoureuses.

« Pardon, mademoiselle, dit le Tyran en lançant au duc un regard de travers, je ne vous savais pas en si bonne compagnie ; mais l'heure de la répétition a sonné à toutes les horloges et l'on n'attend plus que vous pour commencer. »

En effet, par la porte entre-bâillée on voyait le Pédant, Scapin, Léandre et Zerbine, qui formaient un groupe rassurant pour la pudeur menacée d'Isabelle. Le duc eut un instant l'idée de fondre l'épée en main sur cette canaille et de la disperser, mais cela eût fait un esclandre inutile; en tuant ou blessant deux ou trois de ces histrions il n'aurait pas arrangé ses affaires :

d'ailleurs ce sang était trop vil pour qu'il y trempât ses nobles mains, il se contint donc, et saluant avec une politesse glaciale Isabelle, qui, toute tremblante, s'était rapprochée de ses amis, il sortit de la chambre, mais au seuil de la porte il se retourna, fit un signe de la main, et dit : « Au revoir, mademoiselle ! » une phrase bien simple assurément, mais qui prenait du son de voix dont elle était prononcée des signifiances menaçantes et terribles. La tête de Vallombreuse, si charmante tout à l'heure, avait repris son expression de perversité diabolique ; Isabelle ne put s'empêcher de frémir, bien que la présence des comédiens la mît à l'abri de toute tentative. Elle eut ce sentiment d'angoisse mortelle de la colombe au-dessus de laquelle le milan trace dans l'air des cercles de plus en plus rapprochés.

Vallombreuse regagna son carrosse suivi par l'hôtelier qui se confondait derrière lui en politesses impatientantes et superflues, et bientôt le grondement des roues indiqua que le dangereux visiteur était enfin parti.

Maintenant voici comment s'explique le secours venu si à propos pour Isabelle. L'arrivée du duc de Vallombreuse en carrosse doré à l'hôtel de la rue Dauphine avait produit une rumeur d'étonnement et d'admiration dans toute l'auberge, qui était bientôt parvenue aux oreilles du Tyran occupé, comme Isabelle, à étudier dans sa chambre. En l'absence de Sigognac, retenu au théâtre pour y essayer un costume nouveau, le brave Hérode, connaissant les mauvaises intentions de Vallombreuse, s'était bien promis de veiller au grain, et l'oreille appliquée au trou de la serrure il écoutait, par une indiscrétion louable, cet entretien hasardeux, sauf à intervenir lorsque la scène chaufferait trop. Sa prudence avait ainsi sauvé la vertu d'Isabelle des entreprises de ce méchant duc outrageux et pervers.

Cette journée devait être orageuse. Lampourde, on s'en souvient, avait reçu de Mérindol la mission de dépêcher le capitaine Fracasse; aussi le bretteur, guettant l'occasion de l'attaquer, faisait-il pied de grue sur l'esplanade où s'élève le roi de bronze, car Sigognac, pour rentrer à l'auberge, devait forcément prendre le Pont-Neuf. Jacquemin était là déjà depuis plus d'une heure, soufflant dans ses doigts pour ne pas les avoir gourds au moment de l'action, et battant la semelle afin de se réchauffer les pieds. Le temps était froid et le soleil se couchait derrière le pont Rouge, au delà des Tuileries, dans des nuages sanguinolents. Le crépuscule baissait rapidement, et déjà les passants se faisaient rares.

Enfin Sigognac parut marchant d'un pas hâté, car une vague inquiétude l'agitait à l'endroit d'Isabelle, et il se pressait de rentrer au logis. Dans cette précipitation, il ne vit pas Lampourde qui, lui prenant le bord du manteau, le lui tira d'un mouvement si sec et si brusque, que les cordons en rompirent. En un clin d'œil, Sigognac se trouva en simple pourpoint. Sans chercher à disputer sa cape à cet assaillant qu'il prit d'abord pour un vulgaire tire-laine, il mit, avec la promptitude de l'éclair, flamberge au vent et tomba en garde. De son côté, Lampourde n'avait pas été moins prompt à dégaîner. Il fut content de cette garde et se dit : « Nous allons nous amuser un peu. » Les lames s'engagèrent. Après quelques tâtonnements de part et d'autre, Lampourde essaya une botte qui fut aussitôt déjouée. « Bonne parade, continua-t-il; ce jeune homme a des principes. »

Sigognac lia avec son épée le fer du bretteur et lui poussa une flanconnade que celui-ci para avec une retraite de corps, tout en admirant le coup de son adversaire pour sa perfection et sa régularité académique.

« A vous celle-ci, » s'écria-t-il, et son épée décrivit un cercle étincelant, mais elle rencontra celle de Sigognac déjà revenue à son poste.

Épiant un jour pour y pénétrer, les lames liées par les pointes tournaient l'une autour de l'autre, tantôt lentes, tantôt rapides, avec des malices et des prudences qui prouvaient la force des deux combattants.

« Savez-vous, monsieur, dit Lampourde, ne pouvant contenir plus longtemps son admiration pour ce jeu si sûr, si serré et si correct, savez-vous que vous avez une méthode superbe !

— A votre service, » répondit Sigognac, en allongeant une botte à fond au bretteur qui la détourna avec le pommeau de son épée par un coup de poignet aussi roide que la détente d'un cranequin.

« Magnifique estocade, fit le bretteur de plus en plus enthousiasmé, coup merveilleux ! Logiquement j'aurais dû être tué. Je suis dans mon tort ; ma parade est une parade de raccroc, irrégulière, sauvage, bonne tout au plus pour ne pas être embroché en un cas extrême. Je rougis presque de l'avoir employée avec un beau tireur comme vous. »

Toutes ces phrases étaient entremêlées de froissements de fer, de quartes, de tierces, de demi-cercles, de coupés, de dégagés qui augmentaient l'estime de Lampourde pour Sigognac. Ce gladiateur ne prisait au monde que l'escrime, et il réglait le cas qu'il devait faire des gens d'après leur force aux armes. Sigognac prenait à ses yeux des proportions considérables.

« Serait-ce une indiscrétion, monsieur, que de vous demander le nom de votre maître? Girolamo, Paraguantes et Côte-d'Acier seraient fiers d'un tel élève.

— Je n'ai eu pour professeur qu'un vieux soldat nommé Pierre, répondit Sigognac, que ce babil étrange amusait; tenez, parez celle-là; c'est une de ses bottes favorites. » Et le baron se fendit.

« Diable! s'écria Lampourde en rompant d'une semelle, j'ai failli être touché; la pointe a glissé sous le bras. En plein jour vous m'auriez perforé, mais vous n'avez pas encore l'habitude de ces combats crépusculaires et nocturnes qui exigent des yeux de chat. N'importe! c'était bien passé, bien allongé, bien porté. Maintenant, faites bien attention, je ne vous prends pas en traître. Je vais essayer sur vous ma botte secrète, le résultat de mes études, le *nec plus ultra* de ma science, l'élixir de ma vie. Jusqu'à présent ce coup d'épée infaillible a toujours tué son homme. Si vous le parez, je vous l'apprends. C'est mon seul héritage, et je vous le léguerai; sans cela, j'emporterai cette botte sublime dans la tombe, car je n'ai encore rencontré personne capable de l'exécuter, si ce n'est vous, admirable jeune homme! Mais voulez-vous vous reposer un peu et reprendre haleine?»

En disant ces mots, Jacquemin Lampourde baissait la pointe de son épée. Sigognac en fit autant, et au bout de quelques minutes le duel recommença.

Après quelques passes, Sigognac qui connaissait toutes les ruses de l'escrime sentit, au travail particulier de Lampourde, dont l'épée se dérobait avec une rapidité éblouissante, que la fameuse botte allait fondre sur sa poitrine. En effet, le bretteur s'aplatit subitement comme s'il tombait sur le nez, et le baron ne vit plus devant lui d'adversaire, mais un éclair fouetté dans un sifflement lui arriva si vite au corps, qu'il n'eut que le temps de le couper par un demi-cercle qui cassa net la lame de Lampourde.

« Si vous n'avez pas le reste de mon épée dans le ventre, dit Lampourde à Sigognac en se redressant et en agitant le tronçon qui lui restait dans la main, vous êtes un grand homme, un héros, un dieu!

— Non, répondit Sigognac, je ne suis pas touché, et si je voulais je pourrais même vous clouer contre un mur comme un hibou; mais cela répugne à ma générosité naturelle, et d'ailleurs vous m'avez amusé par votre bizarrerie.

— Baron, permettez-moi d'être désormais votre admirateur, votre esclave, votre chien. On m'avait payé pour vous tuer. J'ai même reçu des avances que j'ai mangées. C'est égal ! Je volerai pour rendre l'argent. » Cela dit, il ramassa le manteau de Sigognac, le lui remit sur les épaules en valet de chambre officieux, le salua profondément et s'éloigna.

Les deux attaques du duc de Vallombreuse avaient manqué.

XIV

LES DÉLICATESSES DE LAMPOURDE

On peut aisément s'imaginer la fureur de Vallombreuse après l'échec que lui avait fait subir la vertu d'Isabelle secourue si à propos par l'intervention des comédiens. Quand il rentra à l'hôtel, l'aspect de son visage, blême d'une rage froide, donna à ses domestiques des claquements de dents et des sueurs d'agonie ; car sa cruauté naturelle se livrait, en ces exaspérations, à des emportements néroniens, aux dépens du premier malheureux qui lui tombait sous la main. Ce n'était point un seigneur commode que le duc de Vallombreuse, même quand il était de joyeuse humeur ; mais quand il était fâché, mieux eût valu se rencontrer nez à nez, sur le pont d'un torrent, avec un tigre à jeun. Il referma derrière lui toutes les portes qui s'ouvraient à son passage, d'une telle violence qu'elles faillirent sauter hors des gonds, et que la dorure des ornements se détacha par écailles.

Arrivé à sa chambre, il jeta son feutre à terre si rudement que la forme en resta toute aplatie et que la plume ébouriffée se brisa net. Pour donner un peu d'air à sa furie, il se dégagea la poitrine sans prendre garde aux boutons de diamant de son pourpoint qui sautaient à droite ou à gauche sur le parquet, comme des pois gris sur un tambour. Les dentelles de sa chemise ne furent bientôt plus, sous les crispations de ses doigts nerveux, qu'une charpie effiloquée, et d'un coup de pied il envoya rouler les quatre fers en l'air un fauteuil qu'il avait rencontré dans ses déambulations colériques, car il s'en prenait même aux objets inanimés.

« L'impudente créature ! s'écriait-il tout en se promenant avec une agitation extrême, j'ai bien envie de la faire prendre par les sergents et jeter en un cul de basse fosse d'où elle ne sortirait que rasée et fouettée pour aller à l'hôpital ou à quelque couvent de filles repenties. Il ne me serait pas difficile d'obtenir l'ordre ; mais non, sa constance ne ferait que s'affermir de ces persécutions, et son amour pour Sigognac s'augmenterait de toute la haine qu'elle prendrait à mon endroit. Cela ne vaut rien ; mais que faire ? »

Et il continuait sa promenade forcenée d'un bout à l'autre du cabinet comme une bête fauve en sa cage, sans fatiguer sa rage impuissante.

Pendant qu'il se démenait ainsi, sans prendre garde à la fuite des heures qui passent toujours d'un pied égal, que nous soyons contents ou furieux, la nuit était venue, et Picard, bien qu'on ne l'eût pas appelé, prit sur lui d'entrer et d'allumer les bougies, ne voulant pas laisser son maître se mélancolier dans l'ombre, mère des humeurs noires.

En effet, comme si les lumières des candélabres lui eussent éclairci l'intellect, Vallombreuse, que distrayait son amour pour Isabelle, se ressouvint de sa haine pour Sigognac.

« Mais comment se fait-il que ce gentillâtre de malheur n'ait pas encore été dépêché, dit-il en s'arrêtant tout à coup, j'avais cependant donné l'ordre formel à Mérindol de l'expédier lui-même ou au moyen de quelque gladiateur plus habile et plus brave que lui s'il ne suffisait à cette besogne ! « Morte la bête, mort le venin, » quoi qu'en dise Vidalinc. Le Sigognac supprimé, l'Isabelle reste à ma merci, frémissante de terreur et déliée d'une fidélité désormais sans objet. Sans doute elle ménage ce bélître dans l'idée de s'en faire épouser, et c'est pour cela qu'elle se livre à ces simagrées de pudeur hyrcanienne et de vertu inexpugnable, repoussant l'amour des ducs les mieux faits comme s'ils fussent gueux de l'Hostière. Seule, j'en aurai bientôt raison, et, en tout cas, je serai vengé d'un arrogant par trop outrageux, qui m'a navré au bras et que je trouve toujours comme un obstacle entre moi et mon désir. Çà, faisons comparaître Mérindol et sachons où en sont les choses. »

Mérindol, appelé par Picard, se présenta devant le duc, plus pâle qu'un voleur qu'on mène pendre, les tempes emperlées de sueur, la gorge sèche et la langue empâtée; il lui eût été bon en ce moment d'angoisse d'avoir un caillou dans la bouche comme Démosthènes, orateur athénien, haranguant la mer, pour se donner de la salive, faciliter la prononciation et délier la faconde, d'autant que la face du jeune seigneur était plus tempestueuse que celle d'aucune mer ou assemblée de peuple à l'Agora. Le malheureux, faisant effort pour se tenir droit sur ses jarrets titubants comme s'il fût ivre, encore qu'il n'eût bu depuis le matin de quoi noyer une mouche, tournait son chapeau devant sa poitrine avec un décontenancement idiot; il n'osait lever les yeux vers son maître dont il sentait le regard tomber sur lui comme une douche alternativement de feu et de glace.

« Eh bien ! animal, dit brusquement Vallombreuse, vas-tu rester longtemps ainsi planté là avec cette mine patibulaire, comme si tu avais déjà au cou la cravate de chanvre que tu mérites encore plus pour ta lâcheté et maladresse que pour tes méfaits?

— J'attendais les ordres de monseigneur, fit Mérindol en essayant de sourire. Monsieur le duc sait que je lui suis dévoué jusqu'à la corde inclusivement : je me permets cette plaisanterie à cause de la gracieuse allusion que vient de faire.....

— C'est bon, c'est bon, interrompit le duc, ne t'avais-je pas chargé de nettoyer mon chemin de ce Sigognac maudit qui me gêne et m'obstrue. Tu ne l'as pas fait, car j'ai bien vu à la joie et sérénité d'Isabelle, que ce maraud respire encore, et que je n'ai point été obéi. En vérité, c'est bien la peine d'avoir des bretteurs à ses gages pour être servi de la sorte? Ne devriez-vous pas, sans que j'aie besoin de parler, deviner mes sentiments à l'éclair de mes yeux, aux palpitations de mes cils, et tuer silencieusement quiconque me déplaît? Mais vous n'êtes bons qu'à vous ruer en cuisine, et vous n'avez de cœur que pour égorger des poulets. Si vous continuez ainsi, je vous rendrai tous au bourreau qui vous attend, abjectes canailles que vous êtes, scélérats timides, gauches assassins, rebut et honte du bagne !

— Monsieur le duc, je le vois avec peine, objecta Mérindol, d'un ton humble et pénétré, méconnaît le zèle, et, j'oserai le dire, le talent de ses fidèles serviteurs. Mais le Sigognac n'est point un de ces gibiers ordinaires qu'on traque et qu'on abat au bout de quelques minutes de chasse. A une première rencontre, peu s'en est fallu qu'il ne me fendît le moule du bonnet jusqu'au menton, et si, n'avait-il qu'une épée de théâtre, émoussée et mornée, dont bien me prit. Une seconde embûche le trouva sur ses gardes, et tellement prêt à bien faire, que force me fut, ainsi qu'à mes camarades, de m'éclipser sans risquer un combat inutile où il eût été secouru et qui eût fait une esclandre fâcheuse. Maintenant il connaît ma figure, et je ne saurais l'approcher qu'il ne mette incontinent la main à la poignée de sa rapière. J'ai donc été obligé d'aller chercher un spadassin de mes amis, la meilleure lame de la ville, qui le guette et le dépêchera, sous prétexte de lui tirer la laine, à la première occasion crépusculaire ou nocturne sans que le nom de M. le duc puisse être prononcé en tout cela, comme il n'eût pas manqué si le coup avait été fait par nous qui appartenons à Sa Seigneurie.

— Le plan n'est pas mauvais, répondit négligemment Vallombreuse radouci, et peut-être vaut-il mieux que les choses se passent de la sorte. Mais tu es sûr du cœur et du bras de ce gladiateur ? Il faut un brave pour défaire Sigognac, lequel, je l'avoue, bien que je le haïsse, n'est point lâche puisqu'il a bien osé se mesurer contre moi-même.

— Oh ! répliqua Mérindol avec importance et certitude, Jacquemin Lampourde est un héros... qui a mal tourné. Il passe en valeur les Achille de la fable et les Alexandre de l'histoire. Il n'est pas sans reproche, mais il est sans peur. »

Picard, qui depuis quelques minutes rôdait par la chambre, voyant l'humeur de Vallombreuse un peu rassérénée, ne feignit pas de lui dire qu'un homme d'assez bizarre tournure était là qui demandait instamment à lui parler pour chose d'importance.

« Fais entrer ce drôle, répondit le duc ; mais malheur à lui s'il me dérange pour des billevesées, je le ferai pelauder si rudement qu'il y laissera son cuir. »

Le valet sortit afin d'introduire le nouveau visiteur, et Mérindol allait se retirer discrètement quand l'entrée d'un étrange personnage lui cloua les pieds au plancher. Il y avait en effet de quoi rester stupide d'étonnement, car l'homme conduit près de Vallombreuse par Picard n'était autre que l'ami Jacquemin Lampourde, en personne naturelle. Sa présence inattendue en un tel lieu devait faire supposer quelque événement singulier et hors de toute prévision. Aussi Mérindol était-il fort inquiet en voyant paraître ainsi, sans intermédiaire, devant le maître, cet agent de seconde main, cette machine subalterne dont la besogne devait s'accomplir dans l'ombre.

Jacquemin Lampourde, du reste, ne semblait nullement décontenancé; dès la porte il avait même fait un petit clin d'œil amical à Mérindol, et il se tenait à quelques pas du duc recevant en plein sur la figure la lumière des bougies qui faisait ressortir les détails de son masque caractéristique. Son front, où la pression habituelle du feutre avait tracé une raie rougeâtre transversale, pareille à la cicatrice d'une blessure, montrait par des gouttes de sueur, qui n'étaient pas séchées encore, que le spadassin avait marché vite ou venait de se livrer à un exercice violent; ses yeux, d'un gris bleuâtre mélangé de reflets métalliques, se fixaient sur ceux du jeune duc avec une impudence tranquille qui donnait le frisson à Mérindol. Quant à son nez, dont l'ombre lui couvrait toute une joue, comme l'ombre de l'Etna couvre une grande partie de la Sicile, ce promontoire de chair découpait grotesquement son profil étrange et monstrueux, doré sur la crête par un vif rayon de clarté qui le faisait reluire. Ses moustaches, poissées d'un cosmétique grossier, ressemblaient à une brochette dont on lui eût traversé la lèvre supérieure, et sa royale se retroussait comme une virgule mise à l'envers. Tout cela lui composait une physionomie la plus hétéroclite du monde, de celles que Jacques Callot aime à croquer de sa pointe originale et vive.

Son costume consistait en un pourpoint de buffle, des chausses grises et un manteau écarlate dont les galons d'or paraissaient avoir été récemment décousus, comme l'indiquaient des raies de couleur plus fraîche, visibles sur le fond un peu fané de l'étoffe. Une épée à lourde coquille était suspendue à un large ceinturon brodé de cuivre, qui cerclait la taille efflanquée mais robuste du maraud. Un détail inexplicable préoccupait singulièrement Mérindol, c'est que le bras de Lampourde, sortant de dessous son manteau comme une torchère à supporter des bougies jaillissant d'une paroi de lambris, tenait au poing une bourse dont la panse rondelette annonçait une somme respectable. Ce geste d'offrir de l'argent au lieu d'en prendre était tellement en dehors des habitudes physiques et morales de maître Jacquemin, que le bretteur s'en acquittait avec une gaucherie emphatique, solennelle et roide, tout à fait risible. Ensuite, cette idée que Jacquemin Lampourde abordait le duc de Vallombreuse comme s'il eût voulu le rémunérer de quelque service, était si monstrueusement en dehors de la vraisemblance, que Mérindol en écarquillait les yeux et en ouvrait la bouche toute ronde, ce qui, au dire des peintres et physionomistes, est la propre expression de la surprise à son comble.

« Eh bien, maroufle, dit le duc, lorsqu'il eut assez considéré ce falot personnage, est-ce que tu veux me faire l'aumône par hasard que tu me mets cette bourse sous le nez, avec ton grand bras qu'on prendrait pour un bras d'enseigne ?

— D'abord, monsieur le duc, dit le bretteur après avoir imprimé aux longues rides qui sabraient ses joues et les coins de sa bouche une sorte de trépidation nerveuse, n'en déplaise à Votre Grandeur, je ne suis pas un maroufle. Je m'appelle Jacquemin Lampourde, homme d'épée. Mon état est honorable; aucun travail manuel, aucuns commerce ou industrie ne m'ont jamais dégradé. Je n'ai même point, en mes plus dures infortunes, soufflé le verre, occupation qui n'emporte pas la qualité de gentilhomme, car il y a péril, et les manants n'affrontent pas volontiers la mort. Je tue pour vivre, au risque de ma peau et de mon col, car j'exerce toujours seul et j'avertis qui j'attaque, ayant horreur de la traîtrise et lâcheté. Quoi de plus noble ? Retirez donc cette épithète de maroufle que je ne saurais accepter qu'à titre de plaisanterie amicale ; elle outrage par trop sensiblement les délicatesses chatouilleuses de mon amour-propre.

— Soit, maître Jacquemin Lampourde, puisque vous y tenez, répondit le duc de Vallombreuse, que les bizarreries formalistes de cet escogriffe si campé sur la hanche amusaient malgré lui, maintenant expliquez-moi ce que vous venez faire chez moi, une escarcelle au poing et secouant vos écus comme un fou sa marotte ou un ladre sa cliquette. »

Jacquemin, satisfait de cette concession à sa susceptibilité, inclina la tête tout en restant le corps droit, et fit exécuter à son feutre plusieurs passes qui constituaient, à son idée, un salut mêlant à la mâle liberté du soldat la souplesse du courtisan.

« Voici la chose, monsieur le duc : J'ai reçu de Mérindol des avances pour expédier un certain Sigognac, dit le Capitaine Fracasse. Par des circonstances indépendantes de ma volonté, je n'ai pu satisfaire à cette commande, et comme j'ai de la probité dans mon industrie, je rapporte à qui de droit l'argent que je n'ai point gagné. »

En disant ces mots il posa, avec un geste qui ne manquait pas de dignité, la bourse sur un coin de la belle table incrustée en pierres dures de Florence.

« Voilà bien, dit Vallombreuse, ces bravaches bons à figurer dans les comédies, ces enfonceurs de portes ouvertes, ces soldats d'Hérode dont la valeur se déploie à l'encontre des enfants à la mamelle, et qui s'enfuient quand la victime leur montre les dents, ânes couverts d'une peau léonine dont le rugissement est un braire. Allons, avoue-le de bonne foi ; le Sigognac t'a fait peur.

— Jacquemin Lampourde n'a jamais eu peur, reprit le spadassin d'un ton qui, malgré l'apparence grotesque du personnage, n'était pas dénué de noblesse, cela soit dit sans rodomontade et vantardise à l'espagnole ou à la gasconne ; dans aucun combat l'adversaire n'a vu la figure de mes épaules ; je suis inconnu de dos, et je pourrais être, incognito, bossu comme Ésope. Ceux qui m'ont apprécié à l'œuvre savent que les besognes faciles me dégoûtent. Le péril me plaît et j'y nage comme le poisson dans l'eau. J'ai attaqué le Sigognac *secundum artem*, avec une de mes meilleures lames de Tolède, un Alonzo de Sahagun le vieux.

— Que s'est-il passé, dit le jeune duc, dans ce combat singulier où tu ne sembles pas avoir eu l'avantage puisque tu viens restituer les sommes ?

— Tant en duels qu'en rencontres et assauts, contre

un ou plusieurs, j'ai couché sur le carreau trente-sept hommes qui ne s'en sont pas relevés; je néglige les estropiés et navrés plus ou moins grièvement. Mais le Sigognac est enfermé dans sa garde comme dans une tour d'airain. J'ai employé contre lui toutes les ressources de l'escrime : feintes, surprises, dégagements, retraites, coups inusités, il a parade et riposte à chaque attaque, et quelle fermeté jointe à quelle vitesse ! quelle audace tempérée de prudence ! quel beau sang-froid ! quelle imperturbable maîtrise ! Ce n'est pas un homme, c'est un dieu l'épée à la main. Au risque de me faire embrocher je jouissais de ce jeu si fin, si correct, si supérieur. J'avais en face un partenaire digne de moi; pourtant comme il fallait en finir, après avoir prolongé la lutte autant que possible pour me donner le temps d'admirer cette magnifique méthode, je pris mon temps et je risquai la botte secrète du Napolitain, que je possède seul au monde, puisque Girolamo est mort maintenant et me l'a léguée en héritage. Personne autre que moi n'est, d'ailleurs, capable de l'exécuter en toute sa perfection, d'où dépend le succès. Je la portai si bien et si à fond, que Giralomo lui-même n'eût pu mieux faire. Eh bien! ce diable de capitaine Fracasse, ainsi qu'on le nomme, a paré avec une vitesse éblouissante et d'un revers si ferme, qu'il ne m'a laissé au poing qu'un tronçon d'épée dont je m'escrimais comme une vieille femme qui menace un gamin d'une cuiller à pot. Tenez, voici ce qu'il a fait de mon Sahagun. »

Là-dessus Jacquemin Lampourde tira piteusement

du fourreau un bout de rapière portant pour marque un S couronné, et montra au duc la cassure nette et brillante de la lame.

« Ne voilà-t-il pas un coup prodigieux, continua le spadassin, qu'on pourrait attribuer à la Durandal de Roland, à la Tisona du Cid, ou à la Hauteclaire d'Amadis de Gaule ? Tuer le capitaine Fracasse est au-dessus de mes talents, je l'avoue en toute modestie. La botte que je lui ai portée n'a eu jusqu'à présent que cette parade, la pire de toutes, celle qui se fait avec le corps. Quiconque l'a essuyée a eu à son pourpoint une boutonnière de plus par où l'âme s'est enfuie. En outre, comme tous les vaillants, ce capitaine fut généreux : il me tenait au bout de son épée, assez estomaqué et pantois de ma déconvenue, et il me pouvait mettre à la brochette, comme un becfigue, rien qu'en étendant le bras ; il ne l'a point fait, ce qui est très-délicat de la part d'un gentilhomme assailli à la brune, en plein Pont-Neuf. Je lui dois la vie, et encore que ce ne soit pas grand'chose vu le cas que j'en fais, je lui suis lié de reconnaissance ; je n'entreprendrai plus rien contre lui, et il m'est sacré. D'ailleurs, en eussé-je les moyens, je me ferais scrupule de gâter ou détruire un si beau tireur, d'autant plus qu'ils se font rares par ce temps de ferrailleurs vulgaires où l'on tient une épée comme un manche à balai. C'est pourquoi je viens prévenir M. le duc qu'il ne compte plus sur moi. J'aurais peut-être pu garder l'argent comme dédommagement de mes risques et périls, mais ma conscience y répugne.

— De par tous les diables, reprends ta somme au

plus vite, dit Vallombreuse d'un ton qui n'admettait pas de réplique, ou je te fais jeter par les fenêtres sans les ouvrir, toi et ta monnaie. Je ne vis jamais coquin si scrupuleux. Ce n'est pas toi, Mérindol, qui serais capable de ce beau trait à insérer dans les exemples de la jeunesse. »

Comme il vit que le bretteur hésitait, il ajouta : « Je te donne ces pistoles pour boire à ma santé.

— Cela, Monsieur le duc, sera religieusement exécuté, répondit Lampourde ; cependant je pense que Sa Seigneurie ne serait pas désobligée si j'en jouais quelques-unes. » En achevant ces mots, il fit un pas vers la table, étendit son bras osseux, saisit la bourse avec une dextérité d'escamoteur et la fit disparaître comme par enchantement dans la profondeur de sa poche où elle heurta, en rendant un son métallique, un cornet de dés et un jeu de cartes. Il était aisé de voir que ce geste lui était beaucoup plus naturel que l'autre, tant il y mettait d'aisance.

« Je me retire de l'affaire en ce qui concerne Sigognac, dit Lampourde, mais elle sera reprise, s'il convient à Votre Seigneurie, par mon *alter ego*, le chevalier Malartic, à qui l'on peut confier les entreprises les plus hasardeuses, tant il est habile homme. Il a la tête qui conçoit et la main qui exécute. C'est d'ailleurs l'esprit le plus dégagé de préjugés et de superstitions qui soit. J'avais ébauché, pour l'enlèvement de la comédienne à laquelle vous faites l'honneur de vous intéresser, une sorte de plan qu'il achèvera avec ce fini et cette perfection de détails qui caractérisent sa manière. Oh! plus d'un auteur de comédie applaudi au théâtre en l'arrangement de ses pièces devrait consulter Malartic pour la subtilité de ses intrigues, l'invention de ses stratagèmes, le jeu de ses machines. Mérindol, qui le connaît, se portera garant de ses rares qualités. Certes, monsieur le duc ne saurait mieux choisir, et c'est un véritable cadeau que je lui fais. Mais je ne veux pas abuser plus longtemps de la patience de Sa Seigneurie. Quand elle sera décidée, elle n'a qu'à faire tracer par un homme à elle une croix à la craie sur le pilier gauche du *Radis couronné*. Malartic comprendra et, dûment déguisé, se rendra à l'hôtel Vallombreuse pour prendre les derniers ordres et recorder ses flûtes. »

Ce triomphant discours achevé, maître Jacquemin Lampourde fit exécuter à son feutre les mêmes évolutions qu'il avait déjà décrites en saluant le duc au commencement de l'entretien, l'enfonça sur sa tête, rabattit le bord sur ses yeux et sortit de la chambre à pas comptés et majestueux, satisfait de son éloquence et de sa bonne tenue devant un si grand seigneur.

Cette apparition bizarre, moins étrange cependant en ce siècle de raffinés et de bretteurs qu'elle ne l'eût été à toute autre époque, avait amusé et intéressé le jeune duc de Vallombreuse. Le caractère original de Jacquemin Lampourde, honnête à sa façon, ne lui déplaisait point; il lui pardonnait même de n'avoir pas réussi à tuer Sigognac. Puisque le baron avait résisté à ce gladiateur de profession, c'est qu'il était réellement invincible, et la honte d'en avoir été blessé lui était moins cuisante à l'amour-propre. Ensuite, quelque forcené que fût Vallombreuse, cette action de faire assassiner Sigognac lui paraissait un peu énorme, non par aucune tendresse ou susceptibilité de conscience, mais parce que son ennemi était gentilhomme ; car il ne se fût fait nul scrupule de meurtrir et trucider une demi-douzaine de bourgeois qui l'eussent gêné, le sang de telles ribaudailles n'ayant de valeur à ses yeux non plus que l'eau des fontaines. Il eût préféré dépêcher son rival lui-même, sans la supériorité de Sigognac à l'escrime, supériorité dont son bras, cicatrisé à peine, avait gardé le souvenir, et qui ne lui permettait pas de risquer, avec des chances favorables, un nouveau duel ou une attaque à main armée. Ses pensées se tournèrent donc vers l'enlèvement d'Isabelle, qui lui souriait davantage par les perspectives amoureuses qu'il ouvrait à son imagination. Il ne doutait pas que la jeune comédienne, une fois séparée de Sigognac et de ses camarades, ne s'humanisât et ne devînt sensible aux charmes d'un duc si bien fait de sa personne, et dont raffolaient les plus hautes dames de la cour. La fatuité de Vallombreuse était incorrigible, car jamais il n'en fut de mieux fondée. Elle justifiait toutes ses prétentions, et ses plus impertinentes vanteries n'étaient que vérités. Aussi, malgré l'échec récemment subi près d'Isabelle, semblait-il au jeune duc illogique, absurde, incroyable et outrageux de n'être point aimé.

« Que je la tienne, se disait-il, quelques jours en une retraite d'où elle ne puisse m'échapper, et je saurai bien la réduire. Je serai si galant, si passionné, si persuasif, qu'elle s'étonnera bientôt elle-même de m'avoir si lontemps tenu rigueur. Je la verrai se troubler, muer de couleur, baisser ses longues paupières à mon aspect, et, quand je la tiendrai entre mes bras, pencher sa tête sur mon épaule pour y cacher sa pudeur et sa confusion. Dans un baiser, elle me dira qu'elle m'a toujours aimé, et que ses fuites n'étaient que pour m'enflammer mieux, ou bien encore appréhensions et timidités de mortelle poursuivie par un dieu, ou autres telles charmantes mignardises, que les femmes savent trouver en ces rencontres, même les plus chastes. Mais quand j'aurai son âme et son corps, oh! c'est alors que je me vengerai de ses anciennes rebuffades. »

XV

MALARTIC A L'ŒUVRE

Si la colère du duc en rentrant chez lui avait été vive, celle du baron ne fut pas moindre en apprenant l'équipée de Vallombreuse à l'encontre d'Isabelle. Il fallut que le Tyran et Blazius lui tinssent de longs raisonnements pour l'empêcher de courir à l'hôtel de ce seigneur dans le but de le provoquer à un combat qu'il eût certainement refusé, car Sigognac n'étant ni le frère, ni le mari, ni le galant avoué de la comédienne, il n'avait aucun droit à demander raison d'un acte qui d'ailleurs s'excusait de lui-même. En France, il y a toujours eu liberté de faire la cour aux jolies femmes. L'agression du spadassin sur le Pont-Neuf était, à coup sûr, moins légitime ; mais, bien qu'il fût probable que le coup vînt de la part du duc, comment suivre les ramifications ténébreuses qui reliaient cet homme de sac et de corde à ce magnifique seigneur ? Et, en supposant même qu'on les eût découvertes, comment les prouver, et à qui demander justice de ces lâches attaques ? Aux yeux du monde, Sigognac, cachant sa qualité, était un vil histrion, un farceur de bas étage qu'un gentilhomme comme Vallombreuse pouvait, à sa fantaisie, faire bâtonner, emprisonner ou tuer, sans que personne y trouvât à redire, s'il le fâchait ou le gênait en quelque chose. Isabelle, pour sa résistance honnête, eût paru une mijaurée et une bégueule ; la vertu des femmes de théâtre comptant beaucoup de Thomas incrédules et des Pyrrhons sceptiques. Il n'y avait donc pas moyen de s'en prendre ouvertement au duc, ce dont enrageait Sigognac, reconnaissant malgré lui la vérité des motifs qu'alléguaient Hérode et le Pédant de faire les morts, mais l'œil ouvert et l'oreille au guet ; car ce damné seigneur, beau comme un ange et méchant comme un diable, n'abandonnerait certes pas son entreprise, quoiqu'elle eût manqué sur tous les points. Un doux regard d'Isabelle, qui prit entre ses blanches mains les mains frémissantes de Sigognac, en l'engageant à dompter son courage pour l'amour d'elle, pacifia tout à fait le baron, et les choses reprirent leur train habituel.

Les débuts de la troupe avaient obtenu beaucoup de succès. La grâce pudique d'Isabelle, la verve étincelante de la Soubrette, la coquetterie élégante de Sérafine, l'extravagance superbe du Capitaine Fracasse, l'emphase majestueuse du Tyran, les dents blanches et les gencives roses de Léandre, la bonhomie grotesque du Pédant, l'esprit madré de Scapin, la perfection comique de la Duègne produisaient le même effet à Paris qu'en province ; il ne leur manquait plus, ayant celle de la ville, que l'approbation de la cour où sont les plus gens de goût et les plus fins connaisseurs. Il était question même de les appeler à Saint-Germain ;

car le roi, sur le bruit qui s'en faisait, les désirait voir ; ce qui réjouissait fort Hérode, chef et caissier de la compagnie. Souvent des personnes de qualité les demandaient pour donner la comédie en leur hôtel, à l'occasion de quelque fête ou régal, à des dames curieuses de voir ces acteurs qui balançaient ceux de l'hôtel de Bourgogne et de la troupe du Marais.

Aussi Hérode ne fut-il pas surpris, accoutumé qu'il était à semblables requêtes, lorsqu'un beau matin, à l'auberge de la rue Dauphine, se présenta une sorte d'intendant ou majordome, d'aspect vénérable comme l'ont ces serviteurs vieillis dans la domesticité des grandes maisons, qui demandait à lui parler de la part de son maître, le comte de Pommereuil, pour affaires de théâtre.

Ce majordome, vêtu de velours noir de la tête aux pieds, avait au cou une chaîne en or de ducats, des bas de soie et des souliers à larges cocardes, carrés du bout, un peu amples, comme il convient à un vieillard qui parfois a les gouttes. Un collet en forme de rabat étalait sa blancheur sur le noir du pourpoint, et relevait le teint de la face basanée par le grand air de la campagne où ressortaient, comme des touches de neige sur une antique sculpture, les sourcils, les moustaches et la barbiche. Ses longs cheveux tout chenus lui tombaient jusqu'aux épaules et lui donnaient la physionomie la plus patriarcale et la plus honnête. Ce devait être un de ces intendants dont la race est perdue, qui soignent la fortune de leur maître plus âprement que la leur propre, font des remontrances sur les dépenses folles et, aux époques des revers, apportent leurs minces épargnes pour soutenir la famille qui les a nourris en ses prospérités.

Hérode ne se pouvait lasser d'admirer la bonne mine et prud'homie de cet intendant, qui, l'ayant salué, lui dit avec paroles courtoises :

« Vous êtes bien cet Hérode qui gouverne, d'une main aussi ferme que celle d'Apollon, la troupe des Muses, cette excellente compagnie dont la renommée se répand par la ville, et en a déjà dépassé l'enceinte; car elle est venue jusqu'au fond du domaine que mon maître habite.

— C'est moi qui ai cet honneur, répondit Hérode en faisant le salut le plus gracieux que lui permît sa mine rébarbative et tragique.

— Le comte de Pommereuil, reprit le vieillard, désirerait fort, pour divertir des hôtes d'importance, leur offrir la comédie en son château. Il a pensé que nulle troupe mieux que la vôtre ne remplirait ce but, et il m'envoie vous demander s'il vous serait possible d'aller donner une représentation à sa terre, qui n'est distante d'ici que de quelques lieues. Le comte, mon maître, est un seigneur magnifique qui ne regarde pas à la dépense, et à qui rien ne coûtera pour posséder votre illustre compagnie.

— Je ferai tout pour contenter un si galant homme, répondit le Tyran, encore qu'il nous soit difficile de quitter Paris, fût-ce pour quelques jours, au moment le plus vif de notre vogue.

— Trois journées suffiront bien, dit le majordome :

une pour le voyage, l'autre pour la représentation, et
la dernière pour le retour. Il y a au château un théâtre
tout machiné où vous n'aurez qu'à poser vos décorations; de plus, voici cent pistoles que le comte de
Pommereuil m'a chargé de remettre entre vos mains
pour les menus frais de déplacement; vous en recevrez autant après la comédie, et les actrices auront
sans doute quelque présent, bagues, épingles ou bracelets, à quoi est toujours sensible la coquetterie féminine. »

Joignant l'action aux paroles, l'intendant du comte
de Pommereuil tira de sa poche une longue et pesante
bourse, hydropique de monnaie, la pencha et en fit
couler sur la table cent beaux écus neufs de l'éclat le
plus engageant.

Le Tyran regardait ces pièces couchées les unes
sur les autres, d'un air de satisfaction, en caressant
sa large barbe noire. Quand il les eut assez contemplées, il les releva, les mit en pile, puis les jeta dans
son gousset avec un geste d'acquiescement.

« Ainsi donc, dit l'intendant, vous acceptez, et je
puis dire à mon maître que vous vous rendrez à son
appel.

— Je suis à la disposition de Sa Seigneurie avec
tous mes camarades, répondit Hérode; maintenant
désignez-moi le jour où doit avoir lieu la représentation et la pièce que M. le comte désire, afin que nous
emportions les costumes et les accessoires nécessaires.

— Il serait bon, répondit l'intendant, que ce fût
jeudi, car l'impatience de mon maître est grande;

quant à la pièce, il en laisse le choix à votre goût et commodité.

— L'*Illusion comique*, dit Hérode, d'un jeune auteur normand qui promet beaucoup, est ce qu'il y a de plus nouveau et de plus couru en ce moment.

— Va pour l'*Illusion comique :* les vers n'en sont point méchants et il y a un rôle de Matamore superbe.

— A présent, il ne reste plus qu'à nous indiquer, d'une façon précise à ce que nous ne puissions errer, les site et plantation du château avec le chemin à suivre pour y parvenir. »

L'intendant du comte de Pommereuil donna des renseignements si exacts et si détaillés, qu'ils eussent suffi à un aveugle tâtant la terre de son bâton; mais craignant sans doute que le comédien une fois en route ne se rappelât plus bien nettement ces : allez devant vous, puis tournez à droite et ensuite prenez à gauche, il ajouta : « Ne chargez pas votre mémoire, obstruée des plus beaux vers de nos meilleurs poëtes, de si vulgaires et prosaïques notions; j'enverrai un laquais, lequel vous servira de guide. »

L'affaire ainsi conclue, le vieillard se retira avec force salutations qu'Hérode lui rendait, et qu'après la courbette du comédien il réitérait en s'inclinant plus bas. Ils avaient l'air de deux parenthèses prises de la danse de Saint-Guy, et se trémoussant l'une vis-à-vis l'autre. Ne voulant pas être vaincu en ce combat de politesse, le Tyran descendit l'escalier, traversa la cour et ne s'arrêta que sur le seuil, d'où il adressa au bonhomme un salut suprême : le dos convexe, la poitrine concave autant que son bedon le lui permettait, les bras ballants et la tête touchant presque la terre.

Si Hérode eût suivi du regard l'intendant du comte de Pommereuil jusqu'au bout de la rue, peut-être eût-il remarqué, chose contraire aux lois de la perspective, que sa taille grandissait en raison inverse de l'éloignement. Son dos voûté s'était redressé, le tremblement sénile de ses mains avait disparu, et à la vivacité de son allure il ne semblait du tout si goutteux ; mais Hérode était déjà rentré dans la maison et ne vit rien de tout cela.

Le mercredi au matin, comme des garçons d'auberge chargeaient les décorations et paquets sur une charrette attelée de deux forts chevaux et louée par le Tyran pour le transport de la troupe, un grand maraud de laquais en livrée fort propre et chevauchant un bidet percheron, se présenta faisant claquer son fouet à la porte de l'auberge, afin de hâter le départ des comédiens et de leur servir de courrier. Les femmes, qui sont toujours paresseuses au lit et longues à s'attifer, même les comédiennes ayant l'habitude de s'habiller et de se déshabiller en un clin d'œil pour les changements de costumes qu'exige le théâtre, descendirent enfin et s'arrangèrent le plus commodément qu'elles purent sur les planches rembourrées de paille qu'on avait suspendues aux ridelles de la charrette. Le marmouset de la Samaritaine martelait huit heures sur son timbre, quand la lourde machine s'ébranla et se mit en marche. On eut en moins d'une demi-heure dépassé la porte Saint-Antoine et la Bastille, mirant ses faisceaux de tours dans l'eau noire de ses douves. L'on franchit ensuite le faubourg et ses vagues cultures semées de maisonnettes, et l'on chemina à travers la campagne dans la direction de Vincennes, qui montrait au loin son donjon derrière une légère gaze de vapeur bleuâtre, reste de l'humidité nocturne se dissipant aux rayons du soleil, comme une fumée d'artillerie que le vent disperse.

Bientôt, car les chevaux étaient frais et marchaient d'un bon pas, l'on atteignit la vieille forteresse dont les défenses gothiques avaient encore bonne apparence, quoiqu'elles ne fussent plus capables de résister aux canons et aux bombardes. Les croissants dorés qui surmontaient les minarets de la chapelle bâtie par Pierre de Montereau, brillaient joyeusement au-dessus des remparts comme s'ils eussent été fiers de se trouver à côté de la croix, signe de rédemption. Ensuite, après avoir admiré quelques minutes ce monument de l'ancienne splendeur de nos rois, on entra dans le bois, où, parmi les halliers et les baliveaux, s'élevaient majestueusement quelques vieux chênes, contemporains sans doute de celui sous lequel saint Louis rendait la justice, occupation bien séante à un monarque.

Comme la route n'était guère fréquentée, quelquefois des lapins s'ébattant et se passant la patte sur les moustaches, étaient surpris par l'arrivée de la charrette qu'ils n'avaient point entendue, car elle roulait à petit bruit, la terre étant molle et souvent tapissée d'herbe. Ils détalaient grand'erre et comme s'ils eussent eu les chiens aux trousses; ce qui divertissait les comédiens. Plus loin, un chevreuil traversait la route tout effaré, et l'on pouvait suivre quelque temps de l'œil sa fuite à travers les arbres dénués de feuillage. Sigognac surtout s'intéressait à ces choses, ayant été élevé et nourri en la campagne. Cela le réjouissait de voir des champs, des buissons, des bois, des animaux en liberté, spectacle dont il était privé depuis qu'il habitait la ville, où l'on ne voit que maisons, rues boueuses, cheminées qui fument, l'œuvre des hommes, et non l'œuvre de Dieu. Il s'y serait fort ennuyé s'il n'avait eu la compagnie de cette douce femme, dont les yeux contenaient assez d'azur pour remplacer le ciel.

Au sortir du bois une petite côte à monter se présenta. Sigognac dit à Isabelle : « Chère âme, pendant que le coche gravira lentement cette pente, ne vous conviendrait-il point de descendre et de mettre votre bras sur le mien pour faire quelques pas? Cela vous réchauffera les pieds et dégourdira les jambes. La route est unie, et il fait un joli temps d'hiver clair, frais et piquant, mais non trop froid. »

La jeune comédienne accepta l'offre de Sigognac, et, posant le bout de ses doigts sur la main qu'il lui présentait, elle sauta légèrement à terre. C'était un moyen d'accorder à son amant un innocent tête-à-tête que sa pudeur lui eût refusé dans la solitude d'une chambre fermée. Ils marchaient tantôt presque soulevés par leur amour, et rasant le sol comme des oiseaux, tantôt s'arrêtant à chaque pas pour se contempler et jouir d'être ensemble, côte à côte, les bras enlacés et les regards plongés dans les yeux l'un de l'autre. Sigognac disait à Isabelle combien il l'aimait; cette phrase, qu'il avait dite plus de vingt fois, paraissait à la jeune femme nouvelle, comme dut l'être le premier mot d'Adam essayant le verbe le lendemain de la création. Comme c'était la personne du monde la plus délicate et la plus désintéressée en fait de sentiments, elle tâchait par des fâcheries et des négations caressantes de contenir dans les limites de l'amitié un amour qu'elle ne voulait pas couronner, le jugeant nuisible à l'avenir du Baron.

Mais ces jolis débats et contestations ne faisaient qu'aviver l'amour de Sigognac, qui ne songeait, en ce moment, à la dédaigneuse Yolande de Foix, non plus que si elle n'eût jamais existé.

« Quoi que vous fassiez, mignonne, disait-il à son aimée, vous ne parviendrez pas à lasser ma constance. S'il le faut, j'attendrai que vos scrupules se soient dissipés d'eux-mêmes jusqu'à ce que vos beaux cheveux d'or se soient mués en cheveux d'argent.

— Oh! fit Isabelle, alors je serai un vrai remède d'amour et laide à épouvanter le plus fier courage; j'aurais peur, en la récompensant, de punir votre fidélité.

— Même à soixante ans vous garderez vos charmes comme la belle vieille de Maynard, répondit galamment Sigognac, car votre beauté vient de l'âme, qui est immortelle.

— C'est égal, reprit la jeune femme, vous seriez bien attrapé si je vous prenais au mot, et vous promettais ma main pour l'époque où je compterai seulement dix lustres d'âge. Mais, continua-t-elle en reprenant son sérieux, cessons ces badineries; vous savez ma résolution, contentez-vous d'être aimé plus que ne le fut jamais aucun mortel, depuis que des cœurs palpitent sur cette terre.

— Un si charmant aveu me devrait satisfaire, j'en conviens; mais, comme mon amour est infini, il ne saurait souffrir la moindre barrière. Dieu peut bien dire à la mer : Tu n'iras pas plus loin, et en être obéi. Une passion telle que la mienne ne connaît pas de rivage et elle monte toujours, encore que de votre voix céleste vous lui disiez : « Arrête-toi là. »

— Sigognac, vous me fâchez par ces discours, dit Isabelle en faisant au Baron une petite moue plus gracieuse que le plus charmant sourire; car, malgré elle, son âme était inondée de joie à ces protestations d'un amour qu'aucune froideur ne rebutait. »

Ils firent quelques pas sans se parler; Sigognac, en insistant davantage, craignait de déplaire à celle qu'il aimait plus que sa vie. Tout à coup Isabelle lui quitta brusquement la main et courut vers le bord de la route avec un cri d'enfant et une légèreté de biche. Elle venait, sur le revers d'un fossé, au pied d'un chêne, parmi les feuilles sèches entassées par l'hiver, d'apercevoir une violette, la première de l'année à coup sûr, car on n'était encore qu'au mois de février; elle s'agenouilla, écarta délicatement les feuilles mortes et les brins d'herbe, coupa de son ongle la frêle tige et revint avec la fleurette plus contente que si elle eût trouvé une agrafe de pierreries oubliée dans la mousse par une princesse.

« Voyez, comme elle est mignonne, dit-elle, en la montrant à Sigognac, avec ses feuilles à peine dépliées à ce premier rayon de soleil.

— Ce n'est pas le soleil, répondit Sigognac, c'est votre regard qui l'a fait éclore. Sa fleur a précisément la nuance de vos prunelles.

— Son parfum ne se répand pas, parce qu'elle a froid, » reprit Isabelle, en mettant dans sa gorgerette la fleur frileuse. Au bout de quelques minutes elle la reprit, la respira longuement, et la tendit à Sigognac, après y avoir mis furtivement un baiser.

« Comme elle fleure bon, maintenant! la chaleur de mon sein lui fait exhaler sa petite âme de fleur timide et modeste.

— Vous l'avez parfumée, répondit Sigognac, portant la violette à ses lèvres pour y prendre le baiser d'Isabelle; cette délicate et suave odeur n'a rien de terrestre.

— Ah! le méchant, fit Isabelle, je lui donne à la bonne franquette une fleur à sentir, et le voilà qui aiguise des *concetti* en style marinesque, comme si au lieu d'être sur un grand chemin, il coquetait dans la ruelle de quelque illustre précieuse. Il n'y a pas moyen d'y tenir; à toute parole, même la plus simple du monde, il répond par un madrigal! »

Cependant, en dépit de cette bouderie apparente,

la jeune comédienne n'en voulait sans doute pas beaucoup à Sigognac, car elle lui reprit le bras, et peut-être même s'y appuya-t-elle un peu plus que ne l'exigeaient sa démarche, ordinairement si légère, et le chemin, uni en cet endroit comme une allée de jardin. Ce qui prouve que la vertu la plus pure n'est pas insensible à la louange et que la modestie même sait récompenser une flatterie.

La charrette gravissait avec lenteur sur une pente assez roide, au bas de laquelle quelques chaumines s'étaient accroupies, comme pour s'éviter la peine de la monter. Les manants qui les habitaient étaient allés aux champs pour quelques travaux de culture, et l'on ne voyait au bord du chemin qu'un aveugle accompagné d'un jeune garçon, resté là, sans doute, pour implorer la charité des voyageurs.

Cet aveugle, qui semblait accablé par l'âge, psalmodiait d'un ton nasillard une espèce de complainte, où il déplorait sa cécité et implorait la charité des passants, leur promettant ses prières et leur garantissant le paradis en retour de leur aumône. Depuis longtemps déjà sa voix lamentable parvenait aux oreilles d'Isabelle et de Sigognac, comme un bourdonnement importun et fâcheux à travers leurs douces causeries d'amour, et même le baron s'en impatientait; car, lorsque le rossignol chante près de vous, il est ennuyeux d'entendre au loin croasser le corbeau.

Quand ils arrivèrent près du vieux pauvre, celui-ci, averti par son guide, redoubla de gémissements et de supplications. Pour exciter leur pitié aux largesses, d'un mouvement saccadé il secouait une sébile de bois où tintaient quelques liards, deniers, blancs et autres pièces de menue monnaie. Une guenille trouée lui entourait la tête, et sur son dos courbé comme une arche de pont était jetée une grosse couverture de laine brune fort rude et fort pesante, plutôt faite pour une bête de somme que pour un chrétien, et qu'il avait sans doute héritée de quelque mulet mort du farcin ou de la rogne. Ses yeux retournés ne montraient que le blanc, et sur cette face brune et ridée produisaient un effet hideux; le bas du visage s'ensevelissait dans une longue barbe grise, digne d'un frère capucin ou d'un ermite, qui lui tombait jusqu'au nombril, comme un antipode de chevelure. De tout son corps on ne voyait que les mains qui sortaient tremblottantes par l'ouverture du manteau pour agiter l'écuelle élémosinaire. En signe de piété et de soumission aux décrets de la Providence, l'aveugle était agenouillé sur quelques brins de paille plus triturés et pourris que l'antique fumier de Job. La commisération, devant ce haillon humain, devait frissonner de dégoût, et l'aumône lui jetait son obole en détournant la tête.

L'enfant, debout à côté de l'aveugle, avait une mine hagarde et farouche. Son visage était à moitié voilé par les longues mèches de cheveux noirs qui lui pleuvaient le long des joues. Un vieux chapeau défoncé beaucoup trop grand pour lui, et ramassé au coin de quelque borne, lui baignait d'ombre le haut du masque, ne laissant en lumière que le menton et la bouche, dont les dents brillaient d'une blancheur sinistre. Une espèce de sayon en grosse toile rapiécée formait tout son vêtement et dessinait un corps maigre et nerveux, non sans élégance malgré toute cette misère. Les pieds délicats et purs rougissaient sans bas ni chaussure sur la terre froide.

Isabelle se sentit touchée à l'aspect de ce groupe pitoyable où se réunissaient les infortunes de la vieillesse et de l'enfance, et elle s'arrêta devant l'aveugle, qui débitait ses patenôtres avec une volubilité toujours croissante accompagné par la voix aiguë de son guide, cherchant dans sa pochette une pièce de monnaie blanche pour la donner au mendiant. Mais elle ne trouva pas sa bourse, et, se retournant vers Sigognac, le pria de lui prêter un teston ou deux, ce à quoi s'accorda bien volontiers le Baron, quoique cet aveugle, avec ses jérémiades, ne lui plût guère. En galant homme, pour éviter à Isabelle d'approcher cette vermine, il s'avança lui-même et mit la pièce en la sébile.

Alors, au lieu de remercier Sigognac de cette aumône, le mendiant si courbé tout à l'heure, se redressa, au grand effroi d'Isabelle, et ouvrant les bras, comme un vautour qui, pour prendre l'essor, palpite des ailes, déploya ce grand manteau brun sous lequel il semblait accablé, le ramassa sur son épaule et le lança avec un mouvement pareil à celui des pêcheurs qui jettent l'épervier dans un étang ou une rivière. La lourde étoffe s'étala comme un nuage par-dessus la tête de Sigognac, le coiffa, et retomba pesamment le long de son corps, car les bords en étaient plombés comme ceux d'un filet, lui ôtant du même coup la vue, la respiration, l'usage des mains et des pieds.

La jeune actrice, pétrifiée d'épouvante, voulut crier, fuir, appeler au secours, mais avant qu'elle eût pu tirer un son de sa gorge elle se sentit enlevée de terre avec une prestesse extrême. Le vieil aveugle devenu, en une minute, jeune et clairvoyant par un miracle plus infernal que céleste, l'avait saisie sous les bras, tandis que le jeune garçon lui soutenait les jambes. Tous deux gardaient le silence et l'emportaient hors du chemin. Ils s'arrêtèrent derrière la masure où attendait un homme masqué monté sur un cheval vigoureux.

Deux autres hommes, également à cheval, masqués, armés jusqu'aux dents, se tenaient derrière un mur qui empêchait qu'on ne les vît de la route prêts à venir en aide au premier, en cas de besoin.

Isabelle, plus qu'à demi morte de frayeur, fut assise sur l'arçon de la selle, recouvert d'un manteau plié en plusieurs doubles, de façon à former une espèce de coussin. Le cavalier lui entoura la taille d'une courroie en cuir assez lâche pour l'environner lui-même à la hauteur des reins et, les choses ainsi arrangées avec une dextérité rapide prouvant une grande pratique de ces enlèvements hasardeux, il donna de l'éperon à son cheval qui s'écrasa sous ses jarrets et partit d'un train à prouver que cette double charge ne lui pesait guère : il est vrai que la jeune comédienne n'était pas bien lourde.

Tout ceci se passa dans un temps moins long que

celui nécessaire pour l'écrire. Sigognac se démenait sous le lourd manteau du faux aveugle, comme un rétiaire entortillé par le filet de son adversaire. Il enrageait, pensant à quelque trahison de Vallombreuse, à l'endroit d'Isabelle, et s'épuisait en efforts. Heureusement cette idée lui vint de tirer sa dague et de fendre l'épaisse étoffe qui le chargeait comme ces chapes de plomb que portent les damnés du Dante.

En deux ou trois coups de dague, il ouvrit sa prison et, comme un faucon désencapuchonné, parcourant la campagne d'un regard perçant et rapide, il vit les ravisseurs d'Isabelle, qui coupaient à travers champs et semblaient s'efforcer de gagner un petit bouquet de bois, non loin de là. Quant à l'aveugle et à l'enfant, ils avaient disparu, s'étant cachés en quelque fossé ou sous quelque broussaille. Mais ce n'était point à ce vil gibier qu'en voulait Sigognac. Jetant son manteau, qui l'eût gêné, il se lança à la poursuite de ces coquins avec une furie désespérée. Le baron était alerte, bien découplé, taillé pour la course et, en sa jeunesse, il avait souvent lutté de vitesse contre les plus agiles enfants du village. Les ravisseurs, en se retournant sur leur selle, voyaient diminuer la distance qui les séparait du Baron, et l'un d'eux lui lâcha même un coup de pistolet pour l'arrêter en sa poursuite. Mais il le manqua, car Sigognac, tout en courant, sautait à droite et à gauche, afin de ne pouvoir être ajusté sûrement. Le cavalier qui portait Isabelle essayait de prendre les devants, laissant à son arrière-garde le soin de se débrouiller avec Sigognac, mais la jeune femme placée sur l'arçon ne lui permettait pas de conduire sa monture comme il l'eût voulu, car elle se débattait et s'agitait, tâchant de glisser à terre.

Sigognac se rapprochait de plus en plus, le terrain n'étant plus favorable aux chevaux. Il avait dégaîné, sans ralentir sa course, son épée qu'il portait haute ; mais il était à pied, seul, contre trois hommes bien montés, et le vent commençait à lui manquer ; il fit un effort prodigieux, et en deux ou trois bonds joignit les cavaliers qui protégeaient la fuite du ravisseur. Pour ne pas perdre de temps à lutter contre eux, il piqua, à deux ou trois reprises, avec la pointe de sa rapière, la croupe de leurs bêtes, comptant qu'aiguillonnées de la sorte, elles s'emporteraient. En effet, les chevaux, affolés de douleur, se cabrèrent, lancèrent des ruades et, prenant le mors aux dents, quelques efforts que leurs cavaliers fissent pour les contenir, ils gagnèrent à la main et se mirent à galoper comme si le diable les emportait, sans souci des fossés ni des obstacles, si bien qu'en un moment ils furent hors de vue.

Haletant, la figure baignée de sueur, la bouche aride, croyant à chaque minute que son cœur allait éclater dans sa poitrine, Sigognac atteignit enfin l'homme masqué qui tenait Isabelle en travers sur le garrot de sa monture. La jeune femme criait : « A moi, Sigognac, à moi ! » — « Me voici, » râla le Baron d'une voix entrecoupée et sifflante, et de la main gauche il se suspendit à la courroie qui reliait Isabelle au brigand. Il s'efforçait de le tirer à bas, courant à côté du cheval comme ces écuyers que les Latins nommaient *desultores*. Mais le cavalier serrait les genoux, et il eût été aussi facile de dévisser le torse d'un centaure que de l'arracher de sa selle ; en même temps il cherchait des talons le ventre de sa bête pour l'enlever, et tâchait de secouer Sigognac qu'il ne pouvait charger, car il avait les mains occupées à tenir la bride et à contraindre Isabelle. La course du cheval ainsi tiraillé et empêché perdait de sa vitesse, ce qui permit à Sigognac de reprendre un peu haleine ; même il profita de ce léger temps d'arrêt pour chercher à percer son adversaire ; mais la crainte de blesser Isabelle en ces mouvements tumultueux fit qu'il assura mal son coup. Le cavalier, lâchant un instant les rênes, prit dans sa veste un couteau dont il trancha la courroie à laquelle Sigognac s'accrochait désespérément ; puis il enfonça, à en faire jaillir le sang, les molettes étoilées de ses éperons dans les flancs du pauvre animal, qui se porta en avant avec une impétuosité irrésistible. La lanière de cuir resta au poing de Sigognac, qui n'ayant plus d'appui et ne s'attendant pas à cette feinte, tomba fort rudement sur le dos ; quelque agilité qu'il mît à se relever et à ramasser son épée roulée à quatre pas de lui, ce court intervalle avait suffi au cavalier pour prendre une avance que le baron ne devait pas espérer faire disparaître, fatigué comme il l'était par cette lutte inégale et cette course furibonde. Cependant, aux cris de plus en plus faibles d'Isabelle, il se lança de nouveau à la poursuite du ravisseur ; inutile effort d'un grand cœur qui se voit enlever ce qu'il aime ! Mais il perdait sensiblement du terrain, et déjà le cavalier avait gagné le bois dont la masse, bien que dénuée de feuilles, suffisait par l'enchevêtrement de ses troncs et de ses branches à masquer la direction qu'avait prise le bandit.

Quoique forcené de rage et oûtré de douleur, il fallut bien que Sigognac s'arrêtât, laissant son Isabelle si chère aux griffes de ce démon ; car il ne la pouvait secourir même avec l'aide d'Hérode et de Scapin qui, au bruit de la pistolade, étaient sautés à bas de la charrette, bien que le maraud de laquais tâchât à les retenir, se doutant de quelque algarade, mésaventure ou guet-apens.

En quelques mots brefs et saccadés, Sigognac les mit au courant de l'enlèvement d'Isabelle et de tout ce qui s'était passé.

« Il y a du Vallombreuse là-dessous, dit Hérode ; a-t-il eu vent de notre voyage au château de Pommereuil et nous a-t-il dressé cette embuscade? ou bien cette comédie pour laquelle j'ai reçu des sommes n'était-elle qu'un stratagème destiné à nous attirer hors de la ville où de semblables coups sont difficiles et dangereux à faire? En ce cas, le sacripant qui a joué le majordome vénérable est le plus grand acteur que j'aie jamais vu. J'aurais juré que ce drôle était un naïf intendant de bonne maison tout pétri de vertus et qualités. Mais maintenant que nous voilà trois, fouillons en tous sens ce bocage pour trouver au moins quelque indice de cette bonne Isabelle que j'aime, tout tyran que je suis, plus que ma fressure et mes petits boyaux. Hélas! j'ai bien peur que cette innocente abeille soit prise en la toile d'une araignée monstrueuse qui ne la tue avant que nous ne puissions la dépêtrer de ses réseaux trop bien ourdis.

— Je l'écraserai, dit Sigognac en frappant la terre du talon comme s'il tenait l'araignée sous sa botte, je l'écraserai, la bête venimeuse! »

L'expression terrible de sa physionomie ordinairement si calme et si douce montrait que ce n'était point là une vaine fanfaronnade et qu'il le ferait comme il le disait.

« Çà, dit Hérode, sans perdre plus de temps en paroles, entrons dans le bois et battons-le. Le gibier ne peut pas être encore bien loin. »

En effet, de l'autre côté de la futaie que Sigognac et les comédiens traversèrent, en dépit des broussailles qui leur entravaient les jambes et des gaulis qui leur fouettaient la figure, un carrosse à rideaux fermés détalait de toute la vitesse que pouvait donner à quatre chevaux de poste une mousquetade de coups de fouet. Les deux cavaliers dont Sigognac avait piqué les montures, ayant réussi à les calmer, galopaient près des portières, et l'un d'eux tenait en laisse le cheval de l'homme masqué; car le compagnon était entré dans la voiture sans doute afin d'empêcher qu'Isabelle ne soulevât les mantelets pour appeler au secours, ou même n'essayât de sauter à terre au péril de sa vie.

A moins d'avoir les bottes de sept lieues que le Petit-Poucet ravit si subtilement à l'Ogre, il était insensé de courir pédestrement après un carrosse mené de ce train et si bien accompagné. Tout ce que purent faire Sigognac et ses camarades, ce fut d'observer la direction que prenait le cortége, bien faible indice pour retrouver Isabelle. Le baron essaya de suivre les traces des roues, mais le temps était sec et leurs bandes n'avaient laissé que de légères marques sur la terre dure ; encore les marques s'embrouillaient-elles bientôt avec les sillons d'autres carrosses et charrettes passés sur la route les jours précédents. Arrivé à un carrefour où le chemin se divisait en plusieurs branches, le Baron perdit tout à fait la piste et demeura plus embarrassé qu'Hercule entre la Volupté et la Vertu. Force lui fut de retourner sur ses pas, un faux jugement pouvant l'éloigner davantage de son but. La petite troupe revint donc piteusement vers le chariot où les autres comédiens attendaient avec assez d'inquiétude et d'anxiété l'éclaircissement de tout ce mystère.

Dès l'engagement de l'affaire, le laquais conducteur avait pressé la marche de la charrette pour ôter à Sigognac le secours des comédiens, bien qu'ils lui criassent d'arrêter ; et lorsque le Tyran et Scapin, au bruit du pistolet, étaient descendus malgré lui, il avait piqué des deux et, franchissant le fossé, gagné au large pour rejoindre ses complices, se souciant peu, désormais, que la troupe comique atteignît ou non le château de Pommereuil, si toutefois ce château existait : question au moins douteuse, après ce qui venait de se passer.

Hérode s'enquit d'une vieille qui cheminait par là,

un fagot de bourrée sur sa bosse, si l'on était bien loin encore de Pommereuil : à quoi la vieille répondit qu'elle ne connaissait aucune terre, bourg ou château de ce nom, à plusieurs lieues à la ronde, quoiqu'elle eût, en son âge de soixante-dix ans, battu depuis son enfance tout le pays d'alentour, son industrie étant de quémander et chercher sa misérable vie par voies et par chemins.

Il devenait de toute évidence que cette histoire de comédie était un coup monté par des coquins subtils et ténébreux, au profit de quelque grand, qui ne pouvait être que Vallombreuse, amoureux d'Isabelle, car il avait fallu beaucoup de monde et d'argent pour faire jouer cette machination compliquée.

Le chariot retourna vers Paris; mais Sigognac, Hérode et Scapin restèrent à l'endroit même, ayant intention de louer, à quelque prochain village, des chevaux qui leur permissent de se mettre plus efficacement à la recherche et poursuite des ravisseurs.

Isabelle, après la chute du Baron, avait été portée dans une clairière du bois, descendue de cheval et mise en carrosse, bien qu'elle se débattît de son mieux, en moins de trois ou quatre minutes; puis la voiture s'était éloignée dans un tonnerre de roues, comme le char de Capanée sur le pont d'airain. En face d'elle était respectueusement assis l'homme masqué qui l'avait emportée sur sa selle.

A un mouvement qu'elle fit pour mettre la tête à la portière, l'homme avança le bras et la retint. Il n'y avait pas moyen de lutter contre cette main de fer.

Isabelle se rassit et se mit à crier, espérant être entendue de quelque passant.

« Mademoiselle, calmez-vous, de grâce, dit le ravisseur mystérieux avec toutes les formes de la plus exquise politesse. Ne me forcez point à employer la contrainte matérielle avec une si charmante et si adorable personne. On ne vous veut aucun mal, peut-être même vous veut-on beaucoup de bien. Ne vous obstinez pas à des révoltes inutiles : si vous êtes sage j'aurai pour vous les plus grands égards, et une reine captive ne serait pas mieux traitée; mais si vous faites le diable, si vous vous démenez et criez pour appeler un secours qui ne vous viendra point, j'ai de quoi vous réduire. Ceci vous rendra muette et cela vous fera rester tranquille. »

Et l'homme tirait de sa poche un bâillon fort artistement fabriqué et une longue cordelette de soie roulée sur elle-même.

« Ce serait une barbarie, continua-t-il, d'adapter cette espèce de muselière ou caveçon à une bouche si fraîche, si rose et si melliflue; des cercles de corde iraient très-mal aussi, convenez-en, à des poignets mignons et délicats faits pour porter des bracelets d'or constellés de diamants. »

La jeune comédienne, quelque courroucée et désolée qu'elle fût, se rendit à ces raisons qui, en effet, étaient bonnes. La résistance physique ne pouvait servir à rien. Isabelle se réfugia donc dans l'angle du carrosse et demeura silencieuse. Mais des soupirs gonflaient sa poitrine et, de ses beaux yeux, des larmes roulaient sur ses joues pâles, comme des gouttes de pluie sur une rose blanche. Elle pensait aux risques que courait sa vertu et au désespoir de Sigognac.

« A la crise nerveuse, pensa l'homme masqué, succède la crise humide; les choses suivent leur cours régulier. Tant mieux, cela m'eût ennuyé d'agir brutalement avec cette aimable fille. »

Tapie dans son coin, Isabelle jetait de temps en temps un regard craintif vers son gardien qui s'en aperçut et lui dit d'une voix qu'il s'efforçait de rendre douce, quoiqu'elle fût naturellement rauque : « Vous n'avez rien à redouter de moi, mademoiselle, je suis galant homme et n'entreprendrai rien qui vous déplaise. Si la fortune m'avait plus favorisé de ses biens, certes, honnête, belle et pleine de talent comme vous l'êtes, je ne vous eusse point enlevée au profit d'un autre; mais les rigueurs du sort obligent parfois la délicatesse à des actions un peu bizarres.

— Vous convenez donc, dit Isabelle, qu'on vous a soudoyé pour me ravir, chose infâme, abusive et cruelle !

— Après ce que j'ai fait, répondit l'homme au masque du ton le plus tranquille, il serait tout à fait oiseux de le nier. Nous sommes ainsi, sur le pavé de Paris, un certain nombre de philosophes sans passions, qui nous intéressons pour de l'argent à celles des autres et les mettons à même de les satisfaire en leur prêtant notre esprit et notre courage, notre cervelle et notre bras; mais pour changer d'entretien, que vous étiez charmante dans la dernière comédie !

Vous avez dit la scène de l'aveu avec une grâce à nulle autre seconde. Je vous ai applaudie à tout rompre. Cette paire de mains qui sonnaient comme battoirs de lavandières, c'était moi !

— Je vous dirai à mon tour : laissons là ces propos et compliments déplacés. Où me menez-vous ainsi, malgré ma volonté, et en dépit de toute loi et convenance ?

— Je ne saurais vous le dire, et cela d'ailleurs vous serait parfaitement inutile ; nous sommes obligés au secret comme les confesseurs et les médecins ; la discrétion la plus absolue est indispensable en ces affaires occultes, périlleuses et fantasques, qui sont conduites par des ombres anonymes et masquées. Souvent, pour plus de sûreté, nous ne connaissons pas celui qui nous fait agir et il ne nous connaît pas.

— Ainsi, vous ne savez pas la main qui vous pousse à cet acte outrageant et coupable d'enlever sur une grande route une jeune fille à ses compagnons ?

— Que je le sache ou que je l'ignore, la chose revient au même puisque la conscience de mes devoirs me clôt le bec. Cherchez parmi vos amoureux le plus ardent et le plus maltraité. Ce sera sans doute celui-là. »

Voyant qu'elle n'en tirerait rien de plus, Isabelle n'adressa plus la parole à son gardien. D'ailleurs, elle ne doutait pas que ce ne fût Vallombreuse l'auteur du coup : la façon menaçante dont il lui avait jeté, du seuil de la porte, ces mots : « A revoir, mademoiselle, » lors de la visite à la rue Dauphine, lui était restée en mémoire, et avec un homme de cette trempe, si furieux en ses désirs, si âpre en ses volontés, cette simple phrase ne présageait rien de bon. Cette conviction redoublait les transes de la pauvre comédienne, qui pâlissait, en songeant aux assauts qu'allait avoir à subir sa pudicité, de la part de ce seigneur altier, plus blessé d'orgueil encore que d'amour. Elle espérait que le courage de Sigognac lui viendrait en aide. Mais cet ami fidèle et vaillant parviendrait-il à la découvrir opportunément en la retraite absconse où ses ravisseurs la conduisaient? « En tout cas, se dit-elle, si ce méchant duc me veut affronter, j'ai dans ma gorge le couteau de Chiquita, et je sacrifierai ma vie à mon honneur. » Cette résolution prise lui rendit un peu de tranquillité.

Le carrosse roulait du même train depuis deux heures, sans autre arrêt que quelques minutes pour changer de chevaux à un relais disposé d'avance. Comme les rideaux baissés empêchaient la vue, Isabelle ne pouvait deviner dans quel sens on l'entraînait ainsi. Bien qu'elle ne connût pas cette campagne, si elle eût eu la faculté de regarder au dehors, elle se fût orientée quelque peu d'après le soleil; mais elle était emportée obscurément vers l'inconnu.

En sonnant sur les poutres ferrées d'un pont-levis, les roues du carrosse avertirent Isabelle qu'on était arrivé au terme de la course. En effet, la voiture s'arrêta, la portière s'ouvrit et l'homme masqué offrit la main à la jeune comédienne pour descendre.

Elle jeta un coup d'œil autour d'elle et vit une

grande cour carrée formée par quatre corps de logis en briques, dont le temps avait changé la couleur vermeille en une teinte sombre assez lugubre. Des fenêtres étroites et longues perçaient les façades intérieures, et derrière leurs carreaux verdâtres on apercevait des volets clos, indiquant que les chambres auxquelles elles donnaient du jour, étaient inhabitées depuis longtemps. Un cadre de mousse sertissait chaque pavé de la cour, et vers le pied des murailles quelques herbes avaient poussé. Au bas du perron deux sphinx à l'égyptiaque allongeaient sur un socle leurs griffes émoussées, et des plaques de cette lèpre jaune et grise qui s'attache à la vieille pierre tigraient leurs croupes arrondies. Bien que frappé de cette tristesse qu'imprime aux habitations l'absence du maître, le château inconnu avait encore fort bon air et sentait sa seigneurie. Il était désert, mais non abandonné, et nul symptôme de ruine ne s'y faisait remarquer. Le corps était intact, l'âme seule y manquait.

L'homme masqué remit Isabelle aux mains d'une sorte de laquais en livrée grise. Ce laquais la conduisit, par un vaste escalier dont la rampe très-ouvragée se tordait en ces enroulements et arabesques de serrurerie de mode sous l'autre règne, à un appartement qui avait dû jadis sembler le *nec plus ultra* du luxe, et dont la richesse fanée valait bien les élégances modernes. Des boiseries de vieux chêne recouvraient les murailles de la première chambre, figurant des architectures avec des pilastres, des corniches et des cadres en feuillages sculptés remplis par des verdures de Flandre. Dans la seconde, également boisée de chêne, mais d'une ornementation plus recherchée et rehaussée de quelque dorure, des peintures remplaçaient les tapisseries et représentaient des allégories dont le sens eût été assez difficile à découvrir sous les fumées du temps et les couches de vernis jaune; les noirs avaient repoussé, et seules les portions claires se distinguaient encore. Ces figures de divinités, de nymphes et de héros, se dégageant à demi de l'ombre et n'étant saisissables que par leur côté lumineux, produisaient un effet singulier et qui, le soir, aux clartés douteuses d'une lampe, pouvait devenir effrayant. Le lit occupait une alcôve profonde et se drapait d'un couvre-pied en tapisserie au petit point, rayé de bandes de velours; le tout fort magnifique, mais amorti de ton. Quelques fils d'or et d'argent brillaient parmi les soies et les laines passées, et des écrasements bleuâtres miroitaient la nuance autrefois rouge de l'étoffe. Une toilette admirablement sculptée inclinait un miroir de Venise qui fit voir à Isabelle la pâleur et l'altération de ses traits. Un grand feu, montrant que la jeune comédienne était attendue, brûlait dans la cheminée, vaste monument supporté par des Hermès à gaînes et tout chargé de volutes, consoles, guirlandes et ornements d'une richesse un peu lourde, au milieu desquels était enchâssé un portrait d'homme dont l'expression frappa beaucoup Isabelle. Cette figure ne lui était pas inconnue; il lui semblait se la rappeler comme au réveil une de ces formes aperçues en rêve et qui, ne s'évanouissant pas avec le songe, vous suivent longtemps dans la vie. C'était une tête pâle aux yeux noirs, aux lèvres vermeilles, aux cheveux bruns, accusant une quarantaine d'années et d'une fierté pleine de noblesse. Une cuirasse d'acier bruni, rayée de rubans d'or niellés et traversée d'une écharpe blanche, recouvrait la poitrine. Malgré les préoccupations et les terreurs bien légitimes que lui inspirait sa situation, Isabelle ne pouvait s'empêcher de regarder ce portrait et d'y reporter ses yeux comme fascinée. Il y avait dans cette figure quelque ressemblance avec celle de Vallombreuse; mais l'expression en était si différente que ce rapport disparaissait bientôt.

Elle était dans cette rêverie quand le laquais en livrée grise qui s'était éloigné quelques instants revint avec deux valets portant une petite table à un couvert, et dit à la captive : « Mademoiselle est servie. » Un des valets avança silencieusement un fauteuil, l'autre découvrit une soupière en vieille argenterie massive, et il s'en éleva un tourbillon de fumée odorante annonçant un bouillon plein de succulence.

Isabelle, en dépit du chagrin que lui causait son aventure, se sentait une faim qu'elle se reprochait, comme si jamais la nature perdait ses droits ; mais l'idée que ces mets renfermaient peut-être quelque narcotique qui la livrerait sans défense aux entreprises l'arrêta, et elle repoussa l'assiette où déjà elle avait plongé sa cuiller.

Le laquais en livrée grise parut deviner cette appréhension, et il fit devant Isabelle l'essai du vin, de l'eau et de tous les mets placés sur la table. La prisonnière, un peu rassurée, but une gorgée de bouillon, mangea une bouchée de pain, suça l'aile d'un poulet et, ce léger repas achevé, comme les émotions de la journée lui avaient donné un mouvement de fièvre, elle approcha son fauteuil du feu et resta ainsi quelque temps, le coude sur le bras de son siége, le menton dans la main, et l'esprit perdu en une vague et douloureuse rêverie.

Elle se leva ensuite et s'approcha de la fenêtre pour voir quel horizon l'on en découvrait. Il n'y avait aucune grille ou barreau, ni rien qui rappelât une prison. Mais en se penchant elle vit, au pied de la muraille, l'eau stagnante et verdie d'un fossé profond qui entourait le château. Le pont-levis sur lequel avait passé le carrosse était ramené, et à moins de franchir le fossé à la nage, tout moyen de communication avec l'extérieur était impossible. Encore eût-il été bien difficile de remonter à pic le revêtement en pierre de la douve. Quant à l'horizon, une sorte de boulevard, formé d'arbres séculaires plantés autour du manoir l'interceptait complétement. Des fenêtres on n'apercevait que leurs branches entrelacées qui, même dépouillées de feuilles, obstruaient la perspective. Il fallait renoncer à tout espoir de fuite ou de délivrance, et attendre l'événement avec cette inquiétude nerveuse pire peut-être que la catastrophe la plus terrible.

Aussi la pauvre Isabelle tressaillait-elle au plus léger bruit. Le murmure de l'eau, un soupir du vent, un craquement de la boiserie, une crépitation du feu lui faisaient perler dans le dos des sueurs froides. A chaque instant elle s'attendait à ce qu'une porte s'ouvrît, à ce qu'un panneau se déplaçât, trahissant un corridor secret, et que de ce cadre sombre il sortît *quelqu'un*, homme ou fantôme. Peut-être même le spectre l'eût-il moins effrayée. Avec le crépuscule qui allait s'assombrissant ses terreurs augmentaient, un grand laquais entra apportant un flambeau chargé de bougies ; elle faillit s'évanouir.

Tandis qu'Isabelle tremblait de frayeur dans son appartement solitaire, ses ravisseurs, en une salle basse, faisaient carousse et chère lie, car ils devaient rester au château comme une sorte de garnison, en cas d'attaque de la part de Sigognac. Ils buvaient tous comme des éponges, mais un d'eux surtout déployait une remarquable puissance d'ingurgitation. C'était l'homme qui avait emporté Isabelle en travers de son cheval, et comme il avait déposé son masque, il était loisible à chacun de contempler sa face blême comme un fromage où flambait un nez chauffé au rouge. A ce nez couleur de guigne, on a reconnu Malartic, l'ami de Lampourde.

XVI

VALLOMBREUSE

Isabelle, restée seule dans cette chambre inconnue où le péril pouvait surgir d'un moment à l'autre sous une forme mystérieuse, se sentait le cœur oppressé d'une inexprimable angoisse, quoique sa vie errante l'eût rendue plus courageuse que ne le sont ordinairement les femmes. Le lieu n'avait pourtant rien de sinistre dans son luxe ancien mais bien conservé. Les flammes dansaient joyeusement sur les énormes bûches du foyer; les bougies jetaient une clarté vive qui, pénétrant jusqu'aux moindres recoins, en chassait avec l'ombre les chimères de la peur. Une douce chaleur y régnait, et tout y conviait aux nonchalances du bien-être. Les peintures des panneaux recevaient trop de lumière pour prendre des aspects fantastiques, et, dans son cadre d'ornementations au-dessus de la cheminée, le portrait d'homme remarqué par Isabelle n'avait pas ce regard fixe et qui cependant semble vous suivre, si effrayant chez certains portraits. Il paraissait plutôt sourire avec une bonté tranquille et protectrice, comme une image de saint qu'on peut invoquer à l'heure du danger. Tout cet ensemble de choses calmes, rassurantes, hospitalières, ne détendait point les nerfs d'Isabelle, frémissants comme les cordes d'une guitare qu'on vient de pincer ; ses yeux erraient autour d'elle, inquiets et furtifs, voulant voir et craignant de voir, et ses sens surexcités démêlaient avec terreur, au milieu du profond repos de la nuit, ces bruits imperceptibles qui sont la voix du silence. Dieu sait les significations formidables qu'elle leur attribuait! Bientôt son malaise devint si fort qu'elle se résolut à quitter cette chambre si éclairée, si chaude et si commode, pour s'aventurer par les corridors du château, au risque de quelque rencontre fantasmatique, à la recherche de quelque issue oubliée ou de quelque lieu de refuge. Après s'être assurée que les portes de sa chambre n'étaient point fermées à double tour, elle prit sur le guéridon la lampe que le laquais y avait laissée pour la nuit, et l'abritant de sa main elle se mit en marche.

D'abord elle rencontra l'escalier à la rampe de serrurerie compliquée qu'elle avait monté sous l'escorte du domestique ; elle le descendit, pensant avec raison qu'aucune sortie favorable à son évasion ne se pouvait trouver au premier étage. Au bas de l'escalier, sous le vestibule, elle aperçut une grande porte à deux battants dont elle tourna le bouton, et qui s'ouvrit devant elle avec un craquement de bois et un grincement de gonds dont le bruit lui parut égal à celui du tonnerre, encore qu'il fût impossible de l'entendre à trois pas. La faible clarté de la lampe grésillant dans l'air humide d'un appartement longtemps fermé, découvrit ou plutôt fit entrevoir à la jeune comédienne une vaste pièce, non pas délabrée, mais ayant ce caractère mort des lieux qu'on n'habite plus; de grands bancs de chênes s'adossaient aux murailles revêtues de tapisseries à personnages; des trophées d'armes, gantelets, épées et boucliers, révélés par de brusques éclairs, y étaient suspendus. Une lourde table à pieds massifs, contre laquelle la jeune femme faillit se heurter, occupait le milieu de la pièce; elle la contourna, mais quelle ne fut pas sa terreur quand, en approchant de la porte qui faisait face à la porte d'entrée et donnait accès dans la salle suivante, elle aperçut deux figures armées de pied en cap, qui se tenaient immobiles en sentinelle de chaque côté du chambranle, les gantelets croisés sur la garde de grandes épées ayant la pointe fichée en terre : les cribles de leurs casques représentaient des faces d'oiseaux hideux, dont les trous simulaient les prunelles, et le nasal le bec; sur les cimiers se hérissaient comme des ailes irritées et palpitantes, des lamelles de fer ciselées en pennes; le ventre du plastron frappé d'une paillette lumineuse se bombait d'une façon étrange, comme soulevé par une respiration profonde; des genouillères et des cubitières jaillissait une pointe d'acier recourbé en façon de serre d'aigle, et le bout des pédieux s'allongeait en griffe. Aux clartés vacillantes de la lampe qui tremblait à la main d'Isabelle, ces deux fantômes de fer prenaient une apparence vraiment effrayante et bien faite pour alarmer les plus fiers courages. Aussi le cœur de la pauvre Isabelle palpitait-il si fort qu'elle en entendait les battements et en sentait les trépidations jusque dans sa gorge. Croyez qu'elle regrettait alors d'avoir quitté sa chambre pour cette aventureuse promenade nocturne. Cependant, comme les guerriers ne bougeaient pas quoiqu'ils eussent dû remarquer sa présence, et qu'ils ne faisaient pas mine de brandir leurs épées pour lui barrer le passage, elle s'approcha de l'un d'eux et lui mit la lumière sous le nez. L'homme d'armes ne s'en émut nullement et conserva sa pose avec une insensibilité parfaite. Isabelle enhardie et se doutant de la vérité, lui leva sa visière qui, ouverte, ne laissa voir qu'un vide plein d'ombre comme les timbres dont on décore les blasons. Les deux sentinelles n'étaient que des panoplies, des armures allemandes curieuses, disposées là sur le squelette d'un mannequin. Mais l'illusion était bien permise à une pauvre captive errant la nuit dans un château solitaire, tant ces carapaces métalliques, moulées sur le corps humain comme des statues de la guerre, en rappellent la forme même lorsqu'elles sont vides, et la rendent plus formidable par les rigueurs de leurs angles et les nodosités de leurs articulations. Isabelle, malgré sa tristesse, ne put s'empêcher de sourire en reconnaissant son erreur, et pareille aux héros des romans de chevalerie, lorsqu'au moyen d'un talisman ils ont rompu le charme qui défendait un palais enchanté, elle entra bravement dans la seconde salle sans plus se soucier désormais des deux gardiens réduits à l'impuissance.

C'était une vaste salle à manger comme en témoignaient de hauts dressoirs en chêne sculpté, où luisaient vaguement des blocs d'orfévrerie : aiguières, salières, boîtes à épices, hanaps, vases à panses renflées, grands plats d'argent ou de vermeil, semblables à des boucliers ou à des roues de char, et des verreries de Bohême et de Venise, aux formes grêles et capricieuses, qui jetaient, surprises par la lumière, des feux verts, rouges et bleus. Des chaises à dossier carré rangées autour de la table paraissaient attendre des convives qui ne devaient pas venir, et, la nuit, pouvaient servir à faire asseoir un festin d'ombres. Un vieux cuir de Cordoue gaufré d'or et ramagé de fleurs, tendu au-dessus d'un revêtement de chêne à mi-hauteur, s'illuminait par places d'un reflet fauve au passage de la lampe, et donnait à l'obscurité une richesse chaude et sombre. Isabelle, d'un coup d'œil, entrevit ces vieilles magnificences et se hâta de franchir la troisième porte.

Cette salle, qui semblait le salon d'honneur, était plus grande que les autres déjà fort spacieuses. La petite lumière de la lampe n'en éclairait pas les profondeurs et son faible rayonnement s'éteignait, à quelques pas d'Isabelle, en filaments jaunâtres comme les rais d'une étoile parmi le brouillard. Si pâle qu'elle fût, cette clarté suffisait pour rendre l'ombre visible et donner aux ténèbres des figurations effrayantes et difformes, vagues ébauches que la peur achevait. Des fantômes se drapaient avec les plis des rideaux ; les bras des fauteuils semblaient envelopper des spectres, et des larves monstrueuses s'accroupissaient dans les coins obscurs, hideusement repliées sur elles-mêmes ou accrochées par des ongles de chauve-souris.

Domptant ces terreurs chimériques, Isabelle continua son chemin et vit au fond de la salle un dais seigneurial coiffé de plumes, historié d'armoiries dont il eût été difficile de déchiffrer le blason, et surmontant un fauteuil en forme de trône posé sur une estrade recouverte d'un tapis où l'on accédait par trois marches. Tout cela éteint, confus, baigné d'ombre et trahi seulement par quelque reflet, prenait du mystère une grandeur farouche et colossale. On eût dit une chaire à présider un sanhédrin d'esprits, et il n'eût pas fallu un grand effort d'imagination pour y voir un ange sombre assis entre ses longues ailes noires.

Isabelle pressa le pas et, quelque légère que fût sa démarche, les craquements de ses chaussures acquéraient à travers ce silence des sonorités terribles. La quatrième salle était une chambre à coucher occupée en partie par un lit énorme dont les rideaux, en damas des Indes rouge sombre, retombaient pesamment autour de la couchette. Dans la ruelle un prie-Dieu d'ébène faisait miroiter le crucifix d'argent qui le surmontait. Un lit fermé a, même le jour, quelque chose d'inquiétant. On se demande ce qu'il y a derrière ces voiles rabattus; mais la nuit, dans une chambre abandonnée, un lit hermétiquement clos est effrayant. Il peut cacher un dormeur comme un cadavre ou même encore un vivant qui guette. Isabelle crut entendre derrière les rideaux le rhythme intermittent et profond d'une respiration endormie; était-ce une illusion ou une réalité? Elle n'osa pas s'en assurer en écartant les plis de l'étoffe rouge et en faisant tomber sur le lit le rayon de sa lampe.

La bibliothèque suivait la chambre à coucher ; dans les armoires, surmontées par des bustes de poëtes, de philosophes et d'historiens qui regardaient Isabelle de leurs grands yeux blancs, de nombreux volumes assez en désordre montraient leurs dos étiquetés de chiffres et de titres, dont l'or se ravivait au passage de la lumière. Là, le bâtiment faisait un retour d'équerre et l'on débouchait dans une longue galerie occupant une autre façade de la cour. C'était la galerie où, par ordre chronologique, se succédaient les portraits de famille. Une rangée de fenêtres correspondait à la paroi où ils étaient accrochés dans des cadres de vieil or rougi. Des volets percés dans le haut d'un trou ovale fermaient ces fenêtres, et cette disposition produisait en ce moment un effet singulier. La lune s'était levée, et par la découpure de ces trous envoyait un rayon qui en reportait l'image sur la muraille opposée ; il arrivait parfois que la tache de lumière bleuâtre tombât sur le visage d'un portrait et s'y adaptât comme un masque blafard. Sous cette lueur magique, la peinture prenait une vie alarmante d'autant plus que, le corps restant dans l'ombre, ces têtes aux pâleurs argentées avec leur relief subit, paraissaient jaillir en ronde-bosse de leur cadre comme pour voir passer Isabelle. D'autres, que le reflet seul de la lampe atteignait, conservaient sous le jaune vernis leur attitude solennellement morte, mais il semblait que par leurs noires prunelles l'âme des aïeux vînt regarder dans le monde comme à travers des ouvertures ménagées exprès, et ce n'était pas les moins sinistres effigies de la collection.

Ce fut pour le courage d'Isabelle une action aussi brave de traverser cette galerie bordée de figures fantastiques, que pour un soldat de marcher au pas devant un feu de peloton. Une froide sueur d'angoisse mouillait sa chemisette entre les épaules, et elle s'imaginait que derrière elle ces fantômes à cuirasses et à pourpoints ornés d'ordres de chevaleries, ces douairières à hautes fraises et à vertugadins démesurés, descendaient de leurs bordures et se mettaient à la suivre en procession funèbre. Elle croyait même entendre leurs pas d'ombre frôler imperceptiblement le parquet sur ses talons. Enfin elle atteignit l'extrémité de ce large couloir et rencontra une porte vitrée qui donnait sur la cour; elle l'ouvrit non sans se meurtrir les doigts sur la vieille clef rouillée qui eut peine à tourner dans la serrure, et après avoir eu soin d'abriter sa lampe pour la retrouver en revenant sur ses pas, elle sortit de la galerie, séjour de terreurs et d'illusions nocturnes.

A l'aspect du ciel libre où quelques étoiles, que n'éteignait pas tout à fait la lueur blanche de la lune, brillaient avec une scintillation d'argent, Isabelle se sentit une joie délicieuse et profonde comme si elle revenait de la mort à la vie ; il lui semblait que Dieu la voyait maintenant de son firmament, tandis qu'il eût bien pu l'oublier lorsqu'elle était perdue dans ces ténèbres intenses, sous ces plafonds opaques, à travers ce dédale de chambres et de couloirs. Quoique sa situation ne fût en rien améliorée, un poids immense était enlevé de dessus sa poitrine. Elle continua ses explorations, mais la cour était exactement fermée partout comme l'enceinte d'une forteresse, à l'exception d'une poterne ou arcade de brique donnant probablement sur le fossé, car Isabelle, en s'y penchant avec précaution, sentit la fraîcheur humide de l'eau profonde lui monter à la figure comme une bouffée de vent, et elle entendit le faible murmure d'une petite vague se brisant au pied de la douve. C'était probablement par là qu'on approvisionnait les cuisines du château ; mais pour y arriver ou s'en éloigner il fallait une petite barque rangée, sans doute, au bas du rempart, en quelque remise d'eau, hors de la portée d'Isabelle.

L'évasion était donc impossible de ce côté comme des autres. C'est ce qui expliquait la liberté relative laissée à la prisonnière. Elle avait sa cage ouverte comme ces oiseaux exotiques qu'on transporte sur des navires et qu'on sait bien être forcés de revenir se percher sur la mâture après quelque courte excursion, car la terre la plus prochaine est si éloignée encore que l'aile s'userait avant d'y arriver. Le fossé autour du château faisait l'office de l'Océan autour du navire.

Dans un coin de la cour, une lueur rougeâtre filtrait à travers les volets d'une salle basse, et, dans le silence de la nuit, une certaine rumeur se dégageait de cet angle baigné d'ombre. La jeune fille se dirigea vers cette lumière et ce bruit, mue d'une curiosité facile à concevoir ; elle appliqua son œil à la fente d'un volet moins hermétiquement clos que les autres, et elle put aisément découvrir ce qui se passait à l'intérieur de la salle.

Autour d'une table qu'éclairait une lampe à trois becs, suspendue au plafond par une chaîne de cuivre, banquetaient des gaillards de mine farouche et truculente, dans lesquels Isabelle, bien qu'elle ne les eût vus que masqués, reconnut sans peine les hommes qui avaient concouru à son enlèvement. C'étaient Piedgris, Tordgueule, la Rapée et Bringuenarilles, dont le physique répondait à ces noms charmants. La lumière tombant du haut faisait luire leur front, plongeait leurs yeux dans l'ombre, dessinait l'arête de leur nez et se raccrochait à leurs moustaches extravagantes, de manière à exagérer encore la sauvagerie de ces têtes qui n'avaient pas besoin de cela pour paraître effrayantes. Un peu plus loin, au bout de la table, était assis, comme brigand de province ne pouvant aller de pair avec des spadassins de Paris, Agostin, débarrassé de la perruque et de la fausse barbe qui lui avaient servi à jouer l'aveugle. A la place d'honneur siégeait Malartic, élu roi du festin à l'unanimité. Sa face était plus blême et son nez plus rouge qu'à l'ordinaire ; phénomène qui pouvait s'expliquer par le nombre de bouteilles vides rangées sur le buffet comme des corps emportés de la bataille, et par le nombre de bouteilles pleines que le sommelier plantait devant lui avec une prestesse infatigable.

De la conversation confuse des buveurs, Isabelle ne démêlait que quelques mots dont le sens lui échappait le plus souvent ; car c'étaient des vocables de tripot, de cabaret et de salle d'armes, quelquefois même de hideux termes d'argot empruntés au dictionnaire de la cour des Miracles, où se parlent les langues d'Égypte et de Bohême; elle n'y trouvait rien qui l'éclairât sur le sort qu'on lui réservait, et un peu saisie par le froid, elle allait se retirer lorsque Malartic donna sur la table, pour obtenir le silence, un épouvantable coup de poing qui fit chanceler les bouteilles comme si elles eussent été ivres, et cliqueter les verres les uns contre les autres avec une sonnerie cristalline donnant en musique *ut, mi, sol, si*. Les buveurs, quelque abrutis qu'ils fussent, en sautèrent d'un demi-pied en l'air sur leur banc, et toutes les trognes se tournèrent instantanément vers Malartic.

Profitant de cette trêve dans le vacarme de l'orgie, Malartic se leva et dit, en élevant son verre dont il fit briller le vin à la lumière comme un chaton de bague: « Amis, écoutez cette chanson que j'ai faite, car je m'aide de la lyre aussi bien que de l'épée, une chanson bachique comme il convient à un bon ivrogne. Les poissons, qui boivent de l'eau, sont muets; s'ils buvaient du vin, ils chanteraient. Donc, montrons que nous sommes des humains par une beuverie mélodieuse.

— La chanson! la chanson! crièrent Bringuenarilles, la Rapée, Tordgueule et Piedgris, » incapables de suivre cette dialectique subtile.

Malartic se nettoya le gosier par quelques vigoureux hum! hum! et, avec toutes les manières d'un chanteur appelé dans la chambre du roi, il entonna d'une voix qui, bien qu'un peu rauque, ne manquait pas de justesse, les couplets suivants :

> A Bacchus, biberon insigne,
> Crions : « Masse ! » et chantons en chœur :
> Vive le pur sang de la vigne
> Qui sort des grappes qu'on trépigne !
> Vive ce rubis en liqueur !

> Nous autres prêtres de la treille,
> Du vin nous portons les couleurs.
> Notre fard est dans la bouteille
> Qui nous fait la trogne vermeille
> Et sur le nez nous met des fleurs.

> Honte à qui d'eau claire se mouille
> Au lieu de boire du vin frais.
> Devant les brocs qu'il s'agenouille !
> Ou soit mué d'homme en grenouille
> Et barbotte dans les marais !

La chanson fut accueillie par des cris de joie, et Tordgueule, qui se piquait de poésie, ne craignit point de proclamer Malartic l'émule de Saint-Amand, avis qui prouvait combien l'ivresse faussait la judiciaire du compagnon. On décréta un rouge-bord en l'honneur du chansonnier, et quand les verres furent vidés, chacun fit rubis sur l'ongle pour montrer qu'il avait bu consciencieusement sa rasade. Ce coup acheva les plus faibles de la bande ; la Rapée glissa sous la table, où il fit matelas à Bringuenarilles. Piedgris et Tordgueule, plus robustes, laissèrent seulement choir leurs têtes en avant et s'endormirent ayant pour oreiller leurs bras croisés. Quant à Malartic, il se tenait droit dans sa chaise le gobelet au poing, les yeux écarquillés et le nez enluminé d'un rouge si vif qu'il semblait jeter des étincelles comme un fer tiré de la forge; il répétait machinalement avec l'hébétude solennelle de l'ivresse contenue, sans que personne fît chorus :

> A Bacchus, biberon insigne,
> Crions : « Masse ! » et chantons en chœur :...

Dégoûtée de ce spectacle, Isabelle quitta la fente du volet et poursuivit ses investigations, qui l'amenèrent bientôt sous la voûte où pendaient avec leur contrepoids les chaînes du pont-levis ramené vers le château. Il n'y avait aucun espoir de mettre en branle cette lourde machine, et, comme il fallait abattre le pont pour sortir, la place n'ayant pas d'autre issue, la captive dut renoncer à tout projet d'évasion. Elle alla reprendre sa lampe où elle l'avait laissée dans la galerie des portraits, qu'elle parcourut cette fois avec moins de terreur, car elle savait maintenant l'objet de son épouvante et la peur est faite d'inconnu. Elle traversa rapidement la bibliothèque, la salle d'honneur et toutes les pièces qu'elle avait explorées avec une précaution anxieuse. Les armures dont elle s'était si fort effrayée lui parurent presque risibles, et d'un pas délibéré elle monta l'escalier descendu tout à l'heure en retenant son souffle et sur la pointe du pied, de peur d'éveiller le moindre écho assoupi dans la cage sonore.

Mais quel ne fut pas son effroi lorsque du seuil de

sa chambre elle aperçut une figure étrange assise au coin de sa cheminée. Ce n'était pas un fantôme assurément, car la lumière des bougies et le reflet du foyer l'éclairaient d'une façon trop nette pour qu'on pût s'y méprendre; c'était bien un corps grêle et délicat, il est vrai, mais très-vivant ainsi que l'attestaient deux grands yeux noirs d'un éclat sauvage, et n'ayant nullement le regard atone des spectres, qui se fixaient sur Isabelle, encadrée dans le chambranle de la porte, avec une tranquillité fascinante. De grands cheveux bruns rejetés en arrière permettaient de voir en tous ses détails une figure d'une teinte olivâtre, aux traits finement sculptés par une maigreur juvénile et vivace, et dont la bouche entr'ouverte découvrait une denture d'une blancheur éclatante. Les mains tannées au grand air, mais de forme mignonne, se croisaient sur la poitrine montrant des ongles plus pâles que les doigts. Les pieds nus n'atteignaient pas la terre, les jambes étant trop courtes pour arriver du fauteuil au parquet. Par l'interstice d'une grossière chemise de toile brillaient vaguement quelques grains d'un collier en perles.

A ce détail du collier, on a sans doute reconnu Chiquita. C'était elle en effet, non pas sous son costume de fille, mais encore travestie en garçon, déguisement qu'elle avait pris pour jouer le conducteur du faux aveugle. Cet habit, composé d'une chemise et de larges braies, ne lui siéyait point mal; car elle avait cet âge où le sexe est douteux entre la fillette et le jouvenceau.

Dès qu'elle eut reconnu la bizarre créature, Isabelle se remit de l'émotion que lui avait fait éprouver cette apparition inattendue. Chiquita n'était pas par elle-même bien redoutable, et d'ailleurs elle semblait professer, à l'endroit de la jeune comédienne, une sorte de reconnaissance désordonnée et fantasque qu'elle avait prouvée à sa manière dans une première rencontre.

Chiquita, tout en regardant Isabelle, murmurait à demi-voix cette espèce de chanson en prose qu'elle avait fredonnée avec un accent de folie, le corps engagé dans l'œil-de-bœuf, lors de la première tentative d'enlèvement aux *Armes de France :* « Chiquita danse sur la pointe des grilles, Chiquita passe par le trou des serrures. »

« As-tu toujours le couteau, dit cette singulière créature à Isabelle lorsqu'elle se fut approchée de la cheminée, le couteau à trois raies rouges?

— Oui, Chiquita, répondit la jeune femme, je le porte là, entre ma chemisette et mon corsage. Mais pourquoi cette question ; ma vie est-elle donc en péril?

— Un couteau, dit la petite dont les yeux brillèrent d'un éclat féroce, un couteau est un ami fidèle ; il ne trahit pas son maître, si son maître le fait boire ; car le couteau a soif.

— Tu me fais peur, mauvaise enfant, reprit Isabelle que troublaient ces paroles sinistrement extravagantes, mais qui, dans la position où elle se trouvait, pouvaient renfermer un avertissement profitable.

— Aiguise la pointe au marbre de la cheminée, continua Chiquita, repasse la lame sur le cuir de ta chaussure.

— Pourquoi me dis-tu tout cela, fit la comédienne toute pâle?

— Pour rien; qui veut se défendre prépare ses armes, voilà tout. »

Ces phrases bizarres et farouches inquiétaient Isabelle, et cependant, d'un autre côté, la présence de Chiquita dans sa chambre la rassurait. La petite semblait lui porter une sorte d'affection qui, pour être basée sur un motif futile, n'en était pas moins réelle. « Je ne te couperai jamais le col, » avait dit Chiquita; et, dans ses idées sauvages, c'était une solennelle promesse, un pacte d'alliance auquel elle ne devait pas manquer. Isabelle était la seule créature humaine qui, après Agostin, lui eût témoigné de la sympathie. Elle tenait d'elle le premier bijou dont se fût parée sa coquetterie enfantine, et, trop jeune encore pour être jalouse, elle admirait naïvement la beauté de la jeune comédienne. Ce doux visage exerçait une séduction sur elle, qui n'avait vu jusqu'alors que des mines hagardes et féroces exprimant des pensées de rapine, de révolte et de meurtre.

« Comment se fait-il que tu sois ici, lui dit Isabelle après un moment de silence? As-tu pour charge de me garder?

— Non, répondit Chiquita; je suis venue toute seule où la lumière et le feu m'ont guidée. Cela m'ennuyait de rester dans un coin pendant que ces hommes buvaient bouteille sur bouteille. Je suis si petite, si jeune et si maigre, qu'on ne fait pas plus attention à moi qu'à un chat qui dort sous la table. Au plus fort du tapage, je me suis esquivée. L'odeur du vin et des viandes me répugne, habituée que je suis au parfum des bruyères et à la senteur résineuse des pins.

— Et tu n'as pas eu peur à errer sans chandelle, à travers ces longs couloirs obscurs, ces grandes chambres pleines de ténèbres ?

— Chiquita ne connaît pas la peur ; ses yeux voient dans l'ombre, ses pieds y marchent sans trébucher. Si elle rencontre une chouette, la chouette ferme ses prunelles ; la chauve-souris ploie ses membranes quand elle approche ; le fantôme se range pour la laisser passer ou retourne en arrière. La Nuit est sa camarade et ne lui cache aucun de ses mystères. Chiquita sait le nid du hibou, la cachette du voleur, la fosse de l'assassiné, l'endroit que hante le spectre ; mais elle ne l'a jamais dit au Jour. »

En prononçant ces paroles étranges, les yeux de Chiquita brillaient d'un éclat surnaturel. On devinait que son esprit, exalté par la solitude, se croyait une espèce de pouvoir magique. Les scènes de brigandage et de meurtre auxquelles son enfance s'était mêlée avaient dû agir fortement sur son imagination ardente, inculte et fébrile. Sa conviction agissait sur Isabelle, qui la regardait avec une appréhension superstitieuse.

« J'aime mieux, continua la petite, rester là, près du feu, à côté de toi. Tu es belle, et cela me plaît de te voir; tu ressembles à la bonne Vierge que j'ai vue brillant sur l'autel; mais de loin seulement, car on me chassait de l'église avec les chiens, sous prétexte que j'étais mal peignée et que mon jupon jaune serin aurait fait rire les fidèles. Comme ta main est blanche! la mienne posée dessus a l'air d'une patte de singe. Tes cheveux sont fins comme de la soie; ma tignasse se hérisse comme une broussaille. Oh! je suis bien laide, n'est-ce pas?

— Non, chère petite, répondit Isabelle que cette admiration naïve touchait malgré elle, tu as ta beauté aussi; il ne te manque que d'être un peu accommodée pour valoir les plus jolies filles.

— Tu crois: pour être brave, je volerai de beaux habits, et alors Agostin m'aimera. »

Cette idée illumina d'une lueur rose le visage fauve de l'enfant, et pendant quelques minutes, elle demeura comme perdue dans une rêverie délicieuse et profonde.

« Sais-tu où nous sommes, reprit Isabelle, lorsque Chiquita releva ses paupières frangées de longs cils noirs qu'elle avait tenues un instant abaissées.

— Dans un château appartenant au seigneur qui a tant d'argent, et qui voulait déjà te faire enlever à Poitiers. Je n'avais qu'à tirer le verrou, c'était fait. Mais tu m'avais donné le collier de perles, et je ne voulais pas te causer de la peine.

— Pourtant, cette fois, tu as aidé à m'emporter, dit Isabelle; tu ne m'aimes donc plus, que tu me livres à mes ennemis?

— Agostin avait commandé; il fallait obéir. D'ailleurs un autre aurait fait le conducteur de l'aveugle, et je ne serais pas entrée au château avec toi. Ici, je puis te servir peut-être à quelque chose. Je suis courageuse, agile et forte, quoique petite, et je ne veux pas qu'on te fasse mal.

— Est-ce bien loin de Paris, ce château où l'on me tient prisonnière, dit la jeune femme en attirant Chiquita entre ses genoux; en as-tu entendu prononcer le nom par quelqu'un de ces hommes?

— Oui, Tordgueule a dit que l'endroit se nommait... comment donc déjà? fit la petite, en se grattant la tête d'un air d'embarras.

— Tâche de t'en souvenir, mon enfant, dit Isabelle en flattant de la main les joues brunes de Chiquita, qui rougit de plaisir à cette caresse, car jamais personne n'avait eu pareille attention pour elle.

— Je crois que c'est Vallombreuse, répondit Chiquita, syllabe par syllabe comme si elle écoutait un écho intérieur. Oui, Vallombreuse, j'en suis sûre maintenant; le nom même du seigneur que ton ami le capitaine Fracasse a blessé en duel. Il aurait mieux fait de le tuer. Ce duc est très-méchant, quoiqu'il jette l'or à poignées comme un semeur le grain. Tu le hais, n'est-ce pas? et tu serais bien contente si tu parvenais à lui échapper.

— Oh! oui; mais c'est impossible, dit la jeune comédienne; un fossé profond entoure le château; le pont-levis est ramené. Toute évasion est impraticable.

— Chiquita se rit des grilles, des serrures, des

murailles et des douves ; Chiquita peut sortir à son gré de la prison la mieux close et s'envoler dans la lune aux yeux du geôlier ébahi. Si elle veut, avant que le soleil se lève, le Capitaine saura où est cachée celle qu'il cherche. »

Isabelle craignait, en entendant ces phrases incohérentes, que la folie n'eût troublé le faible cerveau de Chiquita ; mais la physionomie de l'enfant était si parfaitement calme, ses yeux avaient un regard si lucide, et le son de sa voix un tel accent de conviction, que cette supposition n'était pas admissible ; cette étrange créature possédait certainement une partie du pouvoir presque magique qu'elle s'attribuait.

Comme pour convaincre Isabelle qu'elle ne se vantait point, elle lui dit : « Je vais sortir d'ici tout à l'heure ; laisse-moi réfléchir un instant pour trouver le moyen ; ne parle pas, retiens ta respiration ; le moindre bruit me distrait ; il faut que j'entende l'Esprit. »

Chiquita pencha la tête, mit la main sur ses yeux afin de s'isoler, resta quelques minutes dans une immobilité morte, puis elle releva le front, ouvrit la fenêtre, monta sur l'appui et plongea dans l'obscurité un regard d'une intensité profonde. Au bas de la muraille clapotait l'eau sombre du fossé poussée par la bise nocturne.

« Va-t-elle, en effet, prendre son vol comme une chauve-souris, » se disait la jeune actrice qui suivait d'un œil attentif tous les mouvements de Chiquita.

En face de la fenêtre, de l'autre côté de la douve,

se dressait un grand arbre plusieurs fois centenaire, dont les maîtresses branches s'étendaient presque horizontalement moitié sur la terre, moitié sur l'eau du fossé; mais il s'en fallait de huit ou dix pieds que l'extrémité du plus long branchage atteignît la muraille. C'était sur cet arbre qu'était basé le projet d'évasion de Chiquita. Elle rentra dans la chambre, elle tira d'une de ses poches une cordelette de crin, très-fine, très-serrée, mesurant de sept à huit brasses, la déroula méthodiquement sur le parquet; tira de son autre poche une sorte d'hameçon de fer qu'elle accrocha à la corde; puis elle s'approcha de la fenêtre et lança le crochet dans les branches de l'arbre. La première fois l'ongle de fer ne mordit pas et retomba avec la corde en sonnant sur les pierres du mur. A la seconde tentative, la griffe de l'hameçon piqua l'écorce et Chiquita tira la corde à elle, en priant Isabelle de s'y suspendre de tout son poids. La branche accrochée céda autant que la flexibilité du tronc le permettait, et se rapprocha de la croisée de cinq ou six pieds. Alors Chiquita fixa la cordelette après la serrurerie du balcon par un nœud qui ne pouvait glisser et, soulevant son corps frêle avec une agilité singulière, elle se pendit des mains au cordage, et par des déplacements de poignets eut bientôt gagné la branche qu'elle enfourcha dès qu'elle la sentit solide.

« Défais maintenant le nœud de la corde que je la retire à moi, dit-elle à la prisonnière d'une voix basse mais distincte; à moins que tu n'aies envie de me suivre, mais la peur te serrerait le col, et le vertige te tirerait par les pieds pour te faire tomber dans l'eau. Adieu ! je vais à Paris et je serai bientôt de retour. On marche vite au clair de lune. »

Isabelle obéit, et l'arbre n'étant plus maintenu, reprit sa position ordinaire, reportant Chiquita à l'autre bord du fossé. En moins d'une minute, s'aidant des genoux et des mains, elle se trouva au bas du tronc, sur la terre ferme, et bientôt la captive la vit s'éloigner d'un pas rapide et se perdre dans les ombres bleuâtres de la nuit.

Tout ce qui venait de se passer semblait un rêve à Isabelle. En proie à une sorte de stupeur, elle n'avait pas encore refermé la fenêtre, et elle regardait l'arbre immobile qui dessinait en face d'elle les linéaments noirs de son squelette sur le gris laiteux d'un nuage pénétré d'une lumière diffuse par le disque de l'astre qu'il cachait à demi. Elle frémissait en voyant combien était frêle à son extrémité la branche à laquelle n'avait pas craint de se confier la courageuse et légère Chiquita. Elle s'attendrissait à l'idée de l'attachement que lui montrait ce pauvre être misérable et sauvage dont les yeux étaient si beaux, si lumineux et si passionnés, yeux de femme dans un visage d'enfant, et qui montrait tant de reconnaissance pour un chétif cadeau. Comme la fraîcheur la saisissait et faisait s'entre-choquer avec une crépitation fébrile ses petites dents de perles, elle referma la croisée, rabattit les rideaux et s'arrangea dans un fauteuil, au coin du feu, les pieds sur les boules de cuivre des chenets.

Elle était à peine assise, que le majordome entra

suivi des deux mêmes valets qui portaient une petite table couverte d'une riche nappe à frange ouvragée, où était servi un souper non moins fin et délicat que le dîner. Quelques minutes plus tôt, l'entrée de ces laquais eût déjoué l'évasion de Chiquita. Isabelle, tout agitée encore de cette scène émouvante, ne toucha point aux mets placés devant elle, et fit signe qu'on les remportât. Mais le majordome fit placer près du lit un en-cas de blancs-mangers et de massepains; il fit aussi déployer sur un fauteuil une robe, des coiffes et un manteau de nuit tout garni de dentelles et de la bonne faiseuse. D'énormes bûches furent jetées sur les braises croulantes et l'on renouvela les bougies. Cela fait, le majordome dit à Isabelle que si elle avait besoin d'une femme de chambre qui l'accommodât, on allait lui en envoyer une.

La jeune comédienne ayant fait un geste de dénégation, le majordome s'en alla, sur un salut le plus respectueux du monde.

Lorsque le majordome et les laquais furent retirés, Isabelle ayant jeté le manteau de nuit sur ses épaules, se coucha tout habillée sans se mettre entre les draps, pour être promptement debout en cas d'alerte. Elle sortit de son corsage le couteau de Chiquita, l'ouvrit, en tourna la virole et le plaça près d'elle à portée de sa main. Ces précautions prises, elle abaissa ses longues paupières avec la volonté de dormir, mais le sommeil se faisait prier. Les événements de la journée avaient agité les nerfs d'Isabelle, et les appréhensions de la nuit n'étaient guère faites pour les calmer. D'ailleurs, ces châteaux anciens qu'on n'habite plus ont, pendant les heures sombres, des physionomies singulières ; il semble qu'on y dérange quelqu'un, et qu'un hôte invisible se retire à votre approche par quelque couloir secret caché dans les murs. Toutes sortes de petits bruits inexplicables s'y produisent inopinément. Un meuble craque, l'horloge de la mort frappe ses coups secs contre la boiserie, un rat passe derrière la tenture, une bûche piquée des vers éclate dans le feu comme un marron d'artifice et vous réveille avec transes au moment même où vous alliez vous assoupir. C'est ce qui arrivait à la jeune prisonnière ; elle se dressait, ouvrait des yeux effarés, promenait ses regards autour de la chambre, et n'y voyant rien que d'ordinaire, elle reposait sa tête sur l'oreiller. Le somme finit cependant par l'envahir, de manière à la séparer du monde réel dont les rumeurs ne lui parvenaient plus. Vallombreuse, s'il eût été là, aurait eu beau jeu pour ses entreprises téméraires et galantes ; car la fatigue avait vaincu la pudeur. Heureusement pour Isabelle, le jeune duc n'était point encore arrivé au château. Ne se souciait-il déjà plus de sa proie la tenant désormais dans son aire, et la possibilité de satisfaire son caprice l'avait-il éteint ? Nullement ; la volonté était plus tenace chez ce beau et méchant duc, surtout la volonté de mal faire ; car il éprouvait, en dehors de la volupté, un certain plaisir pervers à se jouer de toute loi divine et humaine ; mais, pour détourner les soupçons, le jour même de l'enlèvement, il s'était montré à Saint-Germain, avait fait sa cour au roi, suivi la chasse, et, sans affectation, parlé à plusieurs personnes. Le soir, il avait joué et perdu ostensiblement des sommes qui eussent été importantes pour quelqu'un de moins riche. Il avait paru de charmante humeur, surtout depuis qu'un affidé venu à franc étrier s'était incliné en lui remettant un pli. Ce besoin d'établir, en cas de recherches, un incontestable alibi, avait sauvegardé cette nuit-là la pudicité d'Isabelle.

Après un sommeil traversé de rêves bizarres où tantôt elle voyait Chiquita courir en agitant ses bras comme des ailes devant le capitaine Fracasse à cheval, tantôt le duc de Vallombreuse avec des yeux flamboyants pleins de haine et d'amour, Isabelle s'éveilla et fut surprise du temps qu'elle avait dormi. Les bougies avaient brûlé jusqu'aux bobèches, les bûches s'étaient consumées, et un gai rayon de soleil pénétrant par l'interstice des rideaux s'émancipait jusqu'à jouer sur son lit encore qu'il n'eût pas été présenté. Ce fut pour la jeune femme un grand soulagement que le retour de la lumière. Sa position, sans doute, n'en valait guère mieux; mais le danger n'était plus grossi de ces terreurs fantastiques que la nuit et l'inconnu apportent aux esprits les plus fermes. Pourtant sa joie ne fut pas de longue durée, car un grincement de chaînes se fit entendre; le pont-levis s'abaissa : le roulement d'un carrosse mené d'un grand train retentit sur le plateau du tablier, gronda sous la voûte comme un tonnerre sourd et s'éteignit dans la cour intérieure.

Qui pouvait entrer de cette façon altière et magistrale si ce n'est le seigneur du lieu, le duc de Vallombreuse lui-même? Isabelle sentit à ce mouvement qui avertit la colombe de la présence du vautour, bien qu'elle ne le voie pas encore, que c'était bien l'ennemi et non un autre. Ses belles joues en devinrent pâles comme cire vierge, et son pauvre petit cœur se mit à battre la chamade dans la forteresse de son corsage quoiqu'il n'eût aucune envie de se rendre. Mais bientôt faisant effort sur elle-même, cette courageuse fille rappela ses esprits et se prépara pour la défense. « Pourvu, se disait-elle, que Chiquita arrive à temps et m'amène du secours ! » et ses yeux involontairement se tournaient vers le médaillon placé au-dessus de la cheminée : « O toi, qui as l'air si noble et si bon, protége-moi contre l'insolence et la perversité de ta race. Ne permets pas que ces lieux où rayonne ton image soient témoins de mon déshonneur ! »

Au bout d'une heure que le jeune duc employa à réparer le désordre qu'apporte toujours dans une toilette un voyage rapide, le majordome entra cérémonieusement chez Isabelle et lui demanda si elle pouvait recevoir monsieur le duc de Vallombreuse.

« Je suis prisonnière, répondit la jeune femme avec beaucoup de dignité; ma réponse n'est pas plus libre que ma personne, et cette demande qui serait polie en situation ordinaire, n'est que dérisoire en l'état où je suis. Je n'ai aucun moyen d'empêcher monsieur le duc d'entrer dans cette chambre d'où je ne puis sortir. Sa visite, je ne l'accepte point; je la subis. C'est un cas de force majeure. Qu'il vienne s'il lui plaît de venir, à cette heure ou à une autre : ce m'est tout un. Allez lui redire mes paroles. »

Le majordome s'inclina, se retira à reculons vers la porte, car les plus grands égards lui avaient été recommandés à l'endroit d'Isabelle, et disparut pour aller dire à son maître que « mademoiselle » consentait à le recevoir.

Au bout de quelques instants, le majordome reparut, annonçant le duc de Vallombreuse.

Isabelle s'était levée à demi de son fauteuil, où l'émotion la fit retomber couverte d'une mortelle pâleur. Vallombreuse s'avança vers elle, chapeau bas, dans l'attitude du plus profond respect. Comme il la vit tressaillir à son approche, il s'arrêta au milieu de la chambre, salua la jeune comédienne et lui dit, de cette voix qu'il savait rendre si douce pour séduire :

« Si ma présence est trop odieuse maintenant à la charmante Isabelle, et qu'elle ait besoin de quelque temps pour s'habituer à l'idée de me voir, je me retirerai. Elle est ma prisonnière, mais je n'en suis pas moins son esclave.

— Cette courtoisie vient tard, répondit Isabelle, après la violence que vous avez exercée contre moi.

— Voilà ce que c'est, reprit le duc, que de pousser les gens à bout par une vertu trop farouche. N'ayant plus d'espoir, ils se portent aux dernières extrémités, sachant qu'ils ne peuvent empirer leur situation. Si vous aviez bien voulu souffrir que je vous fisse ma cour, et montrer quelque complaisance à ma flamme, je serais resté parmi les rangs de vos adorateurs, essayant, à force de galanteries délicates, de magnificences amoureuses, de dévouements chevaleresques, de passion ardente et contenue, d'attendrir lentement ce cœur rebelle. Je vous aurais inspiré sinon de l'amour, du moins cette pitié tendre qui parfois le précède et l'amène. A la longue, peut-être, votre froideur se serait trouvée injuste, car rien ne m'eût coûté pour la mettre dans son tort.

— Si vous aviez employé ces moyens si honnêtes, dit Isabelle, j'aurais plaint un amour que je n'aurais pu partager, puisque mon cœur ne se donnera jamais, et, du moins, je n'eusse pas été contrainte de vous haïr, sentiment qui n'est point fait pour mon âme, et qu'il lui est douloureux d'éprouver.

— Vous me détestez donc bien, fit le duc de Vallombreuse avec un tremblement de dépit dans la voix. Je ne le mérite pas, cependant. Mes torts envers vous, si j'en ai, viennent de ma passion même; et quelle femme, pour chaste et vertueuse qu'elle soit, en veut sérieusement à un galant homme de l'effet que ses charmes ont produit sur lui, malgré elle?

— Certes, ce n'est point là un motif d'aversion lorsque l'amant se tient dans les limites du respect et soupire avec une timidité discrète. La plus prude le peut supporter; mais quand son impatience insolente se livre tout d'abord aux derniers excès et procède par le guet-apens, le rapt et la séquestration, comme vous n'avez pas craint de le faire, il n'est pas d'autre sentiment possible qu'une invincible répugnance.

Toute âme un peu haute et fière se révolte quand on la prétend forcer. L'amour, qui est chose divine, ne se commande ni ne s'extorque. Il souffle où il veut.

— Ainsi, une répugnance invincible, voilà tout ce que je puis attendre de vous, répondit Vallombreuse dont les joues étaient devenues pâles et qui s'était mordu plus d'une fois les lèvres pendant qu'Isabelle lui parlait avec cette fermeté douce qui était le ton naturel de cette jeune personne aussi sage qu'aimable.

— Vous auriez un moyen de reconquérir mon estime et de gagner mon amitié. Rendez-moi noblement la liberté que vous m'avez prise. Faites-moi reconduire par un carrosse à mes compagnons inquiets qui ne savent ce que je suis devenue et me cherchent éperdument, avec transes mortelles. Laissez-moi reprendre mon humble vie de comédienne avant que cette aventure, dont mon honneur pourrait souffrir, ne s'ébruite parmi le public étonné de mon absence.

— Quel malheur, s'écria le duc, que vous me demandiez la seule chose que je ne saurais vous accorder sans me trahir moi-même. Que ne désirez-vous un empire, un trône, je vous le donnerais; une étoile, j'irais vous la chercher en escaladant le ciel. Mais vous voulez que je vous ouvre la porte de cette cage où vous ne rentreriez jamais une fois sortie. C'est impossible! Je sais que vous m'aimez si peu que je n'ai d'autre ressource pour vous voir que de vous enfermer. Quoi qu'il en coûte à mon orgueil, je l'emploie; car je ne peux pas plus me passer de votre présence qu'une plante de la lumière. Ma pensée se tourne vers vous comme vers son soleil, et il fait nuit pour moi où vous n'êtes point. Si ce que j'ai hasardé est un crime, il faut au moins que j'en profite, car vous ne me le pardonneriez pas, quoique vous le disiez. Ici, du moins, je vous tiens, je vous entoure, j'enveloppe votre haine de mon amour, je souffle sur les glaçons de votre froideur la chaude haleine de ma passion. Vos prunelles sont forcées de refléter mon image, vos oreilles d'entendre le son de ma voix. Quelque chose de moi s'insinue malgré vous dans votre âme; j'agis sur vous, ne fût-ce que par l'effroi que je vous cause, et le bruit de mon pas dans l'antichambre vous fait tressaillir. Et puis, cette captivité vous sépare de celui que vous regrettez et que j'abhorre pour avoir détourné ce cœur qui eût été mien. Ma jalousie satisfaite se résout à ce mince bonheur et ne veut point le jouer en vous rendant cette liberté dont vous feriez usage contre moi.

— Et jusques à quand, dit la jeune femme, avez-vous la prétention de me tenir en chartre privée, non pas comme seigneur chrétien, mais comme corsaire barbaresque?

— Jusqu'à ce que vous m'aimiez ou que vous me le disiez, ce qui revient au même », répondit le jeune duc avec un sérieux parfait et de l'air le plus convaincu du monde. Puis il fit à Isabelle le salut le plus gracieux et opéra une sortie pleine d'aisance, comme un véritable homme de cour qu'aucune situation n'embarrasse.

Une demi-heure après, un laquais apportait un

bouquet, assemblage des fleurs les plus rares, mêlant leurs couleurs et leurs parfums ; d'ailleurs, toutes étaient rares à cette époque de l'année, et il avait fallu tout le talent des jardiniers et l'été factice des serres pour déterminer ces charmantes filles de Flore à s'épanouir si précocement. La queue du bouquet était serrée d'un bracelet magnifique et digne d'une reine. Parmi les fleurs un papier blanc plié en deux attirait l'œil. Isabelle le prit, car dans sa situation, ces menus détails de galanterie n'avaient plus la signifiance qu'ils auraient eue si elle eût été libre.

Ce papier était un billet de Vallombreuse conçu en ces termes et tracé d'une écriture hardie congruant au caractère du personnage. La prisonnière y reconnut la main qui avait écrit « pour Isabelle » sur la cassette à bijoux laissée dans sa chambre à Poitiers :

« Chère Isabelle,

« Je vous envoie ces fleurs quoique je sois certain
« qu'elles seront mal accueillies. Venant de moi, leur
« fraîcheur et nouveauté ne trouveront pas grâce de-
« vant vos rigueurs non pareilles. Mais, quel que soit
« leur sort, et ne vous occupiez-vous d'elles que pour
« les jeter par la fenêtre en signe de grand dédain,
« elles obligeront, par la colère même, votre pensée à
« s'arrêter un instant, ne fût-ce que pour le maudire,
« sur celui qui se déclare, en dépit de tout, votre opi-
« niâtre adorateur.

« Vallombreuse. »

Ce billet, d'une galanterie précieuse, mais qui révélait chez celui qui l'avait écrit une ténacité formidable, et que rien ne saurait rebuter, produisit en partie l'effet que le duc s'en était promis. Isabelle le tenait à la main d'un air morne, et la figure de Vallombreuse se présentait à son esprit sous une apparence diabolique. Les parfums des fleurs, la plupart étrangères, posées près d'elle, sur le guéridon, où le laquais les avait mises, se développaient à la chaleur de la chambre, et leurs aromes exotiques s'épandaient puissants et vertigineux. Isabelle les prit et les jeta dans l'antichambre, sans retirer le bracelet de diamants qui entourait les queues, craignant qu'elles ne fussent imprégnées de quelque philtre subtil, narcotique ou aphrodisiaque, propre à troubler la raison. Jamais plus belles fleurs ne furent plus maltraitées, et cependant Isabelle les aimait fort; mais elle eût craint, si elle les eût conservées, que la fatuité du duc n'en prît avantage; et d'ailleurs ces plantes aux formes bizarres, aux couleurs étranges, aux parfums inconnus n'avaient pas le charme modeste des fleurs ordinaires; leur beauté orgueilleuse rappelait celle de Vallombreuse et lui ressemblait trop.

Elle avait à peine déposé le bouquet proscrit sur une crédence de la pièce voisine, et s'était remise sur son fauteuil, qu'une fille de chambre se présenta pour l'accommoder. Cette fille, assez jolie, très-pâle, l'air triste et doux, avait dans son empressement quelque chose d'inerte, et semblait brisée par une terreur secrète ou un ascendant terrible. Elle offrit ses services à Isabelle, sans presque la regarder, et d'une voix atone comme si elle eût craint d'être entendue par l'oreille des murailles. Sur un signe affirmatif de la jeune femme, elle lui peigna ses cheveux blonds tout en désordre, à la suite des scènes violentes de la veille et des inquiétudes nerveuses de la nuit, en noua les boucles soyeuses avec des nœuds de velours et s'acquitta de sa besogne en coiffeuse qui sait son métier. Elle tira ensuite d'une armoire pratiquée dans le mur plusieurs robes d'une richesse et d'une élégance rares, qui semblaient coupées à la taille d'Isabelle, mais dont la jeune actrice ne voulut point, encore que la sienne fût défraîchie et fripée, car elle eût paru porter ainsi la livrée du duc, et son intention bien formelle était de ne rien accepter qui vînt de lui, dût sa captivité se prolonger plus qu'elle ne le pensait.

La fille de chambre n'insista point et respecta ce caprice, de même qu'on laisse faire aux personnes condamnées ce qu'elles veulent, dans l'enceinte de leur prison. On eût dit aussi qu'elle évitait de se lier avec sa maîtresse temporaire, de peur d'y prendre un intérêt inutile. Elle se réduisait autant que possible à l'état d'automate. Isabelle, qui pensait en tirer quelque lumière, comprit qu'il était superflu de l'interroger, et s'abandonna à ses soins muets non sans une espèce de terreur.

Quand la fille de chambre se fut retirée, on apporta le dîner, et, malgré la tristesse de sa situation, Isabelle y fit honneur; la nature réclame impérieusement ses droits même chez les personnes les plus délicates. Cette réfection lui donna les forces dont elle avait grand besoin, les siennes étant épuisées par ces émotions et assauts divers. L'esprit un peu plus tranquille, la prisonnière se mit à songer au courage de Sigognac, qui s'était si vaillamment conduit, et l'eût arrachée aux ravisseurs, quoique seul, s'il n'eût perdu quelques minutes à se désencapuchonner du manteau jeté par le traître aveugle. Il devait être prévenu maintenant, et nul doute qu'il n'accourût à la défense de celle qu'il aimait plus que sa vie. A l'idée des dangers auxquels il allait s'exposer en cette entreprise périlleuse, car le duc n'était pas homme à lâcher sa proie sans résistance, le sein d'Isabelle se gonfla d'un soupir et une larme monta de son cœur à ses yeux; elle s'en voulait d'être la cause de ces conflits, et maudissait presque sa beauté, origine de tout le mal. Cependant elle était modeste, et par coquetterie n'avait point cherché à exciter les passions autour d'elle, comme font beaucoup de comédiennes et même de grandes dames ou bourgeoises.

Elle en était là de sa rêverie, lorsqu'un petit coup sec vint à sonner contre la fenêtre dont un carreau s'étoila, comme s'il eût été frappé d'un grêlon. Isabelle s'approcha de la croisée, et vit dans l'arbre en face, Chiquita qui lui faisait mystérieusement signe d'ouvrir la fenêtre, et balançait la cordelette munie, à son extrémité, d'une griffe de fer. La comédienne prisonnière comprit l'intention de l'enfant, obéit à son geste, et le crampon, lancé d'une main sûre, vint mordre l'appui du balcon. Chiquita noua l'autre bout de la corde à la branche, et s'y suspendit comme la veille ; mais elle n'était pas à moitié chemin, que le nœud se défit, à la grande frayeur d'Isabelle, et se détacha de l'arbre. Au lieu de tomber dans l'eau verte du fossé, comme on pouvait le craindre, Chiquita dont cet accident, si c'en était un, n'avait pas troublé la présence d'esprit, vint donner avec la corde retenue au balcon par le crampon de fer contre la muraille du château, au-dessous de la fenêtre qu'elle eut bientôt gagnée, en s'aidant des mains et des pieds qu'elle appuyait contre la paroi. Puis elle enjamba le balcon et sauta légèrement dans la chambre ; et, voyant Isabelle toute pâle et presque évanouie, elle lui dit avec un sourire :

« Tu as eu peur et tu as cru que Chiquita allait rejoindre les grenouilles du fossé. Je n'avais fait à la branche qu'un nœud coulant pour pouvoir ramener la corde à moi. Au bout de cette ligne noire je devais avoir l'air, maigre et brune comme je suis, d'une araignée qui remonte après son fil.

— Chère petite, dit Isabelle en baisant Chiquita au front, tu es une brave et courageuse enfant.

— J'ai vu tes amis, ils t'avaient bien cherchée ; mais sans Chiquita, ils n'auraient jamais découvert ta retraite. Le Capitaine allait et venait comme un lion ; sa tête fumait, ses yeux lançaient des éclairs. Il m'a posée sur l'arçon de sa selle, et il est caché dans un petit bois non loin du château, avec ses camarades. Il ne faut pas qu'on les voie. Ce soir, dès que l'ombre sera tombée, ils tenteront ta délivrance ; il y aura des coups d'épée et de pistolet. Ce sera superbe. Rien n'est beau comme des hommes qui se battent; mais ne va pas t'effrayer et pousser des cris. Les cris de femmes dérangent les courages. Si tu veux, je me tiendrai près de toi pour te rassurer.

— Sois tranquille, Chiquita, je ne gênerai pas par de sottes frayeurs les braves amis qui exposeront leur vie pour mé sauver.

— C'est bien, reprit la petite, défends-toi jusqu'à ce soir avec le couteau que je t'ai donné. Le coup doit se porter de bas en haut, ne l'oublie pas. Pour moi, comme il ne faut pas qu'on nous voie ensemble, je vais chercher quelque coin où je puisse dormir. Surtout, ne regarde point par la fenêtre, cela inspirerait des soupçons et montrerait peut-être que tu attends du secours de ce côté. Alors on ferait une battue autour du château et l'on découvrirait tes amis. Le coup serait manqué et tu resterais au pouvoir de ce Vallombreuse que tu détestes.

— Je n'approcherai pas de la croisée, répondit Isabelle, je te le promets, quelque curiosité qui me pousse. »

Rassurée sur ce point important, Chiquita disparut et alla rejoindre dans la salle basse les spadassins qui, noyés de boisson, appesantis par un sommeil bestial, ne s'étaient même pas aperçus de son absence. Elle s'adossa contre le mur, joignit les mains sur la poitrine, ce qui était sa position favorite, ferma les yeux et ne tarda pas à s'endormir, car ses petits pieds de biche avaient fait plus de huit lieues la nuit précédente, entre Vallombreuse et Paris. Le retour à cheval, allure qui ne lui était pas habituelle, l'avait peut-être fatiguée davantage. Quoique son frêle corps eût la vigueur de l'acier, elle était rompue, et son sommeil était si profond qu'elle semblait morte.

« Comme cela dort, ces enfants! dit Malartic qui s'était enfin éveillé; malgré notre bacchanal, elle n'a fait qu'un somme! Holà! vous autres, aimables brutes, tâchez de vous dresser sur vos pattes de derrière, et allez dans la cour vous répandre un seau d'eau froide sur la tête. La Circé de l'ivresse a fait de vous des pourceaux; redevenez hommes par ce baptême, et ensuite nous irons faire une ronde pour voir s'il ne se trame rien en faveur de la beauté dont le seigneur Vallombreuse nous a confié la garde et la défense. »

Les bretteurs se soulevèrent pesamment et sortirent non sans dessiner quelques crochets de la table à la porte, pour obtempérer aux prescriptions si sages de leur chef. Quand ils furent à peu près rentrés en leur sang-froid, Malartic prit avec lui Tordgueule, Piedgris et la Râpée, se dirigea vers la poterne, ouvrit le cadenas qui fermait la chaîne de la barque amarrée à la porte d'eau de la cuisine, et le batelet, poussé par une perche et déchirant le manteau glauque des lentilles aquatiques, aborda bientôt à un étroit escalier pratiqué dans le revêtement de la douve.

« Toi, dit Malartic à la Râpée, quand ses hommes eurent monté sur le revers du talus, tu vas rester là et garder la barque, en cas où l'ennemi voudrait s'en emparer pour pénétrer dans la place. Aussi bien, tu ne parais pas fort solide sur ton socle. Nous autres, nous allons faire la patrouille et battre un peu les buissons, afin d'en faire envoler les oiseaux. »

Malartic, suivi de ses deux acolytes, se promena autour du château pendant plus d'une heure, sans rien rencontrer de suspect; et quand il revint à son point de départ, il trouva la Râpée qui dormait debout adossé à un arbre.

« Si nous étions une troupe régulière, lui dit-il en l'éveillant d'un coup de poing, je te ferais passer par les armes pour avoir tapé de l'œil en faction, chose contraire à toute bonne discipline martiale; mais puisque je ne puis te faire arquebuser, je te pardonne et te condamne seulement à boire une pinte d'eau.

— J'aimerais mieux, répondit l'ivrogne, deux balles dans la tête, qu'une pinte d'eau sur l'estomac.

— Cette réponse est belle, fit Malartic, et digne d'un héros de Plutarque. Ta faute t'est remise sans punition, mais ne pèche plus. »

La patrouille rentra, et la barque fut soigneusement rattachée et cadenassée avec les précautions dont on use dans une place forte. Satisfait de son inspection, Malartic se dit à lui-même : « Si la charmante Isabelle sort d'ici, ou si le valeureux capitaine Fracasse y entre, car il faut prévoir les deux cas, que mon nez devienne blanc ou que ma face rougisse ! »

Restée seule, Isabelle ouvrit un volume de l'Astrée,

par le sieur Honoré d'Urfé, qui traînait oublié sur une console. Elle essaya d'attacher sa pensée à cette lecture. Mais ses yeux seuls suivaient machinalement les lignes. L'esprit s'envolait loin des pages, et ne s'associait pas un instant à ces bergerades déjà surannées. D'ennui, elle jeta le volume et se croisa les bras dans l'attente des événements. A force de faire des conjectures, elle s'en était lassée, et sans chercher à deviner comment Sigognac la délivrerait, elle comptait sur l'absolu dévouement de ce galant homme.

Le soir était venu. Les laquais allumèrent les bougies, et bientôt le majordome parut annonçant la visite du duc de Vallombreuse. Il entra sur les pas du valet et salua sa captive avec la plus parfaite courtoisie. Il était vraiment d'une beauté et d'une élégance suprêmes. Son visage charmant devait inspirer l'amour à tout cœur non prévenu. Une veste de satin gris de perle, un haut-de-chausses de velours incarnadin, des bottes à entonnoir en cuir blanc remplies de dentelles, une écharpe de brocart d'argent soutenant une épée à pommeau de pierreries, faisaient merveilleusement ressortir les avantages de sa personne, et il fallait toute la vertu et constance d'Isabelle pour ne point en être touchée.

« Je viens voir, adorable Isabelle, dit-il en s'asseyant dans un fauteuil près de la jeune femme, si je serai mieux reçu que mon bouquet ; je n'ai pas la fatuité de le croire, mais je veux vous habituer à moi. Demain, nouveau bouquet et nouvelle visite.

— Bouquets et visites seront inutiles, répondit Isabelle, il en coûte à ma politesse de le dire, mais ma sincérité ne doit vous laisser aucun espoir.

— Eh bien, fit le duc avec un geste d'insouciance hautaine, je me passerai de l'espoir et me contenterai de la réalité. Vous ne savez donc pas, pauvre enfant, ce que c'est que Vallombreuse, vous qui essayez de lui résister. Jamais désir inassouvi n'est rentré dans son âme; il marche à ce qu'il veut sans que rien le puisse fléchir ou détourner : ni larmes, ni supplications, ni cris, ni cadavres jetés en travers, ni ruines fumantes; l'écroulement de l'univers ne l'étonnerait pas, et sur les débris du monde il accomplirait son caprice. N'augmentez pas sa passion par l'attrait de l'impossible, imprudente qui faites flairer l'agneau au tigre et le retirez. »

Isabelle fut effrayée du changement de physionomie opéré sur le visage de Vallombreuse pendant qu'il prononçait ces paroles. L'expression gracieuse en avait disparu. On n'y lisait plus qu'une méchanceté froide et une résolution implacable. Par un mouvement instinctif, Isabelle recula son fauteuil et porta la main à son corsage pour y sentir le couteau de Chiquita. Vallombreuse rapprocha son siége sans affectation. Maîtrisant sa colère, il avait déjà fait reprendre à sa figure cet air charmant, enjoué et tendre, qui jusque-là avait été irrésistible.

« Faites un effort sur vous-même; ne vous retournez pas vers une vie qui doit être désormais comme un songe oublié. Abandonnez ces obstinations de fidélité chimérique à un languissant amour indigne de vous, et songez qu'aux yeux du monde vous m'appartenez dès à présent. Songez surtout que je vous adore avec un emportement, une frénésie, un délire qu'aucune femme ne m'a jamais inspirés. N'essayez pas d'échapper à cette flamme qui vous enveloppe, à cette volonté inéluctable que rien ne peut faire dévier. Comme un métal froid jeté dans un creuset où bout déjà du métal en fusion, votre indifférence jetée dans ma passion y fondra en s'amalgamant avec elle. Quoi que vous fassiez, vous m'aimerez de gré ou de force, parce que je le veux, parce que vous êtes jeune et belle, et que je suis jeune et beau. Vous avez beau vous roidir et vous débattre, vous n'ouvrirez pas les bras fermés sur vous. Donc toute résistance aurait mauvaise grâce, puisqu'elle serait inutile. Résignez-vous en souriant; est-ce donc un si grand malheur, après tout, que d'être éperdument aimée du duc de Vallombreuse! Ce malheur ferait la félicité de plus d'une. »

Pendant qu'il parlait avec cet entraînement chaleureux qui enivre la raison des femmes et fait céder leurs pudeurs, mais qui n'avait cette fois aucune action, Isabelle, attentive à la moindre rumeur du dehors d'où lui devait venir la délivrance, croyait entendre un petit bruit presque imperceptible arrivant de l'autre bord du fossé. Il était sourd et rhythmique comme le froissement d'un travail régulier dirigé avec précaution contre quelque obstacle. Craignant que Vallombreuse ne le remarquât, la jeune femme répondit de manière à blesser la fatuité orgueilleuse du jeune duc. Elle l'aimait mieux irrité qu'amoureux, et préférait ses éclats à ses tendresses. Elle espérait d'ailleurs, en le querellant, l'empêcher d'entendre.

« Cette félicité serait une honte à laquelle j'échapperais par la mort si je n'avais pas d'autre moyen. Vous n'aurez jamais de moi que mon cadavre. Vous m'étiez indifférent; je vous hais pour votre conduite outrageuse, infâme et violente. Oui, j'aime Sigognac que vous avez essayé à plusieurs reprises de faire assassiner. »

Le petit bruit continuait toujours, et Isabelle, ne ménageant plus rien, haussait la voix pour le couvrir.

A ces mots audacieux, Vallombreuse pâlit de rage, ses yeux lancèrent des regards vipérins; une légère écume moussa aux coins de ses lèvres; il porta convulsivement la main à la garde de son épée. L'idée de tuer Isabelle lui avait traversé le cerveau comme un éclair; mais par un prodigieux effort de volonté, il se contint et se mit à rire d'un rire strident et nerveux en s'avançant vers la jeune comédienne.

« De par tous les diables, s'écria-t-il, tu me plais ainsi; quand tu m'injuries, tes yeux prennent un lumineux particulier, ton teint un éclat surnaturel; tu redoubles de beauté. Tu as bien fait de parler franc. Ces contraintes m'ennuyaient. Ah! tu aimes Sigognac! tant mieux! il ne m'en sera que plus doux de te posséder. Quel plaisir de baiser des lèvres qui vous disent : « Je t'abhorre. » Cela a plus de ragoût que cet éternel et fade : « Je t'aime, » dont les femmes vous écœurent. »

Effrayée de la résolution de Vallombreuse, Isabelle

s'était levée et avait retiré de son corset le couteau de Chiquita.

« Bon! fit le duc en voyant la jeune femme armée, déjà le poignard au vent! Si vous n'aviez oublié l'histoire romaine, vous sauriez, ma toute belle, que madame Lucrèce ne se servit de sa dague qu'après l'attentat de Sextus, fils de Tarquin le Superbe. Cet exemple de l'antiquité est bon à suivre. »

Et sans plus se soucier du couteau que d'un aiguillon d'abeille, il s'avança vers Isabelle qu'il saisit entre ses bras avant qu'elle eût le temps de lever sa lame.

Au même instant, un craquement se fit entendre, suivi bientôt d'un fracas horrible; la fenêtre, comme si elle eût reçu par dehors le coup de genou d'un géant, tomba avec un tintamarre de carreaux pulvérisés dans la chambre, où pénétrèrent des masses de branches formant une sorte de catapulte chevelue et de pont volant.

C'était la cime de l'arbre qui avait favorisé la sortie et la rentrée de Chiquita. Le tronc, scié par Sigognac et ses camarades, cédait aux lois de la pesanteur. Sa chute avait été dirigée de manière à jeter un trait d'union au-dessus de l'eau de la berge à la fenêtre d'Isabelle.

Vallombreuse, surpris de l'irruption soudaine de cet arbre se mêlant à une scène d'amour, lâcha la jeune actrice et mit l'épée à la main, prêt à recevoir le premier qui se présenterait à l'assaut.

Chiquita, qui était entrée sur la pointe du pied, légère comme une ombre, tira Isabelle par la manche, et lui dit : « Abrite-toi derrière ce meuble, la danse va commencer. »

La petite disait vrai, deux ou trois coups de feu retentirent dans le silence de la nuit. La garnison avait éventé l'attaque.

XVII

LA BAGUE D'AMÉTHYSTE

Montant les degrés quatre à quatre, Malartic, Bringuenarilles, Piedgris et Tordgueule accoururent dans la chambre d'Isabelle pour soutenir l'assaut et porter aide à Vallombreuse, tandis que La Râpée, Mérindol et les bretteurs ordinaires du duc, qu'il avait amenés avec lui, traversaient le fossé dans la barque afin d'opérer une sortie et de prendre l'ennemi en queue. Stratégie savante et digne d'un bon général d'armée !

La cime de l'arbre obstruait la fenêtre, d'ailleurs assez étroite, et ses branches s'étendaient presque jusqu'au milieu de la chambre ; on ne pouvait donc présenter aux assaillants un assez large front de bataille. Malartic se rangea avec Piedgris d'un côté contre la muraille, et fit mettre de l'autre côté Tordgueule et Bringuenarilles pour qu'ils n'eussent pas à supporter la première furie de l'attaque et fussent plus à leur avantage. Avant d'entrer dans la place, il fallait franchir cette haie de gaillards farouches qui attendaient l'épée d'une main et le pistolet de l'autre. Tous avaient repris leurs masques, car nul de ces honnêtes gens ne se souciait d'être reconnu au cas où l'affaire tournerait mal, et c'était un spectacle assez effrayant que ces quatre hommes au visage noir, immobiles et silencieux comme des spectres.

« Retirez-vous ou masquez-vous, dit Malartic d'une voix basse à Vallombreuse, il est inutile qu'on vous voie en cette rencontre.

— Que m'importe, répondit le jeune duc, je ne crains personne au monde, et ceux qui m'auront vu n'iront pas le dire, ajouta-t-il en agitant son épée d'une façon menaçante.

— Emmenez au moins dans une autre pièce Isabelle, l'Hélène de cette autre guerre de Troie, qu'une pistolade égarée pourrait gâter d'aventure, ce qui serait dommage. »

Le duc, trouvant le conseil judicieux, s'avança vers Isabelle qui se tenait abritée avec Chiquitta derrière un bahut de chêne, et la prit dans ses bras quoiqu'elle s'accrochât de ses doigts crispés aux saillies des sculptures et fît aux efforts de Vallombreuse la résistance la plus vive; cette vertueuse fille, surmontant les timidités de son sexe, préférait rester sur le champ de bataille, exposée à des balles et pointes d'épée qui n'eussent tué que sa vie, à demeurer seule avec Vallombreuse abritée du combat, mais exposée à des entreprises qui eussent tué son honneur.

« Non, non, laissez-moi, » s'écriait-elle en se débattant et en se rattrapant d'un effort désespéré au chambranle de la porte, car elle sentait que Sigognac ne pouvait être loin. Enfin le duc parvint à entr'ouvrir le battant, et il allait entraîner Isabelle dans l'autre pièce, lorsque la jeune femme se dégagea de ses mains et courut vers la fenêtre ; mais Vallombreuse la reprit, lui fit quitter la terre et l'emporta vers le fond de l'appartement.

« Sauvez-moi, cria-t-elle d'une voix faible, se sentant à bout de force, sauvez-moi, Sigognac ! »

Un bruit de branches froissées se fit entendre et une forte voix qui semblait venir du ciel, jeta dans la chambre ces mots : « Me voici ! » et avec la vitesse de l'éclair, une ombre noire passa entre les quatre bretteurs, poussée d'un tel élan qu'elle était déjà au milieu de la pièce lorsque quatre détonations de pistolets éclatèrent presque simultanément. Des nuages de fumée se répandirent en épais flocons qui cachèrent quelques secondes le résultat de ce feu quadruple ; quand ils furent un peu dissipés, les bretteurs virent Sigognac, ou pour mieux dire le capitaine Fracasse, car ils ne le connaissaient que sous ce nom, debout, l'épée au poing et sans autre blessure que la plume de son feutre coupée, les batteries à rouet des pistolets n'ayant pu partir assez vite pour que les balles l'atteignissent en ce passage aussi inattendu que rapide. Mais Isabelle et Vallombreuse n'étaient plus là. Le duc avait profité du tumulte pour emporter sa proie à moitié évanouie. Une porte solide, un verrou poussé s'interposaient entre la pauvre comédienne et son généreux défenseur, déjà bien empêché par cette bande qu'il avait sur les bras. Heureusement, vive et souple comme une couleuvre, Chiquita, dans l'espérance d'être utile à Isabelle, s'était glissée par l'entre-bâillement de la porte sur les pas du duc, qui, en ce désordre d'une action violente, au milieu de ces bruits d'armes à feu, ne prit pas garde à elle, d'autant plus qu'elle se dissimula bien vite dans un angle obscur de cette vaste salle, assez faiblement éclairée par une lampe posée sur une crédence.

« Misérables, où est Isabelle? cria Sigognac en voyant que la jeune comédienne n'était pas là ; j'ai tout à l'heure ouï sa voix.

— Vous ne nous l'avez pas donnée à garder, répondit Malartic avec le plus beau sang-froid du monde, et nous sommes d'ailleurs d'assez mauvaises duègnes. »

Et en disant ces mots, il fondait l'épée haute sur le baron, qui le reçut de la belle manière. Ce n'était pas un adversaire à dédaigner que Malartic ; il passait, après Lampourde, pour le gladiateur le plus adroit de Paris ; mais il n'était pas de force à lutter longtemps contre Sigognac.

« Veillez à la fenêtre tandis que je m'occupe avec ce compagnon, » dit-il tout en ferraillant, à Piedgris, Tordgueule et Bringuenarilles, qui rechargeaient leurs pistolets en toute hâte.

Au même instant un nouvel assiégeant débusqua dans la chambre en faisant le saut périlleux. C'était Scapin à qui son ancien métier de bateleur et de soldat donnait des facilités singulières pour ces sortes d'ascensions obsidionales. D'un coup d'œil rapide, il vit que les mains des bretteurs étaient occupées à verser de la poudre et des balles dans leurs armes, et qu'ils avaient déposé leurs épées à côté d'eux ; aussi prompt que l'éclair, il profita d'un moment d'incertitude chez l'ennemi étonné de son entrée bizarre, ramassa les rapières et les jeta par la fenêtre ; puis il courut sur Bringuenarilles, le saisit à bras-le-corps et se fit de son ennemi un bouclier, le poussant devant lui et le tournant de manière à le présenter aux gueules des pistolets braqués sur lui.

« De par tous les diables, ne tirez pas, hurlait Bringuenarilles à demi suffoqué par les bras nerveux de Scapin, ne tirez pas. Vous me casseriez les reins ou la tête, et cela me serait particulièrement dur d'être meurtri par des camarades. »

Pour ne pas donner à Tordgueule et à Piedgris la facilité de le viser par derrière, Scapin s'était prudemment adossé à la muraille, leur opposant Bringuenarilles comme rempart ; et, dans le but de changer le point de mire, il secouait çà et là le bretteur, qui, encore que ses pieds touchassent parfois la terre, ne reprenait pas de nouvelles forces comme Antée.

Ce manége était fort judicieux ; car Piedgris, qui n'aimait pas beaucoup Bringuenarilles et se souciait de la vie d'un homme autant que d'un fétu, cet homme fût-il son compagnon, ajusta la tête de Scapin dont la taille dépassait un peu celle du spadassin ; le coup partit, mais le comédien s'était baissé haussant Bringuenarilles pour se garantir, et la balle alla trouver la boiserie, emportant l'oreille du pauvre diable qui se prit à hurler : « Je suis mort ! je suis mort ! » avec une vigueur qui prouvait qu'il était bien vivant.

Scapin, qui n'était pas d'humeur à attendre un second coup de pistolet, sachant bien que le plomb passerait pour l'atteindre à travers le corps de Bringuenarilles, sacrifié par des amis peu délicats, et le pourrait encore navrer grièvement, se servit du blessé comme d'un projectile et le lança si rudement contre Tordgueule qui s'avançait abaissant le canon de son arme, que le pistolet lui échappa de la main et que le bretteur roula pêle-mêle sur le plancher avec son camarade, dont le sang lui jaillissait au visage et l'aveuglait. La chute avait été si roide qu'il en resta quelques minutes étourdi et froissé, ce qui donna le temps à Scapin de repousser du pied le pistolet sous un meuble et de mettre sa dague au vent pour recevoir Piedgris qui le chargeait avec furie, un poignard au poing, enragé d'avoir manqué son coup.

Scapin se baissa, et de sa main gauche saisit au poignet le bras dont Piedgris tenait le poignard et le força à rester en l'air, tandis que de l'autre main armée d'une dague il portait à son ennemi un coup qui certainement l'eût tué, sans l'épaisseur de son gilet en buffle. La lame traversa pourtant le cuir, ouvrit les chairs, mais glissa sur une côte. Quoiqu'elle ne fût ni mortelle ni même bien dangereuse, la blessure étonna Piedgris et le fit chanceler ; en sorte que le comédien, imprimant au bras qu'il n'avait pas lâché une brusque saccade, n'eut pas de peine à renverser son ennemi affaissé déjà sur un genou. Par surcroît de précaution, il lui martela quelque peu la tête avec le talon pour le faire tenir tout à fait tranquille.

Pendant que ceci se passait, Sigognac s'escrimait

contre Malartic avec la furie froide d'un homme qui peut mettre une profonde science au service d'un grand courage. Il parait toutes les bottes du spadassin, et déjà il lui avait effleuré le bras, comme le témoignait une rougeur subite à la manche de Malartic. Celui-ci, sentant que si le combat se prolongeait il était perdu, résolut de tenter un suprême effort, et il se fendit à fond pour allonger un coup droit à Sigognac. Les deux fers se froissèrent d'un mouvement si rapide et si sec, que le choc en fit jaillir des étincelles ; mais l'épée du baron, vissée à un poing de bronze, reconduisit en dehors l'épée gauchie du bretteur. La pointe passa sous l'aisselle du capitaine Fracasse, lui égratignant l'étoffe du pourpoint sans en entamer le moule. Malartic se releva ; mais avant qu'il se fût remis sur la défensive, Sigognac lui fit sauter la rapière de la main, posa le pied dessus, et lui portant la lame à la gorge, lui cria : « Rendez-vous, ou vous êtes mort ! »

A ce moment critique, un grand corps brisant les menues branches, fit son entrée au milieu de la bataille, et le nouveau venu avisant la situation perplexe de Malartic, lui dit d'un ton d'autorité : « Tu peux te soumettre, sans déshonneur, à ce vaillant ; il a ta vie au bout de son épée. Tu as loyalement fait ton devoir ; considère-toi comme prisonnier de guerre. »

Puis se tournant vers Sigognac, « Fiez-vous à sa parole, dit-il, c'est un galant homme à sa manière, et il n'entreprendra rien sur vous désormais. »

Malartic fit un signe d'acquiescement, et le baron

abaissa la pointe de sa formidable rapière. Quant au bretteur, il ramassa son arme d'un air assez piteux; la remit au fourreau, et alla s'asseoir silencieusement sur un fauteuil où il serra de son mouchoir son bras dont la tache rouge s'élargissait.

« Pour ces drôles plus ou moins blessés ou morts, dit Jacquemin Lampourde (car c'était lui), il est bon de s'en assurer, et nous allons, s'il vous plaît, leur ficeler les pattes comme à des volailles qu'on porte au marché la tête en bas. Ils pourraient se relever et mordre, ne fût-ce qu'au talon. Ce sont de pures canailles capables de feindre d'être hors de combat, afin de ménager leur peau qui pourtant ne vaut pas grand'chose. »

Et se penchant vers les corps gisant sur le plancher, il tira de son haut-de-chausses des bouts de fine corde dont il lia avec une dextérité merveilleuse les pieds et les mains de Tordgueule qui fit mine de résister, de Bringuenarilles qui se mit à pousser des cris de geai plumé vif, et même de Piedgris, quoiqu'il ne bougeât non plus qu'un cadavre dont il avait la pâleur livide.

Si l'on s'étonne de voir Lampourde au nombre des assiégeants, nous répondrons que le bretteur s'était pris d'une admiration fanatique à l'endroit de Sigognac, dont la belle méthode l'avait tant charmé dans sa rencontre avec lui sur le Pont-Neuf, et qu'il avait mis ses services à la disposition du Capitaine; services qui n'étaient pas à dédaigner en ces circonstances difficiles et périlleuses. Il arrivait d'ailleurs souvent que dans ces entreprises hasardeuses, des camarades soldés par des intérêts divers se rencontrassent la flamberge ou la dague au vent, mais cela ne faisait point scrupule.

On n'a pas oublié que La Râpée, Agostin, Mérindol, Azolan et Labriche, franchissant le fossé dans la barque dès le commencement de l'attaque, étaient sortis du château pour opérer une diversion et tomber sur les derrières de l'ennemi. Ils avaient en silence contourné le fossé et étaient arrivés à l'endroit où, détaché de son tronc, le grand arbre tombé en travers de l'eau servait à la fois de pont volant et d'échelle aux libérateurs de la jeune comédienne. Le brave Hérode, comme on le pense bien, n'avait pas manqué d'offrir son bras et son courage à Sigognac, qu'il prisait fort et qu'il eût suivi jusque dans la propre gueule de l'enfer, quand bien même il ne se fût point agi de la chère Isabelle aimée de toute la troupe et de lui particulièrement. Si on ne l'a pas encore vu figurer au plus fort de la bataille, cela ne tient nullement à sa couardise ; car il avait du cœur, bien qu'histrion, autant qu'un capitaine. Il s'était engagé sur l'arbre à califourchon, comme les autres, se soulevant des mains et avançant par secousses aux dépens de sa culotte dont le fond s'éraillait aux rugosités de l'écorce. Devant lui chevauchait tant bien que mal le portier de la comédie, déterminé gaillard habitué à jouer des poings et à se débattre contre les assauts de la foule. Le portier, arrivé à l'endroit où les rameaux se bifurquaient, empoigna une grosse branche et continua son ascension; mais, parvenu au bout du tronc, Hérode, doué d'une corpulence de Goliath, très-bonne aux rôles de tyran, mal propre aux escalades, sentit le branchage plier sous lui et craquer d'une façon inquiétante. Il regarda en bas et entrevit dans l'ombre, à une trentaine de pieds de profondeur, l'eau noire du fossé. Cette perspective le fit réfléchir et prendre son assiette sur une portion de bois plus solide, capable de porter son corps.

« Humph ! dit-il mentalement, il serait aussi sage à un éléphant de danser sur un fil d'araignée, qu'à moi de me risquer sur ces brindilles que ferait courber un moineau. Cela est bon à des amoureux, à des Scapins et autres gens agiles forcés d'être maigres par leur emploi. Roi et tyran de comédie plus adonné à la table qu'aux femmes, je n'ai pas de ces légèretés acrobatiques et funambulesques. Si je fais un pas de plus pour aller au secours du Capitaine, qui doit en avoir besoin, car je comprends aux détonations des pistolets et au martèlement des épées que l'affaire doit être chaude, je tombe dans cette eau stygienne épaisse et noire comme encre, verdie de plantes visqueuses, fourmillante de grenouilles et de crapauds et je m'y enfonce en la vase jusque par-dessus la tête, mort inglorieuse, tombeau fétide, fin du tout misérable et sans profit aucun, car je n'aurai navré nul ennemi. Il n'y a point de vergogne à retourner. Le courage ici ne peut rien. Fussé-je Achille, Roland ou le Cid, je ne saurais m'empêcher de peser deux cent quarante livres et quelques onces sur une branche grosse comme le petit doigt. Ce n'est plus affaire d'héroïsme mais de statique. Donc, volte-face ; je trouverai bien quelque moyen subreptice de pénétrer en la forteresse et d'être utile à ce brave baron, qui doit présentement douter de mon amitié, s'il a le temps de penser à quelqu'un ou à quelque chose. »

Ce monologue achevé, avec la rapidité de la parole intérieure plus prompte cent fois que l'autre, à laquelle cependant le bon Homerus donne l'épithète d'ailée, Hérode fit un brusque tête-à-queue sur son cheval de bois, c'est-à-dire sur le tronc de l'arbre, et commença prudemment sa descente. Tout à coup il s'arrêta. Un léger bruit comme d'un frottement de genoux contre l'écorce, et d'une haleine d'homme s'efforçant pour gravir parvenait à son oreille, et quoique la nuit fût obscure et rendue plus opaque encore par l'ombre du château, il lui semblait démêler une vague forme faisant une gibbosité à la ligne droite de l'arbre. Pour n'être point aperçu il se pencha, s'aplatit autant que lui permettait son bedon majestueux, et laissa venir, immobile et retenant son haleine. Il releva un peu la tête au bout de deux minutes, et voyant l'adversaire tout près de lui, il se redressa soudainement présentant sa large face au traître qui le pensait surprendre et frapper dans le dos. Pour ne se point gêner les mains occupées à l'escalade, Mérindol, le chef d'attaque, portait son couteau entre les dents, ce qui à travers l'ombre lui donnait l'air d'avoir de prodigieuses moustaches. Hérode avec sa forte main lui saisit le col, et lui serra la gorge de telle sorte, que Mérindol, étranglé comme s'il eût eu la tête passée dans le nœud de la hart, ouvrit le bec afin de reprendre son vent et laissa choir son couteau qui tomba au fossé. Comme la pression à la gorge continuait, ses genoux se desserrèrent, ses bras flottants firent quelques mouvements convulsifs ; et bientôt le bruit d'une lourde chute résonna dans l'ombre, et l'eau du fossé rejaillit en gouttes jusque sous les pieds d'Hérode.

« Et d'un, se dit le Tyran ; s'il n'est pas étouffé, il sera noyé. Cette alternative m'est douce. Mais poursuivons cette descente périlleuse. »

Il avança encore de quelques pieds. Une petite étincelle bleuâtre tremblotait à une petite distance de lui, trahissant une mèche de pistolet ; le déclic du rouet joua avec un bruit sec, une lueur traversa l'obscurité, une détonation se fit entendre et une balle passa à deux ou trois pouces au-dessus d'Hérode, qui s'était baissé dès qu'il avait vu le point brillant et avait rentré la tête en ses épaules comme une tortue en sa carapace, dont bien lui prit.

« Triple corne de cocu ! grogna une voix rauque, qui n'était autre que celle de La Râpée, j'ai manqué mon coup.

— Un peu, mon petit, répondit Hérode, je suis pourtant assez gros ; il faut que tu sois diantrement maladroit ; mais toi, pare celle-là. »

Et le Tyran leva un gourdin attaché à son poignet par un cordon de cuir, arme peu noble, mais qu'il maniait avec une dextérité admirable, ayant longtemps, en ses tournées, pratiqué les bâtonnistes de

Rouen. Le gourdin rencontra l'épée que le spadassin avait tirée de son fourreau, après avoir remis le pistolet inutile dans sa ceinture, et la fit voler en éclats comme verre, de sorte qu'il n'en demeura que le tronçon au poing de La Râpée. Le bout du gourdin lui atteignit même l'épaule et lui fit une contusion assez légère à la vérité, la force du coup ayant été rompue.

Les deux ennemis se trouvant face à face, car l'un descendait toujours et l'autre s'efforçait de monter, s'empoignèrent à bras-le-corps et tâchèrent de se précipiter dans le gouffre du fossé noir et béant sous eux. Quoique La Râpée fût un maraud plein de vigueur et d'adresse, une masse comme celle du Tyran n'était pas facile à ébranler. Autant eût voulu essayer de déraciner une tour. Hérode avait entrelacé ses pieds sous le tronc de l'arbre, et il y tenait comme avec des crampons rivés. La Râpée, serré entre ses bras non moins musculeux que ceux d'Hercule, suait et soufflait d'ahan. Presque aplati sur le large buste du Tyran, il lui appuyait les mains sur les épaules, pour tâcher de se soustraire à cette formidable étreinte. Par une feinte habile, Hérode desserra un peu l'étau et le spadassin se haussa aspirant une large et profonde gorgée d'air, puis Hérode le lâchant tout à coup, le reprit plus bas au défaut des flancs, et, l'élevant en l'air, lui fit quitter son point d'appui. Maintenant il suffisait au Tyran d'ouvrir les mains pour envoyer La Râpée faire un trou aux lentilles d'eau du fossé. Il ouvrit les mains toutes grandes et le bretteur tomba; mais c'était un gaillard leste et robuste, comme nous l'avons dit, et de ses doigts crispés, il se retint à l'arbre, faisant osciller son corps suspendu sur l'abîme, pour tâcher de rattraper le tronc avec les pieds ou les jambes. Il n'y réussit pas et resta allongé comme un I majuscule, le bras horriblement tenaillé par le poids du reste. Les doigts ne voulant pas lâcher prise, s'enfonçaient dans l'écorce comme des griffes de fer, et les nerfs se tendaient sur la main près de se rompre, ainsi que des cordes de violon dont on tourne trop les chevilles. S'il eût fait clair, on eût pu voir le sang jaillir des ongles bleuis.

La position n'était pas gaie. Accroché par un seul bras qu'étirait affreusement le poids de son corps, La Râpée, outre la souffrance physique, éprouvait la vertigineuse horreur de la chute mêlée d'attirance qu'inspire la suspension au-dessus d'un gouffre. Ses yeux dilatés regardaient fixement la profondeur sombre; ses oreilles bourdonnaient; des sifflements traversaient ses tempes comme des flèches; il avait des envies de se précipiter que refrénait l'instinct toujours vivace de la conservation : il ne savait pas nager, et pour lui, ce fossé c'était le tombeau.

Malgré son air farouche et ses sourcils charbonnés, au fond Hérode était assez bonasse. Il eut pitié de ce pauvre diable qui pendillait dans le vide depuis quelques minutes longues comme l'éternité, et dont l'agonie se prolongeait avec des angoisses atroces. Se penchant sur le tronc d'arbre, il dit à La Râpée :

« Coquin, si tu me promets sur ta vie en l'autre monde, car en celui ci elle m'appartient, de rester neutre dans le combat, je vais te déclouer du gibet d'où tu pends comme le mauvais larron.

— Je le jure, râla d'une voix sourde La Râpée à bout de forces; mais faites vite, par pitié, je tombe. »

De sa poigne herculéenne, Hérode saisit le bras du maraud et remonta, grâce à sa vigueur prodigieuse, le corps jusque sur l'arbre où il le mit à cheval en face de lui, le maniant avec autant d'aisance qu'une poupée de chiffon.

Quoique La Râpée ne fût pas une petite maîtresse sujette aux pâmoisons, il était presque évanoui lorsque le brave comédien le retira de l'abîme, où, sans la large main qui le soutenait, il serait retombé comme une masse inerte.

« Je n'ai pas de sels à te faire respirer ni de plumes à te brûler sous le nez, lui dit le Tyran, en fouillant à sa poche; mais voici un cordial qui te remettra, c'est de la pure eau-de-vie d'Hendayes, de la quintessence solaire. »

Et il appliqua le goulot de la bouteille aux lèvres du bretteur défaillant.

« Allons, tète-moi ce petit-lait; deux ou trois gorgées encore, et tu seras vif comme un émerillon qu'on décapuchonne. »

Le généreux breuvage agit bientôt sur le spadassin, qui remercia Hérode de la main et agita son bras engourdi pour lui faire reprendre sa souplesse.

« Maintenant, dit Hérode, sans plus nous amuser à la moutarde, descendons de ce perchoir où je n'ai pas toutes mes aises, sur le sacro-saint plancher des vaches qui sied mieux à ma corpulence. Va devant, » ajouta-t-il, en retournant La Râpée et le mettant à califourchon dans l'autre sens.

La Râpée se laissa glisser et le Tyran le suivit. Arrivé au bas de l'arbre, ayant Hérode derrière lui, le spadassin discerna sur le bord du fossé un groupe en sentinelle composé d'Agostin, d'Azolan et de Basque. « Ami, » leur cria-t-il à haute voix, et tournant la tête, il dit à voix basse au comédien : « Ne sonnez mot et marchez sur mes talons. »

Quand ils eurent pris pied, La Râpée s'approcha d'Azolan et lui souffla le mot d'ordre à l'oreille. Puis il ajouta : « Ce compagnon et moi nous sommes blessés et nous allons nous retirer un peu à l'écart pour laver nos plaies et les bander. »

Azolan fit un signe d'acquiescement. Rien n'était plus naturel que cette fable. La Râpée et le Tyran s'éloignèrent. Quand ils furent engagés sous le couvert des arbres qui, bien que dénués de feuilles, suffisaient à les cacher, la nuit aidant, le spadassin dit à Hérode : « Vous m'avez généreusement octroyé la vie. Je viens de vous sauver de la mort, car ces trois gaillards vous eussent assommé. J'ai payé ma dette, mais je ne me regarde point comme quitte; si vous avez jamais besoin de moi, vous me trouverez. Maintenant allez à vos affaires. Je tourne par ici, tournez par là. »

Hérode, resté seul, continua à suivre l'allée, regardant, à travers les arbres, le maudit château où il n'avait pu pénétrer à son grand regret. Aucune lumière ne brillait aux fenêtres, excepté du côté de l'attaque, et le reste du manoir était enseveli dans l'ombre et le silence. Cependant, sur la façade en retour, la lune qui se levait commençait à répandre ses molles lueurs et glaçait d'argent les ardoises violettes du toit. Sa clarté naissante permettait de voir un homme en faction promenant son ombre sur une petite esplanade au bord du fossé. C'était Labriche, qui gardait la barque au moyen de laquelle Merindol, La Râpée, Azolan et Agostin avaient traversé le fossé.

Cette vue fit réfléchir Hérode. « Que diable peut faire cet homme tout seul à cet endroit désert pendant que ses camarades jouent des couteaux ? Sans doute de peur de surprise ou pour assurer la retraite, il garde quelque passage secret, quelque poterne masquée par où, peut-être, en l'étourdissant d'un coup de gourdin sur la tête, je parviendrai à m'introduire en ce damné manoir et montrer à Sigognac que je ne l'oublie pas. »

En ratiocinant de la sorte, Hérode, suspendant ses pas et ne faisant non plus de bruit qui si ses semelles eussent été doublées de feutre, s'approchait de la sentinelle avec cette lenteur moelleuse et féline dont sont doués les gros hommes. Quand il fut à portée, il lui asséna sur le crâne un coup suffisant pour mettre hors de combat, mais non pour tuer celui qui le recevait. Comme on l'a pu voir, Hérode n'était point autrement cruel et ne désirait point la mort du pécheur.

Aussi surpris que si la foudre fût tombée sur sa tête par un temps serein, Labriche roula les quatre fers en l'air et ne bougea plus ; car la force du choc l'avait étourdi et fait se pâmer. Hérode s'avança jusqu'au parapet du fossé et vit qu'à une étroite coupure du garde-fou aboutissait un escalier diagonal taillé dans le revêtement de la douve, et qui menait au fond du fossé ou du moins jusqu'au niveau de l'eau clapotant sur ses dernières marches. Le Tyran descendit les degrés avec précaution et se sentant le pied mouillé s'arrêta, tâchant de percer l'obscurité du regard. Il démêla bientôt la forme de la barque, rangée à l'ombre du mur, et l'attira par la chaîne qui l'amarrait au bas de l'escalier. Rompre la chaîne ne fut qu'un jeu pour le robuste tragédien, et il entra dans le bateau que son poids pensa faire tourner. Quand les oscillations se furent apaisées et que l'équilibre se fut rétabli, Hérode fit jouer doucement l'aviron unique placé en la poupe pour servir à la fois de rame et de gouvernail. La barque, cédant à l'impulsion, sortit bientôt de la tranche d'ombre pour entrer dans la tranche de lumière, où sur l'eau huileuse tremblotaient comme des écailles d'ablettes les paillons de la lune. La clarté pâle de l'astre découvrit à Hérode, dans le soubassement du château, un petit escalier pratiqué sous une arcade de brique. Il y aborda, et suivant la voûte, il parvint sans encombre à la cour intérieure, complétement déserte en ce moment.

« Me voici donc au cœur de la place, se dit Hérode en se frottant les mains ; mon courage a meilleure assiette sur les larges dalles bien cimentées que sur ce bâton à perroquet d'où je descends. Çà, orientons-nous et allons rejoindre les compagnons. »

Il avisa le perron gardé par les deux sphinx de pierre et jugea fort sainement que cette entrée architecturale conduisait aux plus riches salles du logis, où sans doute Vallombreuse avait mis la jeune comédienne et où devait s'agiter la bataille en l'honneur de cette Hélène sans Ménélas et vertueuse surtout pour Pâris. Les sphinx ne firent pas mine de lever la griffe pour l'arrêter au passage.

La victoire semblait restée aux assaillants. Bringuenarilles, Tordgueule et Piedgris gisaient sur le plancher comme veaux sur la paille. Malartic, le chef de la bande, avait été désarmé. Mais en réalité les vainqueurs étaient captifs. La porte de la chambre, fermée en dehors, s'interposait entre eux et l'objet de leur recherche, et cette porte, d'un chêne épais, historiée d'élégantes ferrures en acier poli, pouvait devenir un obstacle infranchissable à des gens qui ne possédaient ni haches ni pinces pour l'enfoncer. Sigognac, Lampourde et Scapin appuyant l'épaule contre les battants s'efforçaient de la faire céder, mais elle tenait bon et leurs vigueurs réunies y mollissaient.

« Si nous y mettions le feu, dit Sigognac qui se désespérait, il y a des bûches enflammées dans l'âtre.

— Ce serait bien long, répondit Lampourde ; le cœur de chêne brûle malaisément ; prenons plutôt ce bahut et nous en faisons une sorte de catapulte ou bélier propre à effondrer cette barrière trop importune. »

Ce qui fut dit fut fait, et le curieux meuble ouvragé de délicates sculptures, empoigné brutalement et lancé avec force, alla heurter les solides parois, sans autre succès que d'en rayer le poli et d'y perdre une jolie tête d'ange ou d'amour mignonnement taillée qui formait un de ses angles. Le baron enrageait, car il savait que Vallombreuse avait quitté la chambre emportant Isabelle, malgré la résistance désespérée de la jeune fille.

Tout à coup un grand bruit se fit entendre. Les branchages qui obstruaient la fenêtre avaient disparu et l'arbre tombait dans l'eau du fossé avec un fracas auquel se mêlaient des cris humains, ceux du portier de comédie qui s'était arrêté dans son ascension, la branche étant devenue trop faible pour le supporter. Azolan, Agostin et Basque avaient eu cette triomphante idée de pousser l'arbre à l'eau afin de couper la retraite aux assiégeants.

« Si nous ne jetons bas cette porte, dit Lampourde, nous sommes pris comme rats au piége. Au diable soient les ouvriers du temps jadis qui travaillaient de façon si durable ! Je vais essayer de découper le bois autour de la serrure avec mon poignard pour la faire sauter, puisqu'elle tient si fort. Il faut sortir d'ici à tout prix ; nous n'avons plus la ressource de nous accrocher à notre arbre comme les ours à leur tronc dans les fossés de Berne en Suisse. »

Lampourde allait se mettre à l'œuvre, quand un léger grincement pareil à celui d'une clef qui tourne, résonna dans la serrure, et la porte inutilement attaquée s'ouvrit d'elle-même.

« Quel est le bon ange, s'écria Sigognac, qui vient

de la sorte à notre secours ! et par quel miracle cette porte cède-t-elle toute seule après avoir tant résisté ?

— Il n'y a ni ange ni miracle, répondit Chiquita en sortant de derrière la porte et fixant sur le baron son regard mystérieux et tranquille.

— Où est Isabelle ? » cria Sigognac, parcourant de l'œil la salle faiblement éclairée par la lueur vacillante d'une petite lampe.

Il ne l'aperçut point d'abord. Le duc de Vallombreuse, surpris par la brusque ouverture des battants, s'était acculé dans un angle, plaçant derrière lui la jeune comédienne à demi pâmée d'épouvante et de fatigue ; elle s'était affaissée sur ses genoux, la tête appuyée à la muraille, les cheveux dénoués et flottants, les vêtements en désordre, les ferrets de son corsage brisés tant elle s'était désespérément tordue entre les bras de son ravisseur, qui, sentant sa proie lui échapper, avait essayé vainement de lui dérober quelques baisers lascifs, comme un faune poursuivi entraînant une jeune vierge au fond des bois.

« Elle est ici, dit Chiquita, dans ce coin, derrière le seigneur Vallombreuse ; mais pour avoir la femme, il faut tuer l'homme.

— Qu'à cela ne tienne, je le tuerai, fit Sigognac en s'avançant l'épée droite vers le jeune duc déjà tombé en garde.

— C'est ce que nous verrons, monsieur le capitaine Fracasse, chevalier de bohémiennes, » répondit le jeune duc d'un air de parfait dédain.

Les fers étaient engagés et se suivaient en tournant

autour l'un de l'autre avec cette lenteur prudente qu'apportent aux luttes qui doivent être mortelles les habiles de l'escrime. Vallombreuse n'était pas d'une force égale à celle de Sigognac ; mais il avait, comme il convenait à un homme de sa qualité, fréquenté longtemps les académies, mouillé plus d'une chemise aux salles d'armes, et travaillé sous les meilleurs maîtres. Il ne tenait donc pas son épée comme un balai, suivant la dédaigneuse expression de Lampourde à l'adresse des ferrailleurs maladroits qui, selon lui, déshonoraient le métier. Sachant combien son adversaire était redoutable, le jeune duc se renfermait dans la défensive, parait les coups et n'en portait point. Il espérait lasser Sigognac déjà fatigué par l'attaque du château et son duel avec Malartic, car il avait entendu le bruit des épées à travers la porte. Cependant, tout en déjouant le fer du Baron, de sa main gauche il cherchait sur sa poitrine un petit sifflet d'argent suspendu à une chaînette. Quand il l'eut trouvé, il le porta à ses lèvres et en tira un son aigu et prolongé. Ce mouvement pensa lui coûter cher ; l'épée du Baron faillit lui clouer la main sur la bouche ; mais la pointe, relevée par une riposte un peu tardive, ne fit que lui égratigner le pouce. Vallombreuse reprit sa garde. Ses yeux lançaient des regards fauves pareils à ceux des jettatores et des basilics, qui ont la vertu de tuer ; un sourire d'une méchanceté diabolique crispait les coins de sa bouche, il rayonnait de férocité satisfaite, et sans se découvrir il avançait sur Sigognac, lui poussant des bottes toujours parées.

Malartic, Lampourde et Scapin regardaient avec admiration cette lutte d'un intérêt si vif d'où dépendait le sort de la bataille, les chefs des deux partis opposés étant en présence et combattant corps à corps. Même Scapin avait apporté les flambeaux de l'autre chambre pour que les rivaux y vissent plus clair. Attention touchante !

« Le petit duc ne va pas mal, dit Lampourde appréciateur impartial du mérite, je ne l'aurais pas cru capable d'une telle défense ; mais s'il se fend, il est perdu. Le capitaine Fracasse a le bras plus long que lui. Ah ! diable, cette parade de demi-cercle est trop large. Qu'est-ce que je vous disais ? voilà l'épée de l'adversaire qui passe par l'ouverture. Vallombreuse est touché ; non, il a fait une retraite fort à propos. »

Au même instant un bruit tumultueux de pas qui approchaient se fit entendre. Un panneau de la boiserie s'ouvrit avec fracas, et cinq ou six laquais armés se précipitèrent impétueusement dans la salle.

« Emportez cette femme, leur cria Vallombreuse, et chargez-moi ces drôles. Je fais mon affaire du Capitaine ; » et il courut sur lui l'épée haute.

L'irruption de ces marauds surprit Sigognac. Il serra un peu moins sa garde ; car il suivait des yeux Isabelle tout à fait évanouie que deux laquais, protégés par le duc, entraînaient vers l'escalier, et l'épée de Vallombreuse lui effleura le poignet. Rappelé au sentiment de la situation par cette éraflure, il porta au duc une botte à fond qui l'atteignit au-dessus de la clavicule et le fit chanceler.

Cependant Lampourde et Scapin recevaient les laquais de la belle manière ; Lampourde les lardait de sa longue rapière comme des rats, et Scapin leur martelait la tête avec la crosse d'un pistolet qu'il avait ramassé. Voyant leur maître blessé qui s'adossait au mur et s'appuyait sur la garde de son épée, la figure couverte d'une pâleur blafarde, ces misérables canailles, lâches d'âme et de courage, abandonnèrent la partie et gagnèrent au pied. Il est vrai que Vallombreuse n'était point aimé de ses domestiques, qu'il traitait en tyran plutôt qu'en maître, et brutalisait avec une férocité fantasque.

« A moi, coquins ! à moi, soupira-t-il, d'une voix faible. Laisserez-vous ainsi votre duc sans aide et sans secours ? »

Pendant que ces incidents se passaient, comme nous l'avons dit, Hérode montait d'un pas aussi leste que sa corpulence le permettait, le grand escalier, éclairé, depuis l'arrivée de Vallombreuse au château, d'une grande lanterne fort ouvragée et suspendue à un câble de soie. Il arriva au palier du premier étage, au moment même où Isabelle échevelée, pâle, sans mouvement, était emportée comme une morte par les laquais. Il crut que pour sa résistance vertueuse le jeune duc l'avait tuée ou fait tuer, et, sa furie s'exaspérant à cette idée, il tombe à grands coups d'épée sur les marauds, qui, surpris de cette agression subite dont ils ne pouvaient se défendre, ayant les mains empêchées, lâchèrent leur proie et détalèrent comme s'ils eussent eu le diable à leurs trousses. Hérode, se penchant, releva Isabelle, lui appuya la tête sur son genou, lui posa la main sur le cœur et s'assura qu'il battait encore. Il vit qu'elle ne paraissait avoir aucune blessure et commençait à soupirer faiblement, comme une personne à qui revient peu à peu le sentiment de l'existence.

En cette posture, il fut bientôt rejoint par Sigognac, qui s'était débarrassé de Vallombreuse, en lui allongeant ce furieux coup de pointe fort admiré de Lampourde. Le baron s'agenouilla près de son amie, lui prit les mains et d'une voix qu'Isabelle entendait vaguement comme du fond d'un rêve, il lui dit : « Revenez à vous, chère âme, et n'ayez plus de crainte. Vous êtes entre les bras de vos amis, et personne, maintenant, ne vous saurait nuire. »

Quoiqu'elle n'eût point encore ouvert les yeux, un languissant sourire se dessina sur les lèvres décolorées d'Isabelle, et ses doigts pâles, moites des froides sueurs de la pâmoison, serrèrent imperceptiblement la main de Sigognac. Lampourde considérait d'un air attendri ce groupe touchant, car les galanteries l'intéressaient, et il prétendait se connaître mieux que pas un aux choses du cœur.

Tout à coup, une impérieuse sonnerie de cor éclata dans le silence qui avait succédé au tumulte de la bataille. Au bout de quelques minutes elle se répéta avec une fureur stridente et prolongée. C'était un appel de maître auquel il fallait obéir. Des froissements de chaînes se firent entendre. Un bruit sourd indiqua l'abaissement du pont-levis; un tourbillonnement de roues tonna sous la voûte, et aux fenêtres de l'escalier flamboyèrent subitement les lueurs rouges de torches disséminées dans la cour. La porte du vestibule retomba bruyamment sur elle-même, et des pas hâtifs retentirent dans la cage sonore de l'escalier.

Bientôt parurent quatre laquais à grande livrée, portant des cires allumées avec cet air impassible et cet empressement muet qu'ont les valets de noble maison. Derrière eux, montait un homme de haute mine, vêtu de la tête aux pieds d'un velours noir passementé de jayet. Un ordre, de ceux que se réservent les rois et les princes, ou qu'ils n'accordent qu'aux plus illustres personnages, brillait à sa poitrine sur le fond sombre de l'étoffe. Arrivés au palier, les laquais se rangèrent contre le mur, comme des statues portant au poing des torches, sans qu'aucune palpitation de paupière, sans qu'un tressaillement de muscles indiquât en aucune façon, qu'ils aperçussent le spectacle assez singulier pourtant qu'ils avaient sous les yeux. Le maître n'ayant point encore parlé, ils ne devaient pas avoir d'opinion.

Le seigneur vêtu de noir s'arrêta sur le palier. Bien que l'âge eût mis des rides à son front et à ses joues, jauni son teint et blanchi son poil, on pouvait encore reconnaître en lui l'original du portrait qui avait attiré les regards d'Isabelle en sa détresse, et qu'elle avait imploré comme une figure amie. C'était le prince père de Vallombreuse. Le fils portait le nom d'une duché, en attendant que l'ordre naturel des successions le rendît à son tour chef de famille.

A l'aspect d'Isabelle, que soutenaient Hérode et Sigognac, et à qui sa pâleur exsangue donnait l'air d'une morte, le prince leva les bras au ciel en poussant un soupir. « Je suis arrivé trop tard, dit-il, quelque diligence que j'aie faite, » et il se baissa vers la jeune comédienne, dont il prit la main inerte.

A cette main blanche comme si elle eût été sculptée dans l'albâtre, brillait au doigt annulaire une bague, dont une améthyste assez grosse formait le chaton. Le vieux seigneur parut étrangement troublé à la vue de cette bague. Il la tira du doigt d'Isabelle avec un tremblement convulsif, fit signe à un des laquais porteurs de torche de s'approcher, et à la lueur plus vive de la cire déchiffra le blason gravé sur la pierre, mettant l'anneau tout près de la clarté et l'éloignant ensuite pour en mieux saisir les détails avec sa vue de vieillard.

Sigognac, Hérode et Lampourde suivaient anxieusement les gestes égarés du prince, et ses changements de physionomie à la vue de ce bijou qu'il paraissait bien connaître, et qu'il tournait et retournait entre ses mains, comme ne pouvant se décider à admettre une idée pénible.

« Où est Vallombreuse, s'écria-t-il enfin d'une voix tonnante, où est ce monstre indigne de ma race? »

Il avait reconnu, à n'en pouvoir douter, dans cette bague, l'anneau orné d'un blason de fantaisie avec lequel il scellait jadis les billets qu'il écrivait à Cornélia mère d'Isabelle. Comment cet anneau se trouvait-il au doigt de cette jeune actrice enlevée par Vallombreuse et de qui le tenait-elle? « Serait-elle la fille de Cornélia, se disait le prince, et la mienne? Cette profession de comédienne qu'elle exerce, son âge, sa figure où se retrouvent quelques traits adoucis de sa mère, tout concorde à me le faire croire. Alors, c'est sa sœur que poursuivait ce damné libertin ; cet amour est un inceste ; oh ! je suis cruellement puni d'une faute ancienne. »

Isabelle ouvrit enfin les yeux, et son premier regard rencontra le prince tenant la bague qu'il lui avait ôtée du doigt. Il lui sembla avoir déjà vu cette figure, mais jeune encore, sans cheveux blancs ni barbe grise. On eût dit la copie vieillie du portrait placé au-dessus de la cheminée. Un sentiment de vénération profonde envahit à son aspect le cœur d'Isabelle. Elle vit aussi près d'elle le brave Sigognac et le bon Hérode, tous deux sains et saufs, et aux transes de la lutte succéda la sécurité de la délivrance. Elle n'avait plus rien à craindre ni pour ses amis, ni pour elle. Se soulevant à demi, elle inclina la tête devant le prince, qui la contemplait avec une attention passionnée, et paraissait chercher dans les traits de la jeune fille une ressemblance à un type autrefois chéri.

« De qui, mademoiselle, tenez-vous cet anneau qui me rappelle certains souvenirs ; l'avez-vous depuis longtemps en votre possession? dit le vieux seigneur d'une voix émue.

— Je le possède depuis mon enfance, et c'est l'unique héritage que j'aie recueilli de ma mère, répondit Isabelle.

— Et qui était votre mère, que faisait-elle? dit le prince avec un redoublement d'intérêt.

— Elle s'applait Cornélia, repartit modestement Isabelle, et c'était une pauvre comédienne de province qui jouait les reines et les princesses tragiques dans la troupe dont je fais partie encore.

— Cornélia! Plus de doute, fit le prince troublé, oui, c'est bien elle ; mais, dominant son émotion, il reprit un air majestueux et calme, et dit à Isabelle : Permettez-moi de garder cet anneau. Je vous le remettrai quand il faudra.

— Il est bien entre les mains de votre seigneurie, répondit la jeune comédienne, en qui, à travers les brumeux souvenirs de l'enfance, s'ébauchait le souvenir d'une figure que, toute petite, elle avait vue se pencher vers son berceau.

— Messieurs, dit le prince, fixant son regard ferme et clair sur Sigognac et ses compagnons, en toute autre circonstance je pourrais trouver étrange votre présence armée dans mon château ; mais je sais le motif qui vous a fait envahir cette demeure jusqu'à présent sacrée. La violence appelle la violence, et la justifie. Je fermerai les yeux sur ce qui vient d'arriver. Mais où est le duc de Vallombreuse, ce fils dégénéré qui déshonore ma vieillesse ? »

Comme s'il eût répondu à l'appel de son père, Vallombreuse, au même instant, parut sur le seuil de la salle, soutenu par Malartic ; il était affreusement pâle, et sa main crispée serrait un mouchoir contre sa poitrine. Il marchait cependant, mais comme marchent les spectres, sans soulever les pieds. Une volonté terrible, dont l'effort donnait à ses traits l'immobilité d'un masque en marbre, le tenait seule debout. Il avait entendu la voix de son père, que, tout dépravé qu'il fût, il redoutait encore, et il espérait lui cacher sa blessure. Il mordait ses lèvres, pour ne pas crier, et ravalait l'écume sanglante qui lui montait aux coins de la bouche ; il ôta même son chapeau, malgré la douleur atroce que lui causait le mouvement de lever le bras, et resta ainsi découvert et silencieux.

« Monsieur, dit le prince, vos équipées dépassent les bornes, et vos déportements sont tels, que je serai forcé d'implorer du roi, pour vous, la faveur d'un cachot ou d'un exil perpétuels. Le rapt, la séquestration, le viol ne sont plus de la galanterie, et si je peux passer quelque chose aux égarements d'une jeunesse licencieuse, je n'excuserai jamais le crime froidement médité. Savez-vous, monstre, continua-t-il en s'approchant de Vallombreuse et lui parlant à l'oreille de façon à n'être entendu de personne, savez-vous quelle est cette jeune fille, cette Isabelle que vous avez enlevée en dépit de sa vertueuse résistance ? — votre sœur !

— Puisse-t-elle remplacer le fils que vous allez perdre, répondit Vallombreuse, pris d'une défaillance qui fit apparaître sur son visage livide les sueurs de l'agonie ; mais je ne suis pas coupable comme vous le pensez. Isabelle est pure, je l'atteste sur le Dieu devant qui je vais paraître. La mort n'a pas l'habitude de mentir, et l'on peut croire à la parole d'un gentilhomme expirant. »

Cette phrase fut prononcée d'une voix assez haute pour être entendue de tous. Isabelle tourna ses beaux yeux humides de larmes vers Sigognac, et vit sur la figure de ce parfait amant qu'il n'avait pas attendu, pour croire à la vertu de celle qu'il aimait, l'attestation *in extremis* de Vallombreuse.

« Mais qu'avez-vous donc, dit le prince en étendant la main vers le jeune duc qui chancelait malgré le soutien de Malartic.

— Rien, mon père, répondit Vallombreuse d'une voix à peine articulée..., rien... Je meurs; et il tomba tout d'une pièce sur les dalles du palier sans que Malartic pût le retenir.

— Il n'est pas tombé sur le nez, dit sentencieusement Jacquemin Lampourde, ce n'est qu'une pâmoison; il en peut réchapper encore. Nous connaissons ces choses-là, nous autres hommes d'épée, mieux que les hommes de lancette et les apothicaires.

— Un médecin! un médecin! s'écria le prince, oubliant son ressentiment à ce spectacle; peut-être y a-t-il encore quelque espoir. Une fortune à qui sauvera mon fils, le dernier rejeton d'une noble race! Mais allez donc! que faites-vous là? courez, précipitez-vous! »

Deux des laquais impassibles qui avaient éclairé cette scène de leurs torches sans faire même un clignement d'œil, se détachèrent de la muraille et se hâtèrent pour exécuter les ordres de leur maître.

D'autres domestiques, avec toutes les précautions imaginables, soulevèrent le corps de Vallombreuse, et, sur l'ordre de son père, le transportèrent à son appartement, où ils le déposèrent sur son lit.

Le vieux seigneur suivit d'un regard où la douleur éteignait déjà la colère, ce cortége lamentable. Il voyait sa race finie avec ce fils aimé et détesté à la fois, mais dont il oubliait en ce moment les vices pour ne se souvenir que de ses qualités brillantes. Une mélancolie profonde l'envahissait, et il resta quelques minutes plongé dans un silence que tout le monde respecta.

Isabelle, tout à fait remise de son évanouissement, se tenait debout, les yeux baissés, près de Sigognac et d'Hérode, rajustant d'une main pudique le désordre de ses habits. Lampourde et Scapin, un peu en arrière, s'effaçaient comme des figures de second plan, et dans le cadre de la porte on entrevoyait les têtes curieuses des bretteurs qui avaient pris part à la lutte et n'étaient pas sans inquiétude sur leur sort, craignant qu'on ne les envoyât aux galères ou au gibet pour avoir aidé Vallombreuse en ses méchantes entreprises.

Enfin le prince rompit ce silence embarrassant et dit : « Quittez ce château à l'instant, vous tous qui avez mis vos épées au service des mauvaises passions de mon fils. Je suis trop gentilhomme pour faire l'office des archers et du bourreau ; fuyez, disparaissez, rentrez dans vos repaires. La justice saura bien vous y retrouver. »

Le compliment n'était pas fort gracieux ; mais il eût été hors de propos de montrer une susceptibilité trop farouche. Les bretteurs, que Lampourde avait déliés dès le commencement de cette scène, s'éloignèrent sans demander leur reste, avec Malartic leur chef.

Quand ils se furent retirés, le père de Vallombreuse prit Isabelle par la main, et la détachant du groupe où elle se trouvait, la fit ranger près de lui et lui dit : « Restez là, mademoiselle ; votre place est désormais à mes côtés. C'est bien le moins que vous me rendiez une fille puisque vous m'ôtez un fils. » Et il essuya une larme qui, malgré lui, débordait de sa paupière. Puis se retournant vers Sigognac avec un geste d'une incomparable noblesse : « Monsieur, vous pouvez vous en aller avec vos compagnons. Isabelle n'a rien à redouter près de son père, et ce château sera dès à présent sa demeure. Maintenant que sa naissance est connue, il ne convient pas que ma fille retourne à Paris. Je la paye assez cher pour la garder. Je vous remercie, quoiqu'il m'en coûte l'espoir d'une race perpétuée, d'avoir épargné à mon fils une action honteuse, que dis-je, un crime abominable ! Sur mon blason je préfère une tache de sang à une tache de boue. Puisque Vallombreuse était infâme, vous avez bien fait de le tuer ; vous avez agi en vrai gentilhomme, et l'on m'assure que vous l'êtes, en protégeant la faiblesse, l'innocence et la vertu. C'était votre droit. L'honneur de ma fille sauvé rachète la mort de son frère. Voilà ce que la raison me dit ; mais mon cœur paternel en murmure et d'injustes idées de vengeance pourraient me prendre dont je ne serais pas maître. Disparaissez, je ne ferai aucune poursuite, et je tâcherai d'oublier qu'une nécessité rigoureuse a dirigé votre fer sur le sein de mon fils !

— Monseigneur, répondit Sigognac sur le ton du plus profond respect, je fais à la douleur d'un père une part si grande, que j'eusse sans sonner mot accepté les injures les plus sanglantes et les plus amères, bien qu'en ce désastreux conflit ma loyauté ne me fasse aucun reproche. Je ne voudrais rien dire, pour me justifier à vos yeux, qui accusât cet infortuné duc de Vallombreuse ; mais croyez que je ne l'ai point cherché, qu'il s'est jeté de lui-même sur ma route et que j'ai tout fait, en plus d'une rencontre, pour l'épargner. Ici même, c'est sa fureur aveugle qui l'a précipité sur mon épée. Je laisse en vos mains Isabelle, qui m'est plus chère que la vie, et me retire à jamais désolé de cette triste victoire pour moi véritable défaite, puisqu'elle détruit mon bonheur. Ah ! que mieux eût valu que je fusse tué et victime au lieu de meurtrier ! »

Là-dessus, Sigognac fit au prince un salut, et lançant à Isabelle un long regard chargé d'amour et de regret, descendit les marches de l'escalier, suivi de Scapin et de Lampourde, non sans retourner plus d'une fois la tête, ce qui lui permit de voir la jeune fille appuyée contre la rampe de peur de défaillir, et portant son mouchoir à ses yeux pleins de larmes. Était-ce la mort de son frère ou le départ de Sigognac qu'elle pleurait? Nous pensons que c'était le départ de Sigognac, l'aversion que lui inspirait Vallombreuse n'ayant point encore eu le temps de se changer chez elle en tendresse à cette révélation de parenté subite. Du moins le Baron, quelque modeste qu'il fût, en jugea ainsi, et, chose étrange que le cœur humain, s'éloigna consolé par les larmes de celle qu'il aimait.

Sigognac et sa troupe sortirent par le pont-levis, et tout en longeant le fossé pour aller reprendre leurs chevaux dans le petit bois où ils les avaient laissés, ils entendirent une voix plaintive s'élever du fossé à l'endroit même que comblait l'arbre renversé. C'était le portier de la comédie, qui n'avait pu se dégager de l'enchevêtrement des branches, et criait piteusement à l'aide, n'ayant que la tête hors de l'eau, et risquant d'avaler ce fade liquide qu'il haïssait plus que médecine noire, toutes les fois qu'il ouvrait le bec pour appeler au secours. Scapin, qui était fort agile et délié de son corps, se risqua sur l'arbre et eut bientôt repêché le portier tout ruisselant d'eau et d'herbes aquatiques.

Les chevaux n'avaient point bougé de leur couvert, et bientôt enfourchés par leurs cavaliers, ils reprirent allégrement la route de Paris.

« Que vous semble, monsieur le Baron, de tous ces événements? disait Hérode à Sigognac, qui cheminait botte à botte avec lui. Cela s'arrange comme une fin de tragi-comédie. Qui se fût attendu au milieu de l'algarade, à l'entrée seigneuriale de ce père précédé de flambeaux, et venant mettre le holà aux fredaines un peu trop fortes de monsieur son fils? Et cette reconnaissance d'Isabelle au moyen d'une bague à cachet blasonné? ne l'a-t-on pas déjà vue au théâtre? Après tout, puisque le théâtre est l'image de la vie, la vie lui doit ressembler comme un original à son portrait. J'avais toujours entendu dire dans la troupe qu'Isabelle était de noble naissance. Blazius et Léonarde se souvenaient même d'avoir vu le prince qui n'était encore que duc, lorsqu'il faisait sa cour à Cornélia. Léonarde plus d'une fois avait engagé la jeune fille à rechercher son père; mais celle-ci, douce et modeste de nature, n'en avait rien fait, ne voulant pas s'imposer à une famille qui l'eût rejetée peut-être, et s'était contentée de son modeste sort.

— Oui, je savais cela, répondit Sigognac; sans attacher autrement d'importance à cette illustre origine, Isabelle m'avait conté l'histoire de sa mère et parlé de la bague. On voyait bien d'ailleurs à la délicatesse de sentiment que professait cette aimable fille, qu'il y avait du sang illustre dans ses veines. Je l'aurais deviné quand même elle ne me l'eût pas dit. Sa beauté chaste, fine et pure, révélait sa race. Aussi mon amour pour elle a-t-il toujours été mêlé de timidité et de respect, quoique volontiers la galanterie s'émancipe avec les comédiennes. Mais quelle fatalité que ce damné Vallombreuse se trouve précisément son frère! Il y a maintenant un cadavre entre nous deux; un ruisseau de sang nous sépare, et pourtant je ne pouvais sauver son honneur que par cette mort. Malheureux que je suis! j'ai moi-même créé l'obstacle où doit se briser mon amour, et tué mon espérance avec l'épée qui défendait mon bien. Pour garder ce que j'aime, je me l'ôte à jamais. De quel front irai-je me présenter les mains rouges de sang, à Isabelle en deuil? Hélas, ce sang, je l'ai versé pour sa propre défense, mais c'était le sang fraternel! Quand bien même elle me pardonnerait et me verrait sans horreur, le prince qui maintenant a sur elle des droits de père, repoussera, en le maudissant, le meurtrier de son fils. Oh! je suis né sous une étoile enragée.

— Tout cela sans doute est fort lamentable, répondit Hérode, mais les affaires du Cid et de Chimène étaient encore bien autrement embrouillées comme on le voit en la pièce de M. Pierre de Corneille, et cependant, après bien des combats entre l'amour et le devoir, elles finirent par s'arranger à l'amiable, non sans quelques antithèses et agudezzas un peu forcées dans le goût espagnol, mais d'un bon effet au théâtre. Vallombreuse n'est que d'un côté frère d'Isabelle. Ils n'ont point puisé le jour au même sein, et ne se sont connus comme parents que pendant quelques minutes, ce qui diminue fort le ressentiment. Et d'ailleurs notre jeune amie haïssait comme peste ce forcené gentilhomme, qui la poursuivait de ses galanteries violentes et scandaleuses. Le prince lui-même n'était guère content de son fils, lequel était féroce comme Néron, dissolu comme Héliogabale, pervers comme Satan, et qui eût été déjà vingt fois pendu, n'était sa qualité de duc. Ne vous désespérez donc point ainsi. Les choses prendront peut-être une meilleure tournure que vous ne pensez.

— Dieu le veuille, mon bon Hérode, répondit Sigognac, mais naturellement je n'ai point de bonheur. Le guignon et les méchantes fées bossues présidèrent à ma nativité. Il eût été vraiment plus heureux pour moi d'être tué, puisque, par l'arrivée de son père, la vertu d'Isabelle était sauve sans la mort de Vallombreuse, et puis, il faut tout vous dire, je ne sais quelle horreur secrète a pénétré avec un froid de glace jusqu'à la moelle de mes os, lorsque j'ai vu ce beau jeune homme si plein de vie, de feu et de passion, tomber tout d'une pièce, roide, froid et pâle devant mes pieds. Hérode, c'est une chose grave que la mort d'un homme, et quoique je n'aie point de remords n'ayant pas commis de crime, je vois là Vallombreuse étendu, les cheveux épars sur le marbre de l'escalier et une tache rouge à la poitrine.

— Chimères que tout cela, dit Hérode, vous l'avez tué dans les règles. Votre conscience peut être tranquille. Un temps de galop dissipera ces scrupules qui viennent d'un mouvement fiévreux et du frisson de la nuit. Ce à quoi il faut aviser promptement, c'est à quitter Paris et à gagner quelque retraite où l'on vous oublie. La mort de Vallombreuse fera du bruit à la cour et à la ville, quelque soin qu'on prenne de la céler. Et, encore qu'il ne soit guère aimé, on pourrait vous chercher noise. Or çà, sans plus discourir, donnons de l'éperon à nos montures et dévorons ce ruban de queue qui s'étend devant nous, ennuyeux et grisâtre, entre deux rangées de manches à balais, sous la lueur froide de la lune. »

Les chevaux, sollicités du talon, prirent une allure plus vive ; mais pendant qu'ils cheminent, retournons au château, aussi calme maintenant qu'il était bruyant tout à l'heure, et entrons dans la chambre où les domestiques ont déposé Vallombreuse. Un chandelier à plusieurs branches, posé sur un guéridon, l'éclairait d'une lumière dont les rayons tombaient sur le lit du jeune duc, immobile comme un cadavre, et qui semblait encore plus pâle sur le fond cramoisi des rideaux et aux reflets rouges de la soie. Une boiserie d'ébène, incrustée de filets en cuivre, montait à hauteur d'homme et servait de soubassement à une tapisserie de haute lice représentant l'histoire de Médée et de Jason, toute remplie de meurtres et de magies sinistres. Ici, l'on voyait Médée couper en morceaux Pélias, sous prétexte de le rajeunir comme Éson. Là, femme jalouse et mère dénaturée, elle égorgeait ses enfants. Sur un autre panneau, elle s'enfuyait, ivre de vengeance, dans son char traîné par des dragons vomissant le feu. Certes, la tenture était belle et de prix, et de main d'ouvrier ; mais ces mythologies féroces avaient je ne sais quoi de lugubre et de cruel qui trahissait un naturel farouche chez celui qui les avait choisies. Dans le fond du lit, les rideaux relevés laissaient voir Jason combattant les monstrueux taureaux d'airain, défenseurs de la Toison-d'or, et on eût dit que Vallombreuse, gisant inanimé au-dessous d'eux, fût une de leurs victimes.

Des habits de la plus somptueuse élégance, essayés et dédaignés ensuite, étaient jetés çà et là sur les chaises, et dans un grand cornet du Japon, chamarré de dessins bleus et rouges, posé sur une table en ébène comme tous les meubles de la chambre, trempait un magnifique bouquet formé des fleurs les plus rares et destiné à remplacer celui qu'avait refusé Isabelle, mais qui n'était pas arrivé à destination à cause de l'attaque inopinée du château. Ces fleurs épanouies et superbes, témoignage encore frais d'une préoccupation galante, faisaient un contraste étrange avec ce corps étendu sans mouvement, et un moraliste aurait trouvé là de quoi philosopher tout le saoul.

Le prince, assis dans un fauteuil auprès du lit, regardait d'un œil morne ce visage aussi blanc que l'oreiller de dentelles qui ballonnait autour de lui. Cette pâleur même en rendait encore les traits plus délicats et plus purs. Tout ce que la vie peut imprimer de vulgaire à une figure humaine y disparaissait dans une sérénité de marbre, et jamais Vallombreuse n'avait été plus beau. Aucun souffle ne semblait sortir de ses lèvres entr'ouvertes, dont les grenades avaient fait place aux violettes de la mort. En contemplant cette forme charmante qui bientôt allait se dissoudre, le prince oubliait que l'âme d'un démon venait d'en sortir, et il songeait tristement à ce grand nom que les siècles passés s'étaient respectueusement légué et qui n'arriverait pas aux siècles futurs. C'était plus que la mort de son fils qu'il déplorait, c'était la mort de sa maison : une douleur inconnue aux bourgeois et aux manants.

Il tenait la main glacée de Vallombreuse entre les siennes, et y sentant un peu de chaleur, il ne réfléchissait pas qu'elle venait de lui et se laissait aller à un espoir chimérique.

Isabelle était debout au pied du lit, les mains jointes et priant Dieu avec toute la ferveur de son âme pour ce frère dont elle causait innocemment la mort, et qui payait de sa vie le crime d'avoir trop aimé, crime que les femmes pardonnent volontiers, surtout lorsqu'elles en sont l'objet.

« Et ce médecin qui ne vient pas ! fit le prince avec impatience, il y a peut-être encore quelque remède. »

Comme il disait ces mots, la porte s'ouvrit et le chirurgien parut, accompagné d'un élève qui lui portait sa trousse d'instruments. Après un léger salut, sans dire une parole, il alla droit à la couche où gisait le jeune duc, lui tâta le pouls, lui mit la main sur le cœur et fit un signe découragé. Cependant, pour donner à son arrêt une certitude scientifique, il tira de sa poche un petit miroir d'acier poli et l'approcha des lèvres de Vallombreuse, puis il examina attentivement le miroir ; un léger nuage s'était formé à la surface du métal et le ternissait. Le médecin étonné réitéra son expérience. Un nouveau brouillard couvrit l'acier. Isabelle et le prince suivaient anxieusement les gestes du chirurgien, dont le visage s'était un peu déridé.

« La vie n'est pas complétement éteinte, dit-il enfin en se tournant vers le prince et en essuyant son miroir ; le blessé respire encore, et tant que la mort n'a pas mis son doigt sur un malade, il y a de l'espérance.

Mais, pourtant, ne vous livrez pas à une joie prématurée qui rendrait ensuite votre douleur plus amère : j'ai dit que M. le duc de Vallombreuse n'avait point exhalé le dernier soupir ; voilà tout. De là à le ramener en santé, il y a loin. Maintenant je vais examiner sa blessure, laquelle peut-être n'est point mortelle puisqu'elle ne l'a point tué sur-le-champ.

— Ne restez pas là, Isabelle, fit le père de Vallombreuse, de tels spectacles sont trop tragiques et navrants pour une jeune fille. On vous informera de la sentence que portera le docteur quand il aura terminé son examen. »

La jeune fille se retira, conduite par un laquais qui la mena à un autre appartement, celui qu'elle occupait étant encore tout en désordre et saccagé par la lutte qui s'y était passée.

Aidé de son élève, le chirurgien défit le pourpoint de Vallombreuse, déchira la chemise et découvrit une poitrine aussi blanche que l'ivoire où se dessinait une plaie étroite et triangulaire, emperlée de quelques gouttelettes de sang. La plaie avait peu saigné. L'épanchement s'était fait en dedans ; le suppôt d'Esculape débrida les lèvres de la blessure et la sonda. Un léger tressaillement contracta la face du patient dont les yeux restaient toujours fermés, et qui ne bougeait non plus qu'une statue sur un tombeau, dans une chapelle de famille.

« Bon cela, fit le chirurgien en observant cette contraction douloureuse ; il souffre, donc il vit. Cette sensibilité est de favorable augure.

— N'est-ce pas qu'il vivra, fit le prince ; si vous le sauvez, je vous ferai riche, je réaliserai tous vos souhaits ; ce que vous demanderez, vous l'obtiendrez.

— Oh! n'allons pas si vite, dit le médecin, je ne réponds de rien encore ; l'épée a traversé le haut du poumon droit. Le cas est grave, très-grave. Cependant comme le sujet est jeune, sain, vigoureux, bâti, sans cette maudite blessure, pour vivre cent ans, il se peut qu'il en réchappe, à moins de complications imprévues : il y a pour de tels cas des exemples de guérison. La nature chez les jeunes gens a tant de ressources ! La séve de la vie encore ascendante répare si vite les pertes et rajuste si bien les dégâts! Avec des ventouses et des scarifications, je vais tâcher de dégager la poitrine du sang qui s'est répandu à l'intérieur et finirait par étouffer M. le duc, s'il n'était heureusement tombé entre les mains d'un homme de science, cas rare en ces villages et châteaux loin de Paris. Allons, bélître, continua-t-il en s'adressant à son élève, au lieu de me regarder comme un cadran d'horloge avec tes grands yeux ronds, roule les bandes et ploie les compresses, que je pose le premier appareil. »

L'opération terminée, le chirurgien dit au prince : « Ordonnez, s'il vous plaît, monseigneur, qu'on nous tende un lit de camp dans un coin de cette chambre et qu'on nous serve une légère collation, car moi et mon élève, nous veillerons tour à tour M. le duc de Vallombreuse. Il importe que je sois là, épiant chaque symptôme, le combattant s'il est défavorable, l'aidant s'il est heureux. Ayez confiance en moi, monseigneur,

24.

et croyez que tout ce que la science humaine peut risquer pour sauver une vie, sera fait avec audace et prudence. Rentrez dans vos appartements, je vous réponds de la vie de M. votre fils... jusqu'à demain. »

Un peu calmé par cette assurance, le père de Vallombreuse se retira chez lui, où toutes les heures un laquais lui venait apporter des bulletins de l'état du jeune duc.

Isabelle trouva dans le nouveau logis qu'on lui avait assigné cette même femme de chambre, morne et farouche, qui l'attendait pour la défaire ; seulement l'expression de sa physionomie était totalement changée. Ses yeux brillaient d'un éclat singulier, et le rayonnement de la haine satisfaite illuminait sa figure pâle. La vengeance arrivée enfin d'un outrage inconnu et dévoré silencieusement dans la rage froide de l'impuissance, faisait du spectre muet une femme vivante. Elle arrangeait les beaux cheveux d'Isabelle avec une allégresse mal dissimulée, lui passait complaisamment les bras dans les manches de sa robe de nuit, s'agenouillait pour la déchausser, et paraissait aussi caressante qu'elle s'était montrée revêche. Ses lèvres, si bien scellées naguère, pétillaient d'interrogations. Mais Isabelle, préoccupée des tumultueux événements de la soirée, n'y prit pas garde autrement, et ne remarqua pas non plus la contraction de sourcils et l'air irrité de cette fille lorsqu'un domestique vint dire que tout espoir n'était pas perdu pour M. le duc. A cette nouvelle, la joie disparut de son masque sombre, éclairé un instant, et elle reprit son attitude morne jusqu'au moment où sa maîtresse la congédia d'un geste bienveillant.

Couchée dans un lit moelleux, bien fait pour servir d'autel à Morphée, et que pourtant le sommeil ne se hâtait pas de visiter, Isabelle cherchait à se rendre compte des sentiments que lui inspirait ce revirement subit de destinée. Hier encore elle n'était qu'une pauvre comédienne, sans autre nom que le nom de guerre par lequel la désignait l'affiche aux coins des carrefours. Aujourd'hui, un grand la reconnaissait pour sa fille; elle se greffait, humble fleur, sur un des rameaux de ce puissant arbre généalogique dont les racines plongeaient si avant dans le passé, et qui portait à chaque branche un illustre, un héros! Ce prince si vénérable, et qui n'avait de supérieur que les têtes couronnées, était son père. Ce terrible duc de Vallombreuse, si beau malgré sa perversité, se changeait d'amant en frère, et s'il survivait, sa passion, sans doute, s'éteindrait en une amitié pure et calme. Ce château, naguère sa prison, était devenu sa demeure; elle y était chez elle, et les domestiques lui obéissaient avec un respect qui n'avait plus rien de contraint ni de simulé. Tous les rêves qu'eût pu faire l'ambition la plus désordonnée, le sort s'était chargé de les accomplir pour elle et sans sa participation. De ce qui semblait devoir être sa perte, sa fortune avait surgi radieuse, invraisemblable, au-dessus de toute attente.

Si comblée de bonheurs, Isabelle s'étonnait de ne pas éprouver une plus grande joie; son âme avait besoin de s'accoutumer à cet ordre d'idées si nouveau. Peut-être même, sans bien s'en rendre compte, regrettait-elle sa vie de théâtre; mais ce qui dominait tout, c'était l'idée de Sigognac. Ce changement dans sa position l'éloignait-il ou la rapprochait-il de cet amant si parfait, si dévoué, si courageux? Pauvre, elle l'avait refusé pour époux de peur d'entraver sa fortune; riche, c'était pour elle un devoir bien cher de lui offrir sa main. La fille reconnue d'un prince pouvait bien devenir la baronne de Sigognac. Mais le Baron était le meurtrier de Vallombreuse. Leurs mains ne sauraient se rejoindre par-dessus une tombe. Si le jeune duc ne succombait pas, peut-être garderait-il de sa blessure et de sa défaite surtout, car il avait l'orgueil plus sensible que la chair, un trop durable ressentiment. Le prince, de son côté, était capable, quelque bon et généreux qu'il fût, de ne pas voir de bon œil celui qui avait failli le priver d'un fils; il pouvait aussi désirer pour Isabelle une autre alliance; mais, intérieurement, la jeune fille se promit d'être fidèle à ses amours de comédienne et d'entrer plutôt en religion, que d'accepter un duc, un marquis, un comte, le prétendant fût-il beau comme le jour et doué comme un prince des contes de fées.

Satisfaite de cette résolution, elle allait s'endormir, lorsqu'un bruit léger lui fit rouvrir les yeux, et elle aperçut Chiquita, debout au pied de son lit, qui la regardait en silence et d'un air méditatif.

« Que veux-tu, ma chère enfant? lui dit Isabelle de sa voix la plus douce, tu n'es donc pas partie avec les autres; si tu désires rester près de moi, je te garderai, car tu m'as rendu bien des services.

— Je t'aime beaucoup, répondit Chiquita ; mais je ne puis rester avec toi tant qu'Agostin vivra. Les lames d'Albacète disent : « *Soy de un dueño,* » ce qui signifie : « Je n'ai qu'un maître, » une belle parole digne de l'acier fidèle. Pourtant j'ai un désir. Si tu trouves que j'aie payé le collier de perles, embrasse-moi. Je n'ai jamais été embrassée. Cela doit être si bon !

— Oh ! de tout mon cœur ! fit Isabelle en prenant la tête de l'enfant et en baisant ses joues brunes, qui se couvrirent de rougeur tant son émotion était forte.

— Maintenant, adieu ! » dit Chiquita, qui avait repris son calme habituel.

Elle allait se retirer comme elle était venue, lorsqu'elle avisa sur la table le couteau dont elle avait enseigné le maniement à la jeune comédienne pour se défendre contre les entreprises de Vallombreuse, et elle dit à Isabelle :

« Rends-moi mon couteau, tu n'en as plus besoin. »
Et elle disparut.

XVIII

EN FAMILLE

Le chirurgien avait répondu jusqu'au lendemain de la vie de Vallombreuse. Sa promesse s'était réalisée. Le jour, en pénétrant dans la chambre en désordre, où traînaient sur les tables des linges ensanglantés, avait trouvé le jeune malade respirant encore. Ses paupières même s'entr'ouvraient, laissant errer un regard atone et vitreux chargé des vagues épouvantes de l'anéantissement. A travers le brouillard des pâmoisons, le masque décharné de la mort lui était apparu, et par instant, ses yeux, s'arrêtant sur un point fixe, semblaient discerner un objet effrayant invisible pour d'autres. Pour échapper à cette hallucination, il abaissait ses longs cils dont les franges noires faisaient ressortir la pâleur de ses joues envahies par des tons de cire, et il les tenait obstinément fermés; puis la vision s'évanouissait. Son visage reprenait alors une expression moins alarmée, et sa vue de nouveau se mettait à flotter autour de lui. Lentement son âme revenait des limbes, et son cœur, à petit bruit, sous l'oreille appliquée du médecin, recommençait à battre : faibles pulsations, témoignages sourds de la vie, que la science seule pouvait entendre. Les lèvres entr'ouvertes découvraient la blancheur des dents et et simulaient un languissant sourire, plus triste que les contractions de la souffrance ; car c'était celui que dessine sur les bouches humaines l'approche du repos éternel : cependant quelques légères nuances vermeilles se mêlaient aux teintes violettes et montraient que le sang reprenait peu à peu son cours.

Debout au chevet du blessé, maître Laurent le chirurgien observait ces symptômes, si malaisément appréciables, avec une attention profonde et perspicace. C'était un homme instruit que maître Laurent, et à qui, pour être connu comme il méritait de l'être, il n'avait manqué jusque-là que des occasions illustres. Son talent ne s'était exercé encore que *in animâ vili*, et il avait guéri obscurément des manants, de petits bourgeois, des soldats, des greffiers, des procureurs et autres bas officiers de justice, dont la vie ou la mort ne signifiait rien. Il attachait donc à la cure du jeune duc une importance énorme. Son amour-propre et son ambition étaient en jeu également dans ce duel qu'il soutenait contre la Mort. Pour se garder entière la gloire du triomphe, il avait dit au prince, qui voulait faire venir de Paris les plus célèbres médecins, que lui seul suffirait à cette besogne, et que rien n'était plus grave qu'un changement de méthode dans le traitement d'une telle blessure.

« Non, il ne mourra point, se disait-il, tout en examinant le jeune duc ; il n'a pas la face hippocratique, ses membres gardent de la souplesse, et il a bien supporté cette angoisse du matin qui redouble les maladies et détermine les crises funestes. D'ailleurs, il faut qu'il vive, son salut est ma fortune ; je l'arracherai des pattes osseuses de la camarde, ce beau jeune homme héritier d'une noble race ! Les sculpteurs attendront encore longtemps pour tailler son marbre. C'est lui qui me tirera de ce village où je végète. Tâchons d'abord, au risque de déterminer la fièvre, de lui rendre un peu de force par quelque cordial énergique. »

Ouvrant lui-même sa boîte de médicaments, car son famulus, qui avait veillé une partie de la nuit, dormait sur le lit de camp improvisé, il en tira plusieurs petits flacons contenant des essences teintes diversement, les unes rouges comme le rubis, les autres vertes comme l'émeraude, celles-ci d'un jaune d'or, celles-là d'une transparence diamantée. Des étiquettes latines abréviées et semblables, pour l'ignorant, à des formules cabalistiques, étaient collées sur le cristal des flacons. Maître Laurent, bien qu'il fût sûr de lui-même, lut à plusieurs reprises le titre des fioles qu'il avait mises à part, en mira le contenu à la lumière, profitant d'un rayon du soleil levant qui filtrait à travers les rideaux, pesa les quantités qu'il empruntait à chaque bouteille dans une éprouvette d'argent dont il connaissait le poids, et composa du tout une potion d'après une recette dont il faisait mystère.

Le mélange préparé, il réveilla son famulus et lui ordonna de hausser un peu la tête de Vallombreuse, puis il desserra, au moyen d'une mince spatule, les dents du blessé, et parvint à introduire entre leur double rangée de perles le mince goulot du flacon. Quelques gouttes du liquide pénétrèrent dans le palais du jeune duc, et leur saveur âcre et puissante fit se contracter légèrement ses traits immobiles. Une gorgée descendit dans la poitrine, bientôt suivie d'une autre, et la dose entière, au grand contentement du médecin, fut absorbée sans trop de peine. A mesure que Vallombreuse buvait, une imperceptible rougeur montait à ses pommettes ; une lueur chaude brillantait ses yeux, et sa main inerte, allongée sur le drap, cherchait à se déplacer. Il poussa un soupir et promena autour de lui, comme quelqu'un qui se réveille d'un rêve, un regard où revenait l'intelligence.

« Je jouais gros jeu, fit maître Laurent en lui-même, ce médicament est un philtre. Il peut tuer ou ressusciter. Il a ressuscité. Esculape, Hygie et Hippocrate soient bénis ! »

En ce moment, une main écarta avec précaution la tapisserie de la portière, et sous le pli relevé apparut la tête vénérable du prince, fatiguée et plus vieillie par l'angoisse de cette nuit terrible, que par dix années. « Eh bien ! maître Laurent ? » murmura-t-il d'une voix anxieuse. Le chirurgien posa son doigt sur sa bouche, et de l'autre main lui montra Vallombreuse, un peu soulevé sur l'oreiller, et n'ayant plus l'aspect cadavérique ; car la potion le brûlait et le ranimait par sa flamme.

Maître Laurent, de ce pas léger habituel aux personnes qui soignent les malades, vint trouver le prince sur le seuil de la porte et, le tirant un peu à part, il lui dit : « Vous voyez, monseigneur, que l'état de monsieur votre fils, loin d'avoir empiré, s'améliore sensiblement. Sans doute, il n'est point sauvé encore ; mais, à moins d'une complication imprévue que je fais tous mes efforts pour prévenir, je pense qu'il s'en tirera et pourra continuer ses destinées glorieuses comme s'il n'eût point été blessé. »

Un vif sentiment de joie paternelle illumina la figure du prince ; et comme il s'avançait vers la chambre pour embrasser son fils, maître Laurent lui posa respectueusement la main sur la manche et l'arrêta : « Permettez-moi, prince, de m'opposer à l'accomplissement de ce désir si naturel ; les docteurs sont fâcheux souvent, et la médecine a des rigueurs à nulle autre pareilles. De grâce, n'entrez pas chez le duc. Votre présence chérie et redoutée pourrait, en l'affaiblissement où il se trouve, provoquer une crise dangereuse. Toute émotion lui serait fatale, et capable de briser le fil bien frêle dont je l'ai rattaché à la vie. Dans quelques jours sa plaie, étant en voie de cicatrisation, et ses forces revenues peu à peu, vous aurez tout à votre aise et sans péril cette douceur de le voir. »

Le prince, rassuré, et se rendant aux justes raisons du chirurgien, se retira dans son appartement, où il s'occupa de lectures pieuses jusqu'au coup de midi, heure à laquelle le majordome le vint avertir « que le dîner de monseigneur était servi sur table. »

« Qu'on prévienne la comtesse Isabelle de Lineuil ma fille, — tel est le titre qu'elle portera désormais,

— de vouloir bien descendre dîner, » dit le prince au majordome qui s'empressa d'obéir à cet ordre.

Isabelle traversa cette antichambre aux armures, cause de ses terreurs nocturnes, et ne la trouva du tout si lugubre aux vives clartés du jour. Une lumière pure tombait des hautes fenêtres que n'aveuglaient plus les volets fermés. L'air avait été renouvelé. Des fagots de genévrier et de bois odorant, brûlés à grande flamme dans les cheminées, avaient chassé l'odeur de relent et de moisissure. Par la présence du maître, la vie était revenue à ce logis mort.

La salle à manger ne se ressemblait plus, et cette table, qui la veille paraissait dressée pour un festin de spectres, recouverte d'une riche nappe où la cassure des plis dessinait des carrés symétriques, prenait tout à fait bon air avec sa vieille vaisselle plate chargée de ciselures et blasonnée d'armoiries, ses flacons en cristal de Bohême mouchetés d'or, ses verres de Venise aux pieds en spirale, ses drageoirs à épices et ses mets d'où montaient des fumées odorantes.

D'énormes bûches jetées sur des chenets formés de grosses boules de métal poli superposées, envoyaient le long d'une plaque au blason du prince de larges tourbillons de flamme mêlés de joyeuses crépitations d'étincelles, et répandaient une douce chaleur dans la vaste pièce. Les orfévreries des dressoirs, les vernis d'or et d'argent de la tenture en cuir de Cordoue prenaient à ce foyer, malgré la clarté du jour, des reflets et des paillettes rouges.

Quand Isabelle entra, le prince était déjà en sa

chaise dont le haut dossier figurait une sorte de dais. Derrière lui se tenaient deux laquais en grande livrée. La jeune fille adressa à son père une révérence modeste qui ne sentait pas son théâtre, et que toute grande dame eût approuvée. Un domestique lui avança un siége, et, sans trop d'embarras, elle prit place en face du prince à l'endroit qu'il lui désignait de la main.

Les potages servis, l'écuyer-tranchant découpa sur une crédence les viandes que lui portait de la table un officier de bouche, et que les valets y reportaient disséquées.

Un laquais versait à boire à Isabelle, qui n'usait de vin que fort trempé, en personne réservée et sobre qu'elle était. Tout émue des événements de la journée et de la nuit précédentes, tout éblouie et troublée par le brusque changement de sa fortune, inquiète de son frère si grièvement navré, perplexe sur le sort de son bien-aimé Sigognac, elle ne touchait non plus aux mets placés devant elle que du bout des dents.

« Vous ne mangez ni ne buvez, comtesse, lui dit le prince ; acceptez donc cette aile de perdrix. »

A ce titre de comtesse prononcé d'une voix amicale et pourtant sérieuse, Isabelle tourna vers le prince ses beaux yeux bleus étonnés avec un regard timidement interrogatif.

« Oui, comtesse de Lineuil ; c'est le titre d'une terre que je vous donne, car ce nom d'Isabelle, tout charmant qu'il soit, ne saurait convenir à ma fille, sans être quelque peu accompagné. »

Isabelle, cédant à un impétueux mouvement de cœur, se leva, passa de l'autre côté de la table, et s'agenouillant près du prince, lui prit la main et la baisa en reconnaissance de cette délicatesse.

« Relevez-vous, ma fille, reprit le prince d'un air attendri, et reprenez votre place. Ce que je fais est juste. La destinée seule m'empêcha de le faire plus tôt, et cette terrible rencontre qui nous a tous réunis a quelque chose où je vois le doigt du ciel. Votre vertu a empêché qu'un grand crime fût commis, et je vous aime pour cette honnêteté, dût-elle me coûter la vie de mon fils. Mais Dieu le sauvera, pour qu'il se repente d'avoir outragé la plus pure innocence. Maître Laurent m'a donné bon espoir, et du seuil d'où je le contemplais en son lit, Vallombreuse ne m'a point paru avoir sur le front ce cachet de la mort que nous autres gens de guerre savons bien reconnaître. »

On donna à laver dans une magnifique aiguière de vermeil, et le prince, jetant sa serviette, se dirigea vers le salon, où, sur un signe, Isabelle le suivit. Le vieux seigneur s'assit près de la cheminée, monument sculptural qui s'élevait jusqu'au plafond, et sa fille prit place à côté de lui sur un pliant. Comme les laquais s'étaient retirés, le prince prit tendrement la main d'Isabelle entre les siennes, et contempla quelque temps en silence cette fille si étrangement retrouvée. Ses yeux exprimaient une joie mêlée de tristesse. Car, malgré les assurances du médecin, la vie de Vallombreuse pendait encore à un fil. Heureux d'une part, il était malheureux de l'autre ; mais le charmant visage d'Isabelle dissipa bientôt cette impression pénible, et le prince tint ce discours à la nouvelle comtesse :

« Sans doute, ma chère fille, en cet événement qui nous réunit d'une façon bizarre, romanesque et surnaturelle, la pensée doit vous être venue que, pendant tout ce temps écoulé depuis votre enfance jusqu'à ce jour, je ne vous ai point cherchée, et que le hasard seul a remis l'enfant perdu au père oublieux. Ce serait mal connaître mes sentiments, et vous avez l'âme si bonne, que cette idée a dû être bientôt abandonnée par vous. Votre mère Cornélia, vous ne l'ignorez pas, était d'humeur arrogante et fière ; elle prenait tout avec une violence extraordinaire, et, lorsque de hautes convenances, je dirais presque des raisons d'État, me forcèrent à me séparer d'elle, bien malgré moi, pour un mariage ordonné par un de ces désirs suprêmes qui sont des ordres auxquels nul ne résiste, outrée de dépit et de colère, elle refusa obstinément tout ce qui pouvait adoucir sa situation et assurer la vôtre à l'avenir. Terres, châteaux, contrats de rente, argent, bijoux, elle me renvoya tout avec un outrageux dédain. Ce désintéressement que j'admirais ne me trouva pas moins entêté, et je laissai chez une personne de confiance les sommes et les titres renvoyés pour qu'elle les pût reprendre... au cas où son caprice changerait. Mais elle persista dans ses refus et, changeant de nom, passa à une autre troupe avec laquelle elle se mit à courir en province, évitant Paris et les endroits où je me trouvais. Je perdis bientôt sa trace, d'autant plus que le roi mon maître me chargea d'ambassades et missions délicates qui me tinrent longtemps à l'étranger. Quand je revins, par des affidés aussi sûrs qu'intelligents, lesquels avaient questionné et fait jaser des comédiens de divers théâtres, j'appris que Cornélia était morte depuis quelques mois déjà. Quant à l'enfant, on n'en avait point entendu parler, et l'on ne savait pas ce qu'il était devenu. Le voyage perpétuel de ces compagnies comiques, les noms de guerre qu'adoptent les acteurs qui les composent, et dont ils changent souvent par nécessité ou caprice, rendent fort difficiles ces recherches à qui ne peut les faire lui-même. Le frêle indice qui guiderait l'intéressé ne suffit pas à l'agent qu'anime seulement un motif cupide. On me signala bien quelques petites filles parmi ces troupes; mais le détail de leur naissance ne se rapportait point à la vôtre. Même quelquefois des suppositions furent hasardées par des mères peu soucieuses de conserver leur fruit, et je dus me tenir en garde contre ces ruses. On n'avait point touché aux sommes déposées. Évidemment la rancunière Cornélia avait voulu me dérober sa fille et se venger ainsi. Je dus croire à votre mort, et cependant un instinct secret me disait que vous existiez. Je me rappelais combien vous étiez gentille et mignonne en votre berceau, et comme de vos petits doigts roses vous tiriez ma moustache, noire alors, quand je me penchais pour vous baiser. La naissance de mon fils avait ravivé ce souvenir au lieu de l'éteindre. Je pensais, en le voyant grandir au sein du luxe, couvert de rubans et de dentelles comme un enfant royal, ayant pour hochets des joyaux qui eussent été la fortune d'honnêtes familles, que peut-être, en ce moment, vêtue à peine de quelque oripeau fané de théâtre, vous souffriez du froid et de la faim sur une charrette ou dans une grange ouverte à tous les vents. Si elle vit, me disais-je, quelque directeur de troupe la malmène et la bat. Suspendue à un fil d'archal, elle fait, à demi morte de peur, les amours et les petits génies dans les vols des pièces à machines. Ses larmes mal contenues coulent sillonnant le fard grossier dont on a barbouillé ses joues pâles, ou bien, tremblante d'émotion, elle balbutie à la fumée des chandelles un petit bout de rôle enfantin qui lui a valu déjà bien des soufflets. Et je me repentais de n'avoir pas, dès le jour de sa naissance, enlevé l'enfant à la mère ; mais alors je croyais ces amours éternelles. Plus tard, ce furent d'autres tourments. En cette vie errante et dissolue, belle comme elle promettait de l'être, que d'attaques sa pudicité n'a-t-elle point à souffrir de la part de ces libertins qui volent aux comédiennes comme papillons aux lumières, et le rouge me montait à la figure à l'idée que mon sang qui coule dans vos veines subissait ces outrages. Bien des fois, affectant plus de goût que je n'en avais pour la comédie, je me rendais aux théâtres, cherchant à découvrir parmi les ingénues quelque jeune personne de l'âge que vous eussiez dû avoir et de la beauté que je vous supposais. Mais je ne vis que mines affétées et fardées, et qu'effronterie de courtisane sous des grimaces d'innocente. Aucune de ces péronnelles ne pouvait être vous.

« J'avais donc tristement renoncé à l'espoir de retrouver cette fille dont la présence eût égayé ma vieillesse ; la princesse ma femme, morte après trois ans d'union, ne m'avait donné d'autre enfant que Vallombreuse, qui, par son caractère effréné, me causait bien des peines. Il y a quelques jours, étant à Saint-Germain auprès du roi, pour devoirs de ma charge, j'entendis des courtisans parler avec faveur de la troupe d'Hérode, et ce qu'ils en dirent me fit naître l'envie d'assister à une représentation de ces comédiens, les meilleurs qui fussent venus depuis longtemps de province à Paris. On louait surtout une certaine Isabelle pour son jeu correct, décent, naturel et tout plein d'une grâce naïve. Ce rôle d'ingénue qu'elle rendait si bien au théâtre, elle le soutenait, assurait-on, à la ville, et les plus méchantes langues se taisaient devant sa vertu. Agité d'un secret pressentiment, je me rendis à la salle où récitaient ces acteurs, et je vous vis jouer à l'applaudissement général. Votre air de jeune personne honnête, vos façons timides et modestes, le son de votre voix si frais et si argentin, tout cela me troublait l'âme d'étrange sorte. Il est impossible même à l'œil d'un père de reconnaître dans la belle fille de vingt ans l'enfant qu'il n'a pas vue depuis le berceau, et surtout à la lueur des chandelles, à travers l'éblouissement du théâtre ; mais il me semblait que si un caprice de la fortune poussait sur les planches une fille de qualité, elle aurait cette mine réservée et discrète tenant à distance les autres comédiens, cette distinction qui fait dire à tout le monde : « Comment se trouvet-elle là ? » Dans la même pièce figurait un pédant dont la trogne avinée ne m'était point inconnue. Les années n'avaient en rien altéré sa laideur grotesque, et je me souvins que déjà il faisait les Pantalons et les vieillards ridicules dans la compagnie où jouait Cornélia. Je ne sais pourquoi mon imagination établissait un rapport entre vous et ce pédant jadis camarade de votre mère. La raison avait beau alléguer que cet acteur pouvait bien avoir pris de l'emploi en cette troupe, sans que pour cela vous y fussiez ; il me semblait qu'il tenait entre ses mains le bout du fil mystérieux à l'aide duquel je me guiderais dans ce dédale d'événements obscurs. Aussi formai-je la résolution de l'interroger, et l'aurai-je fait si, quand j'envoyai à l'auberge de la rue Dauphine, on ne m'eût dit que les comédiens d'Hérode étaient partis pour donner une représentation dans un château aux environs de Paris. Je me serais tenu tranquille jusqu'au retour des acteurs, si un brave serviteur ne me fût venu prévenir, craignant quelque rencontre fâcheuse, que le duc de Vallombreuse, amoureux à la folie d'une comédienne nommée Isabelle qui lui résistait avec la plus ferme vertu, avait fait le projet de l'enlever pendant cette expédition supposée, au moyen d'une escouade de spadassins à gages, action par trop énorme et violente, capable de mal tourner, la jeune fille étant accompagnée d'amis qui n'allaient pas sans armes. Le soupçon que j'avais de votre naissance me jeta, à cet avertissement, dans une perturbation d'âme étrange à concevoir. Je frémis à l'idée de cet amour criminel qui se changeait en amour monstrueux, si mes pressentiments ne me trompaient point, puisque vous étiez, aux cas qu'ils fussent vrais, la propre sœur de Vallombreuse. J'appris que les ravisseurs devaient vous transporter en ce château, et je m'y rendis en toute diligence. Vous étiez déjà délivrée sans que votre honneur eût souffert, et la bague d'améthyste a confirmé ce que me disait à votre vue la voix du sang.

— Croyez, monseigneur et père, répondit Isabelle, que je ne vous ai jamais accusé. Habituée d'enfance à cette vie ambulante de comédienne, j'avais facilement accepté mon sort, n'en connaissant et n'en rêvant pas d'autre. Le peu que je savais du monde me faisait comprendre que j'aurais mauvaise grâce à vouloir entrer dans une famille illustre, que des raisons puissantes forçaient sans doute à me laisser dans l'obscurité et l'oubli. Le souvenir confus de ma naissance m'inspirait parfois de l'orgueil, et je me disais, en voyant l'air dédaigneux que prennent les grandes dames à l'endroit des comédiennes : « Moi aussi je suis de noble race ! » Mais ces légères fumées se dissipaient bientôt, et je ne gardais que l'invincible respect de moi-même. Pour rien au monde je n'aurais souillé le pur sang qui coulait dans mes veines. Les licences des coulisses, et les poursuites dont sont l'objet les actrices, même lorsqu'elles manquent de beauté, ne m'inspiraient que du dégoût. J'ai vécu au théâtre presque comme en un couvent, car on peut être sage partout, quand on le veut. Le pédant était pour moi comme un père, et certes Hérode eût brisé les os à quiconque eût osé me toucher du doigt, ou seulement me dire une parole libre. Quoique comédiens, ce sont de très-braves gens, et je vous les recommande s'ils se trouvent jamais en quelque nécessité. Je leur dois en grande partie de pouvoir présenter sans rougir mon front à vos lèvres, et me dire hautement votre fille. Mon seul regret est d'avoir été la cause bien innocente du malheur arrivé à M. le duc votre fils, et j'aurais souhaité entrer dans votre famille sous de meilleurs auspices.

— Vous n'avez rien à vous reprocher, ma chère fille, vous ne pouviez deviner ces mystères qui ont éclaté tout à coup par un concours de circonstances qu'on trouverait romanesques si on les rencontrait en un livre, et ma joie de vous revoir aussi digne de moi que si vous n'eussiez pas vécu à travers les hasards d'une vie errante, et d'une profession peu rigoureuse d'ordinaire, efface bien la douleur où m'a jeté la fâcheuse blessure de mon fils. Qu'il survive ou succombe, je ne saurais vous en vouloir. En tous cas, votre vertu l'a sauvé d'un crime. Ainsi, ne parlons plus de cela. Mais, parmi vos libérateurs, quel était ce jeune homme qui semblait diriger l'attaque, et qui a blessé Vallombreuse? Un comédien, sans doute, quoiqu'il m'ait paru de bien grand air et de hardi courage.

— Oui, mon père, répondit Isabelle dont les joues se couvrirent d'une faible et pudique rougeur, un comédien. Mais s'il m'est permis de trahir un secret, qui n'en est plus un déjà pour monsieur le duc, je vous dirai que ce prétendu capitaine Fracasse (tel est son emploi dans la troupe) cache sous son masque un noble visage, et sous son nom de théâtre un nom de race illustre.

— En effet, répondit le prince, je crois avoir entendu parler de cela. Il eût été étonnant qu'un comédien se risquât à cet acte téméraire de contrecarrer un duc de Vallombreuse, et d'entrer en lutte avec lui. Il faut un sang généreux pour de telles audaces. Un gentilhomme seul peut vaincre un gentilhomme, de même qu'un diamant n'est rayé que par un autre diamant. »

L'orgueil nobiliaire du prince éprouvait quelque consolation à penser que son fils n'avait point été navré par quelqu'un de bas lieu. Les choses reprenaient ainsi une situation régulière. Ce combat devenait une sorte de duel entre gens de condition égale, et le motif en était avouable ; l'élégance n'avait rien à souffrir de cette rencontre.

« Et comment se nomme ce valeureux champion, reprit le prince, ce preux chevalier défenseur de l'innocence ?

— Le baron de Sigognac, répondit Isabelle d'une voix légèrement tremblante, je livre son nom sans crainte à votre générosité. Vous êtes trop juste pour poursuivre en lui le malheur d'une victoire qu'il déplore.

— Sigognac, dit le prince, je pensais cette race éteinte. N'est-ce pas une famille de Gascogne?

— Oui, mon père, son castel se trouve aux environs de Dax.

— C'est bien cela. Les Sigognac ont des armes parlantes ; ils portent d'azur à trois cigognes d'or, deux et une. Leur noblesse est fort ancienne. Palamède de Sigognac figurait glorieusement à la première croisade. Un Raimbaud de Sigognac, le père de celui-ci, sans doute, était fort ami et compagnon de Henri IV en sa jeunesse, mais il ne le suivit point à la cour ; car ses affaires, dit-on, étaient fort dérangées, et l'on ne gagnait guère que des coups sur les talons du Béarnais.

— Si dérangées, que notre troupe, forcée par une nuit pluvieuse à chercher un asile, trouva le fils dans une tourelle à hiboux tout en ruines, où se consumait sa jeunesse, et que nous l'arrachâmes à ce château de la misère, craignant qu'il n'y mourût de faim par fierté et mélancolie ; je n'ai jamais vu infortune plus vaillamment supportée.

— Pauvreté n'est pas forfaiture, dit le prince, et toute noble maison qui n'a point failli à l'honneur peut se relever. Pourquoi, en son désastre, le baron de Sigognac ne s'est-il pas adressé à quelqu'un des anciens compagnons d'armes de son père, ou même au roi, le protecteur né de tous les gentilshommes ?

— Le malheur rend timide, quelque brave qu'on soit, répondit Isabelle, et l'amour-propre retient le courage. En venant avec nous, le Baron comptait rencontrer à Paris une occasion favorable qui ne s'est point présentée ; pour n'être point à notre charge, il a voulu remplacer un de nos camarades mort en route, et comme cet emploi se joue sous le masque, il n'y pensait pas compromettre sa dignité.

— Sous ce déguisement comique, sans être sorcier, je devine bien un petit brin d'amourette, dit le prince en souriant avec une maligne bonté ; mais ce ne sont point là mes affaires ; je connais assez votre vertu, et je ne m'alarme point de quelques soupirs discrets poussés à votre intention. Il n'y a pas assez longtemps d'ailleurs que je suis votre père, pour me permettre de vous sermonner. »

Pendant qu'il s'exprimait ainsi, Isabelle fixait sur le prince ses grands yeux bleus, où brillaient la plus pure innocence et la plus parfaite loyauté. La nuance rose dont le nom de Sigognac avait coloré son beau visage s'était dissipée ; sa physionomie n'offrait aucun signe de honte ou d'embarras. Dans son cœur le regard d'un père, le regard de Dieu même, n'eût rien trouvé de répréhensible.

L'entretien en était là quand l'élève de maître Laurent se fit annoncer ; il apportait un bulletin favorable de la santé de Vallombreuse. L'état du blessé était aussi satisfaisant que possible ; après la potion, une crise heureuse avait eu lieu, et le médecin répondait désormais de la vie du jeune duc. Sa guérison n'était plus qu'une affaire de temps.

A quelques jours de là, Vallombreuse, soutenu par deux ou trois oreillers, paré d'une chemise à collet en point de Venise, les cheveux séparés et remis en ordre, recevait dans son lit la visite de son fidèle ami le chevalier de Vidalinc, qu'on ne lui avait pas encore permis de voir. Le prince était assis dans la ruelle, regardant avec une profonde joie paternelle le visage pâle et amaigri de son fils, mais qui n'offrait plus aucun symptôme alarmant. La couleur était revenue aux lèvres, et l'étincelle de la vie brillait dans les yeux. Isabelle était debout près du chevet. Le jeune duc lui tenait la main entre ses doigts fluets, et d'un blanc bleuâtre comme ceux des malades abrités du grand air et du soleil depuis quelque temps. Comme il lui était défendu de parler encore autrement que par monosyllabes, il témoignait ainsi sa sympathie à celle qui était la cause involontaire de sa blessure, et lui faisait comprendre combien il lui pardonnait de grand cœur. Le frère avait chez lui remplacé l'amant, et la maladie, en calmant sa fougue, n'avait pas peu contribué à cette transition difficile. Isabelle était bien réellement pour lui la comtesse de Lineuil, et non plus la comédienne de la troupe d'Hérode. Il fit un signe de tête amical à Vidalinc, et dégagea un moment sa main de celle de sa sœur pour la lui tendre. C'était tout ce que le médecin autorisait pour cette fois.

Au bout de deux ou trois semaines, Vallombreuse, fortifié par de légers aliments, put passer quelques heures sur une chaise longue et supporter l'air d'une fenêtre ouverte, par où entraient les souffles balsamiques du printemps. Isabelle souvent lui tenait compagnie et lui faisait la lecture, fonction à laquelle son ancien métier de comédienne la rendait merveilleusement propre, par l'habitude de soutenir la voix et de varier à propos les intonations.

Un jour qu'ayant achevé un chapitre, elle allait en

recommencer un autre dont elle avait déjà lu l'argument, le duc de Vallombreuse lui fit signe de poser le livre, et lui dit :

« Chère sœur, ces aventures sont les plus divertissantes du monde, et l'auteur peut se compter parmi les plus gens d'esprit de la cour et de la ville ; il n'est bruit que de son livre dans les ruelles, mais j'avoue que je préfère à cette lecture votre conversation charmante. Je n'aurais pas cru tant gagner en perdant tout espoir. Le frère est auprès de vous en meilleure posture que l'amant ; autant vous étiez rigoureuse à l'un, autant vous êtes douce à l'autre. Je trouve à ce sentiment paisible des charmes dont je ne me doutais point. Vous me révélez tout un côté inconnu de la femme. Emporté par des passions ardentes, poursuivant le plaisir que me promettait la beauté, m'exaltant et m'irritant aux obstacles, j'étais comme ce féroce chasseur de la légende que rien n'arrête ; je ne voyais qu'une proie dans l'objet aimé. L'idée d'une résistance me semblait impossible. Le mot de vertu me faisait hausser les épaules, et je puis dire sans fatuité à la seule qui ne m'ait point cédé, que j'avais bien des raisons de n'y pas croire. Ma mère était morte quand je ne comptais encore que trois ans ; vous n'étiez pas retrouvée, et j'ignorais tout ce qu'il y a de pur, de tendre, de délicat dans l'âme féminine. Je vous vis ; une irrésistible sympathie, où la voix secrète du sang était sans doute pour quelque chose, m'entraîna vers vous, et pour la première fois un sentiment d'estime se mêla dans mon cœur à l'amour. Votre caractère, tout en me désespérant, me plaisait. J'approuvais cette fermeté modeste et polie avec laquelle vous repoussiez mes hommages. Plus vous me rejetiez, plus je vous trouvais digne de moi. La colère et l'admiration se succédaient en moi, et quelquefois y régnaient ensemble. Même en mes plus violentes fureurs, je vous ai toujours respectée. Je pressentais l'ange à travers la femme, et je subissais l'ascendant d'une pureté céleste. Maintenant je suis heureux, car j'ai de vous précisément ce que je désirais de vous sans le savoir, cette affection dégagée de tout alliage terrestre, inaltérable, éternelle ; je possède enfin une âme.

— Oui, cher frère, répondit Isabelle, vous la possédez, et ce m'est un bien grand bonheur que de pouvoir vous le dire. Vous avez en moi une sœur dévouée qui vous aimera double pour le temps perdu, surtout si, comme vous l'avez promis, vous modérez ces fougues dont s'alarme notre père, et ne laissez paraître que ce qu'il y a d'excellent en vous.

— Voyez la jolie prêcheuse, dit Vallombreuse en souriant ; il est vrai que je suis un bien grand monstre, mais je m'amenderai sinon par amour de la vertu, du moins pour ne pas voir ma grande sœur prendre son air sévère à quelque nouvelle escapade. Pourtant je crains d'être toujours la folie, comme vous serez toujours la raison.

— Si vous me complimentez ainsi, fit Isabelle avec un petit air de menace, je vais reprendre mon livre, et il vous faudra ouïr tout au long l'histoire qu'allait raconter, dans la cabine de sa galère, le corsaire barbaresque à l'incomparable princesse Aménaïde, sa captive, assise sur des carreaux de brocart d'or.

— Je n'ai pas mérité une si dure punition. Dussé-je paraître bavard, j'ai envie de parler. Ce damné médecin m'a posé si longtemps sur les lèvres le cachet du silence et fait ressembler à une statue d'Harpocrate !

— Mais ne craignez-vous pas de vous fatiguer? Votre blessure est cicatrisée à peine. Maître Laurent m'a tant recommandé de vous faire la lecture, afin qu'en écoutant vous ménagiez votre poitrine.

— Maître Laurent ne sait ce qu'il dit, et veut prolonger son importance. Mes poumons aspirent et rendent l'air avec la même facilité qu'auparavant. Je me sens tout à fait bien, et j'ai des envies de monter à cheval pour faire une promenade dans la forêt.

— Il vaut mieux encore faire la conversation ; le danger, certes, sera moindre.

— D'ici à peu je serai remis sur pied, ma sœur, et je vous présenterai dans le monde où votre rang vous appelle, et où votre beauté si parfaite ne manquera pas d'amener à vos pieds nombre d'adorateurs, parmi lesquels la comtesse de Lineuil pourra se choisir un époux.

— Je n'ai aucune envie de me marier, et croyez que ce ne sont point là propos de jeune fille qui serait bien fâchée d'être prise au mot. J'ai assez donné ma main à la fin des pièces où je jouais, pour n'être pas si pressée de le faire dans la vie réelle. Je ne rêve pas d'existence plus douce que de rester près du prince et de vous.

— Un père et un frère ne suffisent pas toujours, même à la personne la plus détachée du monde. Ces tendresses-là ne remplissent pas tout le cœur.

— Elles rempliront tout le mien, cependant, et si elles me manquaient un jour, j'entrerais en religion.

— Ce serait vraiment pousser l'austérité trop loin. Est-ce que le chevalier de Vidalinc ne vous paraît pas avoir tout ce qu'il faut pour faire un mari parfait?

— Sans doute. La femme qu'il épousera pourra se dire heureuse ; mais, quelque charmant que soit votre ami, mon cher Vallombreuse, je ne serai jamais cette femme.

— Le chevalier de Vidalinc est un peu rousseau, et peut-être êtes-vous comme notre roi Louis XIII qui n'aime pas cette couleur, fort prisée des peintres cependant. Mais ne parlons plus de Vidalinc. Que vous semble du marquis de l'Estang, qui vint l'autre jour savoir de mes nouvelles et ne vous quitta pas des yeux tant que dura sa visite? Il était si émerveillé de votre grâce, si ébloui de votre beauté nonpareille, qu'il s'empêtrait en ses compliments et ne faisait que balbutier. Cette timidité à part, qui doit trouver excuse à vos yeux puisque vous en étiez cause, c'est un cavalier accompli. Il est beau, jeune, d'une grande naissance et d'une grande fortune. Il vous conviendrait fort.

— Depuis que j'ai l'honneur d'appartenir à votre illustre famille, répondit Isabelle un peu impatientée de ce badinage, trop d'humilité ne me siérait pas. Je ne dirai donc point que je me regarde comme indigne d'une pareille union ; mais le marquis de l'Estang demanderait ma main à mon père, que je refuserais. Je vous l'ai déjà dit, mon frère, je ne veux point me marier, et vous le savez bien, vous qui me tourmentez de la sorte.

— Oh! quelle humeur virginale et farouche vous avez, ma sœur! Diane n'est pas plus sauvage en ses forêts et vallées de l'Hémus. Encore s'il faut en croire les mauvaises langues mythologiques, le seigneur Endymion trouva-t-il grâce à ses yeux. Vous vous fâchez parce que je vous propose, en causant, quelques partis sortables ; si ceux-là vous déplaisent, nous vous en découvrirons d'autres.

— Je ne me fâche pas, mon frère ; mais décidément vous parlez trop pour un malade, et je vous ferai gronder par maître Laurent. Vous n'aurez pas, à souper, votre aile de poulet.

— S'il en est ainsi, je me tais, fit Vallombreuse avec un air de soumission, mais croyez que vous ne serez mariée que de ma main. »

Pour se venger de la moquerie opiniâtre de son frère, Isabelle commença l'histoire du corsaire barbaresque d'une voix haute et vibrante qui couvrait celle de Vallombreuse.

« Mon père, le duc de Fossombrone, se promenait
« avec ma mère, l'une des plus belles femmes, sinon
« la plus belle du duché de Gênes, sur le rivage de la
« Méditerranée où descendait l'escalier d'une superbe

« villa qu'il habitait l'été, quand les pirates d'Alger,
« cachés derrière des roches, s'élancèrent sur lui,
« triomphèrent par le nombre de sa résistance déses-
« pérée, le laissèrent pour mort sur la place et em-
« portèrent la duchesse, alors enceinte de moi, malgré
« ses cris, jusqu'à leur barque, qui s'éloigna rapide-
« ment en faisant force de rames, et rejoignit la ga-
« lère capitane abritée dans une crique. Présentée au
« dey, ma mère lui plut et devint sa favorite... »

Vallombreuse, pour déjouer la malice d'Isabelle, ferma les yeux et sur ce passage plein d'intérêt feignit de s'endormir.

Le sommeil que Vallombreuse avait d'abord feint devint bientôt véritable, et la jeune fille, voyant son frère endormi, se retira sur la pointe du pied.

Cette conversation, où le duc semblait avoir voulu mettre une intention malicieuse, troublait Isabelle quoi qu'elle en eût. Vallombreuse, conservant une rancune secrète à l'endroit de Sigognac, bien qu'il n'en eût pas encore prononcé le nom depuis l'attaque du château, cherchait-il à élever par un mariage un obstacle insurmontable entre le Baron et sa sœur? ou désirait-il simplement savoir si la comédienne transformée en comtesse n'avait pas changé de sentiment comme de fortune? Isabelle ne pouvait répondre à ces deux points d'interrogation que se posait alternativement sa rêverie. Puisqu'elle était la sœur de Vallombreuse, la rivalité de Sigognac et du jeune duc tombait d'elle-même; mais, d'un autre côté, il était difficile de supposer qu'un caractère si altier, si orgueilleux et si vindicatif, eût oublié la honte d'une première défaite, et surtout celle d'une seconde. Quoique les positions fussent changées, Vallombreuse, en son cœur, devait toujours haïr Sigognac. Eût-il assez de grandeur d'âme pour lui pardonner, la générosité n'exigeait pas qu'il l'aimât et l'admît dans sa famille. Il fallait renoncer à l'espoir d'une réconciliation. Le prince, d'ailleurs, ne verrait jamais avec plaisir celui qui avait mis en péril les jours de son fils. Ces réflexions jetaient Isabelle en une mélancolie qu'elle essayait vainement de secouer. Tant qu'elle s'était considérée dans son état de comédienne comme un obstacle à la fortune de Sigognac, elle avait repoussé toute idée d'union avec lui ; mais maintenant qu'un coup inopiné du sort la comblait de tous les biens qu'on souhaite, elle eût aimé à récompenser par le don de sa main celui qui la lui avait demandée quand elle était méprisée et pauvre. Elle trouvait une sorte de bassesse à ne point faire partager sa prospérité au compagnon de sa misère. Mais tout ce qu'elle pouvait faire, c'était de lui garder une inaltérable fidélité, car elle n'osait parler en sa faveur ni au prince ni à Vallombreuse.

Bientôt le jeune duc fut assez bien pour pouvoir dîner à table avec son père et sa sœur ; il déployait à ces repas une déférence respectueuse envers le prince, une tendresse ingénieuse et délicate à l'endroit d'Isabelle, et montrait qu'il avait, malgré sa frivolité apparente, l'esprit orné plus qu'on n'eût pu le supposer chez un jeune homme adonné aux femmes, aux duels et à toutes sortes de dissipations. Isabelle se mêlait modestement à ces conversations, et le peu qu'elle disait était si juste, si fin et si à propos, que le prince en était émerveillé, d'autant plus que la jeune fille, avec un tact parfait, évitait préciosité et pédanterie.

Vallombreuse tout à fait rétabli proposa à sa sœur une promenade à cheval dans le parc, et les deux jeunes gens suivirent au pas une longue allée, dont les arbres centenaires se rejoignaient en voûte et formaient un couvert impénétrable aux rayons du soleil; le duc avait repris toute sa beauté, Isabelle était charmante, et jamais couple plus gracieux ne chevaucha côte à côte. Seulement la physionomie du jeune homme exprimait la gaieté et celle de la jeune fille la mélancolie. Parfois les saillies de Vallombreuse lui arrachaient un vague et faible sourire, puis elle retombait dans sa languissante rêverie; mais son frère ne paraissait pas s'apercevoir de cette tristesse, et il redoublait de verve. « Oh! la bonne chose que de vivre, disait-il; on ne se doute pas du plaisir qu'il y a dans cet acte si simple : respirer! Jamais les arbres ne m'ont semblé si verts, le ciel si bleu, les fleurs si parfumées! C'est comme si j'étais né d'hier et que je visse la création pour la première fois. Quand je songe que je pourrais être allongé sous un marbre et que je me promène avec ma chère sœur, je ne me sens pas d'aise! ma blessure ne me fait plus souffrir du tout, et je crois que nous pouvons risquer un petit temps de galop pour retourner au château où le prince s'ennuie à nous attendre. »

Malgré les observations d'Isabelle toujours craintive, Vallombreuse chercha les flancs de sa monture, et les deux chevaux partirent d'un train assez vif. Au bas du perron, en enlevant sa sœur de dessus la selle, le jeune duc lui dit : « Maintenant me voilà un grand garçon, et j'obtiendrai la permission de sortir seul.

— Eh quoi! vous voulez donc nous quitter à peine guéri, méchant que vous êtes?

— Oui, j'ai besoin de faire un voyage de quelques jours, répondit négligemment Vallombreuse. »

En effet, le lendemain il partit après avoir pris congé du prince, qui ne s'opposa point à son départ, et dit à Isabelle d'un ton énigmatique et bizarre : « Au revoir, petite sœur, vous serez contente de moi! »

XIX

ORTIES ET TOILES D'ARAIGNÉE

Le conseil d'Hérode était sage, et Sigognac se résolut à le suivre ; aucun attrait d'ailleurs, Isabelle devenue de comédienne grande dame, ne le rattachait plus à la troupe. Il fallait disparaître quelque temps, se plonger dans l'oubli, jusqu'à ce que le ressentiment causé par la mort probable de Vallombreuse se fût apaisé. Aussi après avoir fait, non sans émotion, ses adieux à ces braves acteurs qui s'étaient montrés si bons camarades pour lui, Sigognac s'éloigna de Paris, monté sur un vigoureux bidet, les poches assez convenablement garnies de pistoles, produit de sa part sur les recettes. A petites journées, il se dirigeait vers sa gentilhommière délabrée ; car, après l'orage, l'oiseau retourne toujours à son nid, ne fût-il que de bûchettes et de vieille paille. C'était le seul gîte où il pût se réfugier, et dans ses désespérances, il éprouvait une sorte de plaisir à retourner au pauvre manoir de ses pères, qu'il eût peut-être mieux fait de ne pas quitter. En effet, sa fortune ne s'était guère améliorée, et cette dernière aventure ne pouvait que lui nuire. « Allons, se disait-il tout en cheminant, j'étais prédestiné à mourir de faim et d'ennui entre ces murailles lézardées, sous ce toit qui laisse passer la pluie comme un crible. Nul n'évite son sort et j'accomplirai le mien : je serai le dernier des Sigognac. »

Il est inutile de décrire tout au long ce voyage qui dura une vingtaine de jours et ne fut égayé d'aucune rencontre curieuse. Il suffira de dire qu'un beau soir Sigognac aperçut de loin les deux tourelles de son château, illuminées par le couchant et se détachant en clair du fond violet de l'horizon. Un caprice de la lumière les faisait paraître plus rapprochées qu'elles ne l'étaient réellement, et dans un des rares carreaux de la façade, le soleil encadrait une scintillation rouge du plus vif éclat. On eût dit une monstrueuse escarboucle.

Cette vue causa au Baron un attendrissement bizarre; certes, il avait bien souffert dans ce castel en ruines, et cependant il éprouvait à le retrouver l'émotion que procure au retour un ancien ami dont l'absence a fait oublier les défauts. Sa vie s'était écoulée là pauvre, obscure, solitaire, mais non sans quelques secrètes douceurs; car la jeunesse ne peut être tout à fait malheureuse. La plus découragée a encore ses rêves et ses espérances. L'habitude d'une peine finit par avoir son charme, et l'on regrette certaines tristesses plus que certaines joies.

Sigognac donna de l'éperon à son cheval pour lui faire hâter l'allure et arriver avant la nuit. Le soleil ayant baissé et ne laissant plus voir au-dessus de la ligne brune tracée par la lande sur le ciel qu'un mince segment de son disque échancré, la lueur rouge de la vitre s'était éteinte, et le manoir ne formait plus qu'une tache grise se confondant presque avec l'ombre; mais Sigognac connaissait bien la route, et bientôt il s'engagea dans le chemin fréquenté jadis, désert maintenant, qui conduisait au château. Les branches gourmandes de la haie lui fouettaient les bottes, et devant les pas de son cheval, les reinettes peureuses sautelaient à travers l'herbe humide de rosée; un faible et lointain aboi de chien, quêtant tout seul comme pour se désennuyer, se faisait entendre dans le silence profond de la campagne. Sigognac arrêta sa monture pour mieux écouter. Il avait cru reconnaître la voix enrouée de Miraut. Bientôt l'aboi se rapprocha et se changea en un jappement réitéré et joyeux, entrecoupé par une course haletante; Miraut avait éventé son maître, et il accourait de toute la vitesse de ses vieilles pattes. Le baron siffla d'une certaine façon, et au bout de quelques minutes, le bon et brave chien déboucha impétueusement par une brèche de la haie, hurlant, sanglotant, poussant des cris presque humains. Quoique essoufflé et pantelant, il sautait au nez du cheval, tâchait d'escalader la selle pour parvenir jusqu'à son maître, et donnait les plus extravagants témoignages de joie canine que jamais animal de son espèce ait manifestés. Argus lui-même reconnaissant Ulysse chez Eumée n'était pas si content que Miraut. Sigognac se baissa et lui flatta la tête de la main pour calmer cette furie sympathique.

Satisfait de cet accueil, et voulant porter la bonne nouvelle aux habitants du château, c'est-à-dire à

Pierre, à Bayard et à Béelzébuth, Miraut partit comme un trait et se mit à aboyer de telle sorte devant le vieux serviteur assis dans la cuisine, que celui-ci comprit qu'il se passait quelque chose d'extraordinaire.

« Est-ce que le jeune maître reviendrait? » se dit Pierre en se levant et en marchant à la suite de Miraut, qui le tirait par le pan de son sayon. Comme la nuit s'était faite, Pierre avait allumé au foyer où cuisait son frugal souper un éclat de bois résineux, dont, à l'entrée du chemin, la fumée rougeâtre illumina tout à coup Sigognac et son cheval.

« C'est vous, monsieur le baron, s'écria joyeusement le brave Pierre à la vue de son maître; Miraut me l'avait déjà dit en son honnête langage de chien; car nous sommes si seuls ici que, bêtes et gens ne parlant qu'entre eux, finissent par se comprendre. Cependant n'ayant point été averti de votre retour, je craignais de me tromper. Attendu ou non, soyez le bienvenu dans votre domaine; on tâchera de vous fêter le mieux possible.

— Oui, c'est bien moi, mon bon Pierre, Miraut ne t'a pas menti; moi, sinon plus riche, du moins sain et sauf; allons, marche devant avec ta torche et rentrons au logis. »

Pierre, non sans effort, ouvrit les battants de la vieille porte, et le baron de Sigognac passa sous le portail éclairé d'une manière fantastique par les reflets de la torche. A cette lueur les trois cigognes sculptées sur le blason à la voûte parurent s'animer et palpiter des ailes comme si elles eussent voulu saluer le retour du dernier rejeton de la famille qu'elles avaient symbolisé pendant tant de siècles. Un hennissement prolongé semblable à un clairon se fit entendre. C'était Bayard qui du fond de son écurie sentait son maître et tirait de ses vieux poumons asthmatiques cette fanfare éclatante !

« Bien, bien, je t'entends, mon pauvre Bayard, dit Sigognac en descendant de cheval et en jetant les rênes à Pierre ; je vais t'aller dire bonjour. » Et il se dirigeait du côté de l'écurie lorsqu'il faillit choir : une masse noirâtre s'enchevêtrait dans ses jambes miaulant, ronronant, faisant le gros dos. C'était Béelzébuth qui exprimait sa joie avec tous les moyens que la nature a donnés à la race féline ; Sigognac le prit entre ses bras et l'éleva à la hauteur de son visage. Le matou était au comble du bonheur ; ses yeux ronds s'illuminaient de lueurs phosphoriques ; des frémissements nerveux lui faisaient ouvrir et fermer ses pattes aux ongles rétractiles. Il s'étranglait à force de filer vite son rouet et poussait avec une passion éperdue son nez, noir et grenu comme une truffe, contre la moustache de Sigognac. Après l'avoir bien caressé, car il ne dédaignait pas ces témoignages d'affection d'humbles amis, le Baron remit délicatement Béelzébuth à terre, et ce fut le tour de Bayard qu'il flatta, à plusieurs reprises, en lui frappant du plat de la main le col et la croupe. Le bon animal mettait sa tête sur l'épaule de son maître, grattait le sol de son pied et de l'arrière-train essayait une courbette fringante. Il accueillit poliment le bidet qu'on installa près de lui, se sentant sûr de l'affection de Sigognac et peut-être satisfait d'entrer en relation avec un animal de son espèce, ce qui ne lui était pas arrivé depuis longtemps.

« Maintenant que j'ai répondu aux civilités de mes bêtes, dit Sigognac à Pierre, il ne serait peut-être pas mal à propos d'aller voir à la cuisine ce que contient ton garde-manger ; j'ai mal déjeuné ce matin, mais je n'ai pas dîné du tout, car je voulais arriver au but de mon voyage devant qu'il fît nuit. A Paris, j'ai un peu perdu mes habitudes de sobriété, et je ne serai pas fâché de souper, ne fût-ce que d'un rogaton.

— Maître, il y a un reste de miasson, un peu de lard et du fromage de chèvre. Ce sont des mets sauvages et rustiques que vous ne trouverez peut-être plus mangeables depuis que vous avez tâté de la grande cuisine. S'ils ne flattent pas le palais, ils empêchent du moins de mourir de faim.

— C'est tout ce qu'un homme peut demander à la nourriture, répondit Sigognac, et je ne suis point ingrat, comme tu sembles le penser, envers les aliments simples qui ont soutenu ma jeunesse et m'ont fait sain, alerte et vigoureux ; sers ton miasson, ton lard et ton fromage avec la fierté d'un maître d'hôtel qui apporterait sur un plat d'or un paon faisant la roue. »

Rassuré sur sa cuisine, Pierre couvrit en hâte la table où d'habitude Sigognac prenait son maigre repas, d'une nappe bise mais propre ; il plaça d'un côté le gobelet, de l'autre le pot de grès plein d'une piquette acide pour faire symétrie au bloc de miasson et se tint debout derrière son maître comme un majordome servant un prince. Selon l'antique cérémonial, Miraut, assis à sa droite sur son derrière, et Béelzébuth, accroupi à gauche, regardaient avec extase le baron de Sigognac et suivaient les voyages que sa main faisait du plat à sa bouche et de sa bouche au plat dans l'attente de quelque morceau qu'il leur jetait impartialement.

Ce tableau bizarre était éclairé par l'éclat de bois résineux que Pierre avait planté sur une fiche en fer, à l'intérieur de la cheminée, pour que la fumée ne se répandît pas dans la chambre. Il répétait si exactement la scène décrite au commencement de cette histoire, que le Baron, frappé de cette ressemblance, s'imaginait avoir fait un rêve et n'être jamais sorti de son château.

Le temps qui, à Paris, avait coulé si vite et si chargé d'événements, semblait s'être arrêté au château de Sigognac. Les heures endormies ne s'étaient pas donné la peine de retourner leur sablier plein de poussière. Tout était à la même place. Les araignées sommeillaient toujours aux encoignures dans leur hamac grisâtre, attendant la venue de quelque mouche improbable. Quelques-unes même s'étaient découragées et n'avaient point raccommodé leurs toiles, n'ayant plus assez de substance pour tirer du fil de leur ventre; sur la cendre blanche de l'âtre un charbon qui paraissait ne pas avoir brûlé depuis le départ du Baron dégageait une petite fumée grêle comme celle d'une pipe près de s'éteindre; seulement les orties et les ciguës avaient grandi dans la cour, l'herbe qui encadrait les pavés était plus haute ; une branche d'arbre, n'arrivant jadis qu'à la fenêtre de la cuisine, y poussait maintenant un jet feuillu par la maille d'un carreau cassé. C'était tout ce qu'il y avait de nouveau.

Malgré lui, Sigognac se sentait repris par ce milieu. Ses anciennes pensées lui revenaient en foule ; et il se perdait en des rêveries silencieuses que respectait Pierre et que n'osaient troubler Miraut et Béelzébuth par des caresses intempestives. Tout ce qui s'était passé ne lui faisait plus l'effet que d'aventures qu'il aurait lues dans un livre et dont le souvenir lui serait vaguement resté. Le capitaine Fracasse, déjà effacé à demi, ne lui apparaissait plus dans le lointain que comme un pâle spectre émané et détaché à tout jamais de lui-même. Son combat avec Vallombreuse ne se dessinait en sa mémoire que sous forme d'une gesticulation bizarre à laquelle sa volonté était demeurée étrangère. Aucune des actions accomplies pendant cette période ne lui semblait tenir à lui, et son retour au château avait rompu les fils qui les rattachaient à sa vie. Seul son amour pour Isabelle ne s'était pas envolé, et il le retrouvait toujours vivace en son cœur, mais plutôt encore comme une aspiration de l'âme que comme une passion réelle, puisque celle qui en était l'objet ne pouvait plus lui appartenir. Il comprenait que la roue de son char un moment lancé sur une autre route était retombée dans son ornière fatale, et il s'y résignait avec un accablement tranquille. Seulement il se blâmait d'avoir eu quelques minutes d'espérance et d'illusion. Pourquoi diable aussi les malheureux veulent-ils être heureux? Quelle sottise!

Cependant il parvint à secouer cette torpeur, et comme il voyait dans les yeux de Pierre pointer de timides interrogations, il narra brièvement à ce digne serviteur les faits principaux qui pouvaient l'intéresser dans cette histoire; au récit des deux duels de son élève avec Vallombreuse, le bonhomme, fier d'avoir formé un tel disciple, rayonnait d'aise et simulait contre la muraille, au moyen d'un bâton, les coups que lui décrivait Sigognac.

« Hélas! mon brave Pierre, dit le Baron en soupirant, tu m'as trop bien montré tous ces secrets d'escrime que personne ne possède comme toi. Cette victoire m'a perdu et renvoyé pour longtemps, sinon pour toujours, en ce pauvre et triste manoir. J'ai cette chance particulière que le triomphe m'abat et ruine mes affaires au lieu de les accommoder. Il eût mieux valu que je fusse blessé ou même tué en cette rencontre fâcheuse.

— Les Sigognac, fit sentencieusement le vieux serviteur, ne sauraient être battus. Quoi qu'il arrive, maître, je suis content que vous ayez tué ce Vallombreuse. La chose a dû être faite dans les règles, j'en suis sûr, et c'est tout ce qu'il faut. Que peut objecter un homme qui meurt d'un beau coup d'épée, étant en garde?

— Rien, certainement, répondit Sigognac, que la

philosophie prévôtale du vieux maître d'armes faisait sourire; mais je me sens un peu fatigué. Allume la lampe et conduis-moi à ma chambre. »

Pierre obéit. Le Baron, précédé de son domestique et suivi de son chien et de son chat, monta lentement le vieil escalier aux fresques éteintes et passées de ton. Les Hercules à gaînes de plus en plus pâles faisaient des efforts pour soutenir la feinte corniche dont le poids semblait les écraser. Ils gonflaient désespérément leurs muscles appauvris, et cependant n'avaient pu empêcher que quelques plaques de crépi ne se détachassent du mur. Les empereurs romains ne valaient guère mieux, et quoiqu'ils affectassent en leurs niches des mines de rodomonts et de triomphateurs, ils avaient perdu qui leur couronne, qui leur sceptre, qui leur pourpre. Le treillage peint de la voûte s'était défoncé en maint endroit, et les pluies d'hiver, filtrant par les lézardes, avaient géographié des Amériques nouvelles à côté des vieux continents et des îles déjà tracées.

Ce délabrement auquel Sigognac, avant d'être sorti de sa gentilhommière, n'était pas autrement sensible, le frappa et le jeta, tandis qu'il montait, en des mélancolies profondes. Il y voyait l'inévitable et fatale décadence de sa race et se disait : « Si cette voûte avait quelque sentiment de pitié pour la famille qu'elle a jusqu'ici abritée, elle devrait bien s'écrouler et m'écraser sur place! » Arrivé à la porte des appartements, il prit la lampe des mains de Pierre, qu'il remercia et renvoya, ne voulant pas lui laisser voir son émotion.

Sigognac traversa lentement la première salle où avait eu lieu, il y a quelques mois, le souper des comédiens. Le souvenir de ce joyeux tableau la rendait plus lugubre encore. Troublé un instant, le silence semblait s'y être réinstallé à tout jamais plus morne, plus profond, plus formidable. Dans ce tombeau, un grignotement de rat usant ses incisives prenait des résonnances étranges. Éclairés par le faible jour de la lampe, les portraits, accoudés sur leurs cadres d'or fané comme à des balcons, devenaient inquiétants. On eût dit qu'ils voulaient s'arracher de leur fond d'ombre et venir saluer leur malheureux rejeton. Une vie spectrale animait ces antiques effigies : leurs lèvres peintes remuaient, murmurant des paroles que l'âme entendait à défaut de l'oreille ; leurs yeux se levaient tristement au plafond et, sur leurs joues vernies, la sueur de l'humidité se condensait en grosses gouttes que la lumière faisait briller comme des larmes. Les esprits de saïeux erraient, certes, autour de ces images qui représentaient la forme terrestre qu'ils avaient animée autrefois, et Sigognac sentait leur présence invisible dans l'horreur secrète de cette demi-obscurité. Toutes ces figures à cuirasses ou à vertugadins avaient l'air lamentable et désolé. Seul, le dernier portrait, celui de la mère de Sigognac, semblait sourire. La lumière tombait précisément dessus, et, soit que la peinture plus récente et d'une meilleure main fît illusion, soit qu'en effet l'âme vînt un instant vivifier cette apparence, le portrait avait un air de tendresse confiante et gaie dont Sigognac s'étonna et qu'il prit pour un favorable présage, car l'expression de cette tête lui avait toujours paru mélancolique.

Enfin Sigognac entra dans sa chambre et posa la lampe sur la petite table où gisait encore le volume de Ronsard, qu'il lisait lorsque les comédiens vinrent frapper nuitamment à la porte du manoir. Le papier, couturé de ratures, brouillon d'un sonnet inachevé, était toujours à la même place. Le lit, qu'on n'avait pas refait, gardait moulée l'empreinte des dernières personnes qui s'y étaient reposées. Isabelle avait dormi là. Sa jolie tête s'était appuyée à cet oreiller, confident de bien des rêves!

A cette pensée, Sigognac se sentit le cœur voluptueusement torturé par une agréable douleur, si l'on peut joindre ensemble ces mots ennemis de nature. Son imagination se représentait avec vivacité les appas de cette adorable fille; sa raison, d'une voix importune et chagrine, lui disait qu'Isabelle était à jamais perdue pour lui, et pourtant il lui semblait voir par l'effet d'une fantasmagorie amoureuse ce pur et charmant visage entre les plis des rideaux entr'ouverts comme celui d'une chaste épouse qui attend le retour de l'époux.

Pour en finir avec ces visions qui lui amollissaient le courage, il se déshabilla et se coucha, baisant la place autrefois occupée par Isabelle; mais, malgré la fatigue, le sommeil fut long à venir, et ses yeux errèrent plus d'une heure autour de la chambre délabrée, tantôt suivant quelque bizarre reflet de lune sur les vitres dépolies, tantôt regardant avec une fixité inconsciente le chasseur de halbrans dans la forêt d'arbres bleus et jaunes, sujet de la vieille tapisserie.

Si le maître veillait, l'animal dormait. Béelzébuth, roulé en boule aux pieds de Sigognac, ronflait comme le chat de Mahomet sur la manche du prophète. La profonde quiétude de la bête finit par gagner l'homme, et le jeune Baron partit pour le pays des rêves.

Quand vint l'aurore, Sigognac fut plus frappé qu'il ne l'avait été la veille de l'état de dévastation où se trouvait son manoir. Le jour n'a pas de compassion pour les ruines et les vieilleries; il en montre cruellement les pauvretés, les rides, les taches, les décolorations, les poussières, les moisissures; la nuit, plus miséricordieuse, adoucit tout de ses ombres amies, et du pan de son voile essuie les larmes des choses. Les chambres, si vastes jadis, lui paraissaient petites, et il s'étonnait de les avoir gardées tellement grandes en son souvenir; mais bientôt il reprit la mesure de son manoir et rentra dans sa vie ancienne comme dans un vieil habit qu'on a quelque temps quitté pour en mettre un neuf; il se sentait à l'aise dans ce vêtement usé dont ses habitudes avaient formé les plis. Sa journée s'arrangeait ainsi. Il allait faire une courte prière dans la chapelle en ruine où reposaient ses aïeux, arrachait quelque ronce d'une tombe brisée, dépêchait son frugal repas, tirait des armes avec Pierre, montait Bayard ou le bidet qu'il avait conservé et, après une longue excursion, revenait au logis, silencieux et morne comme autrefois, puis il soupait entre Béelzébuth et Miraut et se couchait en feuilletant, pour s'endormir, un des volumes dépareillés et déjà cent fois lus de sa bibliothèque dévastée par les rats faméliques. Comme on voit, il ne survivait rien du brillant capitaine Fracasse, du hardi rival de Vallombreuse ; Sigognac était bien redevenu le châtelain du château de la Misère.

Un jour, il descendit au jardin où il avait conduit les deux jeunes comédiennes. Le jardin était plus inculte, plus désordonné et plus touffu en mauvaises herbes que jamais ; cependant, l'églantier, qui avait fourni une rose pour Isabelle et un bouton pour Sérafine, afin qu'il ne fût pas dit que deux dames sortissent d'un parterre sans être quelque peu fleuries, semblait cette fois, comme l'autre, s'être piqué d'honneur. Sur la même branche s'épanouissaient deux charmantes petites roses, aux frêles pétales, ouvertes le matin et gardant encore dans leur cœur deux ou trois perles de rosée.

Cette vue attendrit singulièrement Sigognac par le souvenir qu'elle éveillait en lui. Il se rappela cette phrase d'Isabelle : « Dans cette promenade au jardin où vous écartiez les ronces devant moi, vous m'avez cueilli une petite rose sauvage, seul cadeau que vous pussiez me faire ; j'y ai laissé tomber une larme avant de la mettre dans mon sein, et silencieusement je vous ai donné mon âme en échange. »

Il prit la rose, en aspira passionnément l'odeur et mit ses lèvres sur les feuilles, croyant que ce fussent les lèvres de son amie non moins douces, vermeilles et parfumées. Depuis qu'il était séparé d'Isabelle, il ne faisait qu'y penser, et il comprenait combien elle était indispensable à sa vie. Pendant les premiers jours, l'étourdissement de toutes ces aventures accumulées, la stupeur de ces revirements de fortune, la distraction forcée du voyage l'avaient empêché de se rendre compte du véritable état de son âme. Mais, rentré dans la solitude, le calme et le silence, il retrouvait Isabelle au bout de toutes ses rêveries. Elle remplissait sa tête et son cœur. L'image même d'Yolande s'était effacée comme une vapeur légère. Il ne se demandait même pas s'il l'avait jamais aimée, cette beauté orgueilleuse : il n'y songeait plus. « Et pourtant Isabelle m'aime, » se disait-il, après avoir récapitulé pour la centième fois tous les obstacles qui s'opposaient à son bonheur.

Deux ou trois mois se passèrent ainsi, et Sigognac était en sa chambre cherchant la pointe finale d'un sonnet à la louange de son aimée, lorsque Pierre vint annoncer à son maître qu'un gentilhomme était là qui demandait à lui parler.

« Un gentilhomme qui veut me parler, fit Sigognac, tu rêves ou il se trompe ! Personne au monde n'a rien à me dire ; cependant, pour la rareté du fait, introduis ce mortel singulier. Quel est son nom, du moins?

— Il n'a pas voulu le décliner, prétendant que ce nom ne vous apprendrait rien, » répondit Pierre en ouvrant la porte à deux battants.

Sur le seuil apparut un beau jeune homme, vêtu d'un élégant costume de cheval en drap couleur noisette, agrémenté de vert, chaussé de bottes en feutre gris aux éperons d'argent, et tenant en main un chapeau à larges bords orné d'une longue plume verte, ce qui permettait de voir en pleine lumière sa tête fière, délicate et charmante dont plus d'une femme eût jalousé les traits corrects dignes d'une statue antique.

Ce cavalier accompli ne parut pas faire sur Sigognac une impression agréable, car il pâlit légèrement, et d'un bond courut à son épée suspendue au chevet du lit, la tira du fourreau et se mit en garde.

« Pardieu! monsieur le duc, je croyais vous avoir bien tué! Est-ce vous ou votre ombre qui m'apparaissez ainsi?

— C'est moi-même, Hannibal de Vallombreuse, répondit le jeune duc, moi-même en chair et en os, aussi peu décédé que possible ; mais rengainez au plus tôt cette rapière. Nous nous sommes déjà battus deux fois. C'est assez. Le proverbe dit que les choses répétées plaisent, mais qu'à la troisième redite elles deviennent fastidieuses. Je ne viens pas en ennemi. Si j'ai quelques petites peccadilles à me reprocher à votre endroit, vous avez bien pris votre revanche. Partant nous sommes quittes. Pour vous prouver mes bonnes intentions, voilà un brevet signé du roi qui vous donne un régiment. Mon père et moi avons fait souvenir Sa Majesté de l'attachement des Sigognac aux rois ses aïeux. J'ai voulu vous apporter en personne cette nouvelle favorable ; et maintenant, car je suis votre hôte, faites tordre le col à n'importe quoi, mettez à la broche qui vous voudrez ; mais, pour Dieu, donnez-moi à manger. Les auberges de cette route sont désastreuses, et mes fourgons, ensablés à quelque distance d'ici, contiennent mes provisions de bouche.

— J'ai bien peur, monsieur le duc, que mon dîner ne vous paraisse une vengeance, répondit Sigognac avec une courtoisie enjouée ; mais n'attribuez pas à la rancune la pauvre chère que vous ferez. Vos procédés francs et cordiaux me touchent au plus tendre de l'âme, et vous n'aurez pas désormais d'ami plus dévoué que moi. Bien que vous n'ayez guère besoin de mes services, ils vous sont tout acquis. Holà ! Pierre, trouve des poulets, des œufs, de la viande, et tâche à régaler de ton mieux ce seigneur qui meurt de faim et n'en a pas l'habitude comme nous. »

Pierre mit en poche quelques-unes des pistoles envoyées par son maître et qu'il n'avait pas touchées encore, enfourcha le bidet et courut bride abattue au village le plus proche, en quête de provisions. Il trouva quelques poulets, un jambon, une fiasque de vin vieux, et chez le curé de l'endroit, qu'il détermina non sans peine à le lui céder, un pâté de foies de canard, friandise digne de figurer sur la table d'un évêque ou d'un prince.

Au bout d'une heure il fut de retour, confia le soin de tourner la broche à une grande fille hâve et déguenillée qu'il avait rencontrée sur la route et envoyée au château, et mit le couvert dans la salle aux portraits, en choisissant parmi les faïences des dressoirs celles qui n'avaient qu'une écornure ou qu'une étoile, car il ne fallait point penser à l'argenterie, la dernière pièce ayant été depuis longtemps fondue. Cela fait, il vint annoncer à son maître « que ces messieurs étaient servis. »

Vallombreuse et Sigognac s'assirent en face l'un de l'autre sur les moins boîteuses des six chaises, et le jeune duc, que cette situation nouvelle pour lui égayait, attaqua les mets réunis à grand'peine par Pierre, avec une amusante férocité d'appétit. Ses belles dents blanches, après avoir dévoré un poulet tout entier, lequel, il est vrai, semblait mort d'étisie, s'enfonçaient joyeusement dans la tranche rose d'un jambon de Bayonne, et faisaient, comme on dit, sauter les miettes au plafond. Il proclama les foies de canard une nourriture délicate, exquise, ambroisienne, et trouva que ce petit fromage de chèvre, jaspé et persillé de vert, était un excellent éperon à boire. Il loua aussi le vin, lequel était vieux et de bon cru, et dont la belle couleur rougissait comme pourpre dans les anciens verres de Venise. Une fois même, tant il était de bonne humeur, il faillit éclater de rire, à l'air effaré de Pierre, surpris d'avoir entendu son maître appeler « M. le duc de Vallombreuse » ce vivant réputé pour mort. Tout en tenant tête du mieux qu'il pouvait au jeune duc, Sigognac s'étonnait de voir chez lui, familièrement accoudé à sa table, cet élégant et fier seigneur, jadis son rival d'amour, qu'il avait tenu deux fois au bout de son épée, et qui avait essayé à plusieurs reprises de le faire dépêcher par des spadassins.

Le duc de Vallombreuse comprit la pensée du Baron sans que celui-ci l'exprimât, et quand le vieux serviteur se fut retiré, posant sur la table un flacon de vin généreux et deux verres plus petits que les autres, pour humer la précieuse liqueur, il fila entre ses doigts le bout de sa fine moustache, et dit au Baron avec une amicale franchise :

« Je vois bien, mon cher Sigognac, malgré toute votre politesse, que ma démarche vous semble un peu étrange et subite. Vous vous dites : « Comment se fait-il que ce Vallombreuse, si hautain, si arrogant, si impérieux, soit devenu, de tigre qu'il était, un agneau qu'une bergerette conduirait au bout d'un ruban? » Pendant les six semaines que je suis resté cloué au lit, j'ai fait quelques réflexions comme le plus brave en peut se permettre en face de l'éternité ; car la mort n'est rien pour nous autres, gentilshommes, qui prodiguons notre vie avec une élégance que les bourgeois n'imiteront jamais. J'ai senti la frivolité de bien des choses, et me suis promis, si j'en revenais, de me conduire autrement. L'amour que m'inspirait Isabelle changé en pure et sainte amitié, je n'avais plus de raisons de vous haïr. Vous n'étiez plus mon rival. Un frère ne saurait être jaloux de sa sœur ; je vous sus gré de la tendresse respectueuse que vous n'aviez cessé de lui témoigner quand elle se trouvait encore dans une condition qui autorise les licences. Vous avez le premier deviné cette âme charmante sous son déguisement de comédienne. Pauvre, vous avez offert à la femme méprisée la plus grande richesse que puisse posséder un noble, le nom de ses aïeux. Elle vous appartient donc, maintenant qu'elle est illustre et riche. L'amant d'Isabelle doit être le mari de la comtesse de Lineuil.

— Mais, répondit Sigognac, elle m'a toujours obstinément refusé lorsqu'elle pouvait croire à mon absolu désintéressement.

— Délicatesse suprême, susceptibilité angélique, pur esprit de sacrifice, elle craignait d'entraver votre sort et de nuire à votre fortune; mais cette reconnaissance a renversé la situation.

— Oui, c'est moi qui maintenant serais un obstacle à sa haute position. Ai-je le droit d'être moins dévoué qu'elle?

— Aimez-vous toujours ma sœur? dit le duc de Vallombreuse d'un ton grave; j'ai, comme frère, le droit de vous adresser cette question.

— De toute mon âme, de tout mon cœur, de tout mon sang, répondit Sigognac; autant et plus que jamais homme ait aimé une femme sur cette terre, où rien n'est parfait, sinon Isabelle.

— En ce cas, monsieur le capitaine de mousquetaires, bientôt gouverneur de province, faites seller votre cheval et venez avec moi à Vallombreuse pour que je vous présente dans les formes au prince mon père et à la comtesse de Lineuil ma sœur. Isabelle a refusé pour époux le chevalier de Vidalinc, le marquis de l'Estang, deux fort beaux jeunes gens, ma foi; mais je crois que, sans se faire trop prier, elle acceptera le baron de Sigognac. »

Le lendemain, le duc et le baron cheminaient botte à botte sur la route de Paris.

XX

DÉCLARATION D'AMOUR DE CHIQUITA

Une foule compacte garnissait la place de Grève, malgré l'heure assez matinale encore que marquait le cadran de l'hôtel de ville. Les grands toits de Dominique Bocador se profilaient en gris violâtre sur un ciel d'un blanc laiteux. Leur ombre froide s'allongeait jusqu'au milieu de la place et enveloppait une charpente sinistre, dépassant d'un ou deux pieds le niveau des fronts, et barbouillée d'un rouge sanguinolent. Aux fenêtres des maisons quelques têtes paraissaient, qui rentraient aussitôt, voyant que le spectacle n'était pas commencé. Une vieille femme montra même sa face ridée à une lucarne de la tourelle située à l'angle de la place d'où la tradition veut que madame Marguerite ait contemplé le supplice de la Môle et de Coconnas : changement désastreux d'une belle reine en laide sorcière ! A la croix de pierre plantée au bord de la déclivité qui descend au fleuve, un enfant, se hissant à grand'peine, s'était suspendu, et il s'y tenait les bras passés au-dessus de la traverse, les genoux et les jambes enserrant la tige, dans une pose aussi pénible que celle du mauvais larron, mais qu'il n'eût pas quittée pour une fouace ou un chausson aux pommes. De là, il découvrait le détail intéressant de l'échafaud, la roue pour tourner le patient, les cordelettes pour l'attacher, la barre pour lui briser les os ; toutes choses dignes d'être examinées.

Cependant si, parmi les spectateurs, quelqu'un se fût avisé d'étudier d'un œil plus attentif cet enfant ainsi perché, il eût démêlé dans l'expression de son visage un autre sentiment que celui d'une curiosité vulgaire. Ce n'était point le féroce appât d'un supplice qui avait amené là ce jeune être au teint bistré, aux grands yeux cernés de brun, aux dents brillantes, aux longs cheveux noirs, dont les mains gantées de hâle se crispaient sur les croisillons de pierre. La délicatesse de ses traits semblait même indiquer un autre sexe que celui qu'accusaient ses vêtements ; mais personne ne regardait de ce côté, et toutes les têtes se tournaient instinctivement vers l'échafaud ou vers le quai par lequel devait déboucher le condamné.

Parmi les groupes apparaissaient quelques figures de connaissance ; un nez rouge au milieu d'une face pâle désignait Malartic, et il passait assez du profil busqué de Jacquemin Lampourde par-dessus le pli d'un manteau jeté sur l'épaule à l'espagnole pour qu'on ne pût douter de son identité. Bien qu'il portât son chapeau enfoncé jusqu'au sourcil, afin de cacher l'absence de son oreille coupée par la balle de Piedgris, il était aisé de retrouver Bringuenarilles dans ce grand maraud assis sur une borne et fumant une longue pipe de Hollande pour passer le temps. Piedgris lui-même causait avec Tordgueule, et sur les marches de l'Hôtel de Ville se promenaient d'une façon péripatétique, causant de choses et d'autres, plusieurs habitués du *Radis couronné*. La place de Grève où, tôt ou tard, ils doivent fatalement aboutir, exerce sur les meurtriers, les spadassins et les filous une fascination singulière. Cet endroit sinistre, au lieu de les repousser, les attire. Ils tournent autour traçant d'abord des cercles larges, ensuite plus étroits, jusqu'à ce qu'ils y tombent ; ils aiment à regarder le gibet où ils seront branchés ; ils en contemplent avidement la configuration horrible, et ils apprennent dans les grimaces des patients à se familiariser avec la mort ; effet bien contraire à l'idée de la justice, qui est d'effrayer les scélérats par l'aspect des tourments.

Ce qui explique en outre l'affluence de telles ribaudailles aux jours d'exécution, c'est que le protagoniste de la tragédie est toujours un parent, une connaissance, souvent un complice. On va voir pendre son cousin, rouer son ami de cœur, bouillir ce galant homme dont on passait la fausse monnaie. Manquer à cette fête serait une impolitesse. Pour un condamné, il est agréable d'avoir autour de son échafaud un public de figures connues. Cela soutient et ranime l'énergie. On ne veut pas être lâche devant des appréciateurs du vrai mérite, et l'orgueil vient au secours de la souffrance. Tel, ainsi entouré, meurt en Romain, qui ferait la femmelette s'il était dépêché incognito au fond d'une cave.

Sept heures sonnèrent. L'exécution devait avoir

lieu à huit heures seulement. Aussi Jacquemin Lampourde, en entendant tinter l'horloge, dit-il à Malartic : « Tu vois bien que nous aurions eu le temps de boire encore une bouteille; mais tu es toujours impatient et nerveux. Si nous retournions au *Radis couronné?* je m'ennuie de faire le pied de grue et de croquer le marmot. Voir rouer un pauvre diable, cela vaut-il une si longue attente? ce supplice est fade, bourgeois et commun. Si c'était quelque bel écartèlement à quatre chevaux montés chacun par un archer de la prévôté, quelque tenaillement avec pinces de fer rouge, quelque application de poix bouillante et de plomb fondu, quelque chose d'ingénieusement tortionnaire et de férocement douloureux, faisant honneur à l'imagination du juge ou à l'habileté du bourreau; oh! alors, je ne dis pas. Par amour de l'art, je resterais ; mais, pour si peu, fi donc!

— Je te trouve injuste à l'endroit de la roue, répondit sentencieusement Malartic en frottant son nez plus cramoisi que jamais; la roue a du bon.

— On ne peut pas disputer des goûts. Chacun est entraîné par sa volupté particulière, comme dit un auteur latin fort célèbre dont j'ai oublié le nom, ma mémoire ne retenant volontiers que ceux des grands capitaines. La roue te plaît ; je ne te contrarierai pas là-dessus, et je te tiendrai compagnie jusqu'à la fin. Conviens, cependant, qu'une décollation faite avec une lame damasquinée, ayant dans le dos une rainure remplie de vif-argent pour lui donner du poids, exige du coup d'œil, de la vigueur, de la dextérité, et présente un spectacle aussi noble qu'attrayant.

— Oui, sans doute, mais cela passe trop vite, ce n'est qu'un éclair; et puis la décapitation est réservée aux gentilshommes. Le billot est un de leurs priviléges. Parmi les supplices roturiers, la roue me paraît l'emporter sur la vulgaire pendaison, bonne tout au plus pour les malfaiteurs subalternes. Agostin est plus qu'un simple voleur. Il mérite mieux que la corde, et la justice a eu pour lui les égards qui lui sont dus.

— Tu as toujours eu un faible pour Agostin, sans doute à cause de Chiquita, dont la bizarrerie agaçait ton œil libertin ; je ne partage pas ton admiration à l'endroit de ce bandit, plus fait pour travailler sur les grands chemins et dans les gorges de montagnes, comme un *salteador*, que pour opérer avec la délicatesse convenable au sein d'une ville civilisée. Il ignore les raffinements de l'art. Sa manière est bourrue, hagarde et provinciale. Au moindre obstacle il joue des couteaux et tue vaguement et sauvagement. Trancher le nœud gordien n'est pas le dénouer, quoi qu'en dise Alexandre. En outre, il n'emploie pas l'épée; ce qui manque de noblesse.

— La spécialité d'Agostin est la navaja, l'outil de son pays ; il n'a point comme nous ébranlé, pendant des années, le carreau des salles d'armes. Mais son genre a de l'imprévu, de la hardiesse, de l'originalité. Son coup lancé réunit l'agrément de la balistique à la sûreté discrète de l'arme blanche. Le sujet est atteint, à vingt pas, sans bruit. Je regrette fort que sa carrière soit interrompue sitôt. Il allait bien ; c'était un courage de lion.

— Moi, répondit Jacquemin Lampourde, je suis pour la méthode académique. Sans les formes, tout se perd. Toutes les fois que j'attaque, je touche mon homme sur l'épaule et lui laisse le temps de se mettre en garde ; il se défend s'il veut. C'est un duel, et ce n'est plus un meurtre. Je suis un spadassin, non un assassin. Il est vrai que ma profonde science de l'escrime m'assure des chances, et que mon épée est presque infaillible ; mais, savoir bien le jeu, ce n'est pas tricher. Je ramasse la bourse, la montre, les bijoux et le manteau du mort; d'autres le feraient à ma place. Puisque j'ai eu la peine, il convient que j'aie le profit. Quoi que tu prétendes, ce travail au couteau me répugne; cela est bon à la campagne, et avec des gens de bas lieu.

— Oh ! toi, Jacquemin Lampourde, tu es ferré sur les principes ; on ne t'en ferait pas démordre ; cependant, un peu de fantaisie ne messied pas en art.

— J'admettrais une fantaisie savante, compliquée et délicate ; mais cette brutalité emportée et farouche me déplaît. D'ailleurs, Agostin se laisse griser par le sang, et, dans son ivresse rouge, il frappe au hasard. C'est une faiblesse : quand on boit à la coupe vertigineuse du meurtre, il faut avoir la tête forte. Ainsi dans cette maison, où il s'est introduit dernièrement pour y voler des sommes, il a tué le mari qui s'était éveillé et la femme qui dormait ; meurtre superflu, par trop cruel et peu galant. Il ne faut tuer les femmes que quand elles crient, encore vaut-il mieux les bâillonner ; car, si l'on est pris, ces carnages attendrissent les juges et le populaire, et l'on a l'air d'un monstre.

— Tu parles comme Saint-Jean Bouche d'or, répondit Malartic, d'une façon si magistrale et si péremptoire, que je ne trouve rien à objecter ; mais que deviendra cette pauvre Chiquita ? »

Jacquemin Lampourde et Malartic philosophaient de la sorte quand un carrosse venant du quai déboucha sur la place et produisit sur la foule des ondulations et des remous. Les chevaux piaffaient sans pouvoir avancer, et parfois leurs sabots retombaient sur des bottes, ce qui amenait entre les malandrins et les laquais des dialogues hargneux et mêlés d'injures.

Les piétons ainsi foulés eussent volontiers assailli le carrosse si les armes ducales blasonnées sur le panneau de la portière ne leur eussent inspiré une sorte de terreur, bien que ce fussent gens à ne pas respecter grand'chose. Bientôt les groupes devinrent si drus, que l'équipage fut forcé de s'arrêter au milieu de la place, où de loin le cocher, immobile sur son siége, semblait assis sur des têtes. Pour s'ouvrir un chemin et passer outre, il eût fallu écraser trop de canaille, et cette canaille, qui, à la Grève, était chez elle, ne se serait peut-être pas laissé faire.

« Ces drôles attendent quelque exécution et ne laisseront le champ libre que lorsque le patient sera expédié, dit un beau jeune homme magnifiquement vêtu à un ami de très-belle mine aussi, mais en costume plus modeste, placé à côté de lui dans le fond du carrosse. Au diable l'imbécile qui va se faire rouer précisément à l'heure où nous traversons la place de Grève ! Ne pouvait-il pas remettre la chose à demain ?

— Croyez, répondit l'ami, qu'il ne demanderait pas mieux, et que l'incident est encore plus fâcheux pour lui que pour nous.

— Ce que nous avons de mieux à faire, mon cher Sigognac, c'est de nous résigner à tourner la tête de l'autre côté si le spectacle nous dégoûte, chose difficile pourtant, lorsqu'il se passe près de soi quelque chose de terrible ; témoin saint Augustin, qui ouvrit les yeux dans le cirque, quoiqu'il se fût bien promis de les tenir fermés, à un grand cri que poussa le populaire.

— En tout cas, nous n'avons pas longtemps à attendre, répondit Sigognac, voyez là-bas, Vallombreuse ; la foule se sépare devant la charrette du condamné. »

En effet, une charrette, traînée par une rosse que réclamait Montfaucon, s'avançait, entourée de quelques archers à cheval, avec un bruit de vieilles ferrailles, et traversait les groupes de curieux, se dirigeant vers l'échafaud. Sur une planche jetée en travers des ridelles était assis Agostin, auprès d'un capucin à barbe blanche qui lui présentait aux lèvres un crucifix de cuivre jaune poli par les baisers d'agonisants en bonne santé. Le bandit avait les cheveux entourés d'un mouchoir dont les bouts noués lui pendaient derrière la nuque. Une chemise de grosse toile et des grègues de vieille serge composaient tout son costume. Il était en toilette d'échafaud; toilette succincte. Le bourreau s'était déjà emparé de la défroque du condamné, comme c'était son droit, et ne lui avait laissé que ces haillons, bien suffisants pour mourir. Un système de cordelettes, dont le bout était tenu par l'exécuteur des hautes œuvres, placé à l'arrière de la charrette, afin que le patient ne le vît pas, maintenait Agostin, tout en lui laissant une liberté apparente. Un valet de bourreau, assis de côté sur un des brancards de la charrette, tenait les guides et fouettait à tour de bras la maigre rosse.

« Eh mais, dit Sigognac dans le carrosse, c'est le bandit qui m'a autrefois arrêté sur la grand' route en tête d'une troupe de mannequins ; je vous ai conté cette histoire pendant notre voyage à l'endroit où elle s'était passée.

— Je m'en souviens, fit Vallombreuse, et j'en ai ri de bon cœur ; mais, depuis, il paraît que le drôle s'est livré à des exploits plus sérieux. L'ambition l'a perdu ; il fait d'ailleurs assez bonne contenance. »

Agostin, un peu pâli sous son teint naturellement hâlé, promenait sur la foule un regard préoccupé et qui semblait chercher quelqu'un. En passant auprès de la croix de pierre, il aperçut le jeune enfant perché dont il a été question au commencement de ce chapitre et qui n'avait pas quitté sa place.

A cette vue un éclair de joie brilla dans ses yeux, un faible sourire entr'ouvrit ses lèvres ; il fit de la tête un signe imperceptible, adieu et testament à la fois, et dit à mi-voix : « Chiquita ! »

« Mon fils, quel mot venez-vous de prononcer, fit le capucin en agitant son crucifix ; cela sonne comme un nom de femme : quelque Égyptienne sans doute ou quelque fille folle de son corps. Pensez plutôt à votre salut ; vous avez le pied sur le seuil de l'éternité.

— Oui, mon père, et quoique j'aie les cheveux noirs, vous êtes plus jeune que moi avec votre barbe blanche. Chaque tour de roue vers cette charpente me vieillit de dix ans.

— Pour un brigand de province, que cela devrait intimider de mourir devant des Parisiens, dit Jacquemin Lampourde, qui s'était rapproché de l'échafaud en jouant des coudes à travers les badauds et les commères, cet Agostin se comporte assez bien ; il n'est point trop défait et n'a pas par anticipation, comme d'aucuns, la mine cadavéreuse des suppliciés. Sa tête ne ballotte pas ; il la tient haute et droite ; signe de courage, il a regardé fixement la machine. Si mon expérience ne me trompe, il fera une fin correcte et décente, sans geindre, sans se débattre, sans demander à faire des aveux pour gagner du temps.

— Oh! pour cela, il n'y a pas de danger, dit Malartic ; à la torture, il s'est laissé enfoncer huit coins plutôt que de desserrer les dents et de trahir un camarade. »

La charrette, pendant ces courts dialogues, était arrivée aux pieds de l'échafaud, dont Agostin monta lentement les degrés, précédé du valet, soutenu du capucin et suivi du bourreau. En moins d'une minute il fut étalé et lié solidement sur la roue par les aides de l'exécuteur. Le bourreau, ayant jeté son manteau rouge brodé à l'épaule d'une échelle en galon blanc, avait tourné sa manche en bourrelet autour de son bras, pour être plus libre et dégagé, et se baissait pour prendre la barre fatale.

C'était l'instant suprême. Une curiosité anxieuse opprimait les poitrines des spectateurs. Lampourde et Malartic étaient devenus sérieux ; Bringuenarilles lui-même n'aspirait plus la fumée de sa pipe, qu'il avait ôtée de ses lèvres. Tordgueule, sentant qu'une aventure semblable lui pendait à l'oreille, prenait un air mélancolique et rêveur. Tout à coup un certain frémissement eut lieu parmi la foule. L'enfant hissé sur la croix s'était laissé couler à terre, et, se faufilant comme une couleuvre à travers les groupes, avait atteint l'échafaud, dont en deux bonds elle escaladait les marches, présentant au bourreau étonné, qui levait déjà sa masse, une figure pâle, étincelante, sublime, illuminée d'une telle résolution, qu'il s'arrêta malgré lui et retint le coup prêt à descendre.

« Ote-toi de là, môme, s'écria le bourreau, ou ma barre va te briser la tête. »

Mais Chiquita ne l'écoutait point. Il lui était bien égal d'être tuée. Se penchant sur Agostin, elle le baisa au front et lui dit : « Je t'aime ; » puis, d'un mouvement plus prompt que l'éclair, elle lui plongea dans le cœur la navaja qu'elle avait reprise à Isabelle. Le coup était porté d'une main si ferme que la mort fut presque instantanée ; à peine Agostin eut-il le temps de dire : « Merci, »

— Cuando esta vivora pica,
No hay remedio en la botica,

murmura l'enfant avec un éclat de rire sauvage et fou, en se précipitant à bas de l'échafaud, où l'exécuteur, stupéfait de l'aventure, abaissait sa barre inutile, incertain s'il devait briser les os d'un cadavre.

« Bien, Chiquita, très-bien! » ne put s'empêcher de crier Malartic, qui l'avait reconnue sous ses habits de garçon.

Lampourde, Bringuenarilles, Piedgris, Tordgueule et les amis du *Radis couronné*, émerveillés de cette action, s'arrangèrent en haie compacte, de façon à empêcher les soldats de courir après Chiquita. Les disputes et les poussées, mêlées de horions, que fit naître cet embarras factice, donnèrent le temps à la petite de gagner le carrosse de Vallombreuse, arrêté au coin de la place. Elle grimpa sur le marchepied, et, s'accrochant des mains à la portière, elle reconnut Sigognac et lui dit d'une voix haletante : « J'ai sauvé Isabelle, sauve-moi. »

Vallombreuse, que cette scène bizarre avait fort intéressé, cria au cocher : « A fond de train et passe, s'il le faut, sur le ventre de cette canaille. » Mais le cocher n'eut besoin d'écraser personne. La foule s'ouvrait avec empressement devant le carrosse et se refermait aussitôt pour arrêter la molle poursuite des soudards. En quelques minutes, le carrosse eut atteint la porte Saint-Antoine, et, comme le bruit d'une aventure si récente ne pouvait être parvenu jusque-là, Vallombreuse ordonna au cocher de modérer son allure, d'autant qu'un équipage, fuyant de cette vitesse, eût semblé, à bon droit, suspect. Le faubourg dépassé, il fit entrer Chiquita dans la voiture. Elle s'assit, sans mot dire, sur un carreau, en face de Sigognac. Sous l'apparence la plus calme, elle était en proie à une exaltation extrême. Aucun muscle de sa figure ne bougeait, mais un flot de sang empourprait ses joues, ordinairement si pâles, et donnait à ses grands yeux fixes, qui regardaient sans voir, un éclat surnaturel. Une sorte de transfiguration s'était opérée dans Chiquita. Cet effort violent avait déchiré la chrysalide enfantine où dormait la jeune fille. En plongeant son couteau dans le cœur d'Agostin, elle avait du même coup ouvert le sien. Son amour était né de ce meurtre ; l'être bizarre, presque insexuel, moitié enfant, moitié lutin, qu'elle avait été jusque-là, n'existait plus. Elle était femme désormais, et sa passion éclose en une minute devait être éternelle. Un baiser, un coup de couteau, c'était bien l'amour de Chiquita.

La voiture roulait toujours, et l'on voyait déjà poindre derrière les arbres les grands toits ardoisés du château. Vallombreuse dit à Sigognac : « Vous viendrez dans mon appartement, et vous y ferez un bout de toilette avant que je vous présente à ma sœur, qui ignore mon voyage et votre arrivée ; j'ai ménagé ce coup de théâtre dont j'espère le meilleur effet. Abaissez le mantelet de votre côté pour qu'on ne vous voie pas, que la surprise soit complète; mais qu'allons-nous faire de ce petit démon ?

— Ordonnez, dit Chiquita, qui, à travers sa rêverie profonde, avait entendu la phrase de Vallombreuse, ordonnez qu'on me conduise à madame Isabelle; qu'elle soit l'arbitre de mon sort. »

Rideaux baissés, le carrosse entra dans la cour d'honneur : Vallombreuse prit Sigognac sous le bras et l'emmena dans son appartement, après avoir dit à un laquais de conduire Chiquita chez la comtesse de Lineuil.

A la vue de Chiquita, Isabelle posa le livre qu'elle était en train de lire et arrêta sur la jeune fille un regard plein d'interrogations.

Chiquita resta immobile et silencieuse jusqu'à ce que le laquais fût retiré. Alors, avec une sorte de solennité singulière, elle s'avança vers Isabelle, lui prit la main et dit :

« Le couteau est dans le cœur d'Agostin; je n'ai plus de maître, et je sens le besoin de me dévouer à quelqu'un. Après lui, qui est mort, c'est toi que j'aime le plus au monde; tu m'as donné le collier de perles et tu m'as embrassée. Veux-tu de moi pour esclave, pour chien, pour gnome ? Fais-moi donner un haillon noir pour porter le deuil de mon amour; je coucherai en travers sur le seuil de ta porte; cela ne te gênera pas du tout. Quand tu me voudras, tu siffleras ainsi — et elle siffla — et je paraîtrai tout de suite ; veux-tu ? »

Isabelle, pour toute réponse, attira Chiquita sur son cœur, lui effleura le front des lèvres et accepta simplement cette âme qui se donnait à elle.

XXI

HYMEN, O HYMÉNÉE!

Isabelle, accoutumée aux façons énigmatiques et bizarres de Chiquita, ne l'avait point interrogée, se réservant de lui demander des explications quand cette étrange fille serait plus calme. Elle entrevoyait bien quelque histoire terrible à travers tout cela ; mais la pauvre enfant lui avait rendu de tels services, qu'il fallait l'accueillir sans enquête en cette situation évidemment désespérée.

Après l'avoir confiée à une femme de chambre, elle reprit sa lecture interrompue, bien que le livre ne l'intéressât guère ; au bout de quelques pages, son esprit ne suivant plus les lignes, elle mit le signet entre les pages et reposa le volume sur la table parmi des ouvrages d'aiguille commencés. La tête appuyée sur la main, le regard perdu dans l'espace, elle se laissa aller à la pente habituelle de sa rêverie : « Qu'est devenu Sigognac, disait-elle, pense-t-il encore à moi, m'aime-t-il toujours ? Sans doute, il est retourné dans son pauvre château, et, croyant mon frère mort, il n'ose donner signe de vie. Cet obstacle chimérique l'arrête. Autrement, il eût essayé de me revoir ; il m'eût écrit tout au moins. Peut-être l'idée que je suis maintenant un riche parti retient-elle son courage. S'il m'avait oubliée! Oh! non; c'est impossible. J'aurais dû lui faire savoir que Vallombreuse était guéri de sa blessure; mais il n'est pas séant à une jeune personne bien née de provoquer ainsi un amant éloigné à reparaître : cela blesserait toutes les délicatesses féminines. Souvent je me demande s'il n'eût pas mieux valu pour moi rester l'humble comédienne que j'étais. Je pouvais du moins le voir tous les jours, et, sûre de ma vertu comme de son respect, savourer en paix la douceur d'être aimée. Malgré l'affection touchante de mon père, je me sens triste et seule dans ce château magnifique; encore si Vallombreuse était là, sa compagnie me distrairait; mais son absence se prolonge, et je cherche en vain le sens de cette phrase qu'il m'a jetée au départ avec un sourire : « Au revoir, petite sœur, vous serez contente de moi. » Parfois, il me semble comprendre, mais je ne veux pas m'arrêter à une telle pensée; la déception serait trop douloureuse. Si c'était vrai, ah! j'en deviendrais folle de joie! »

La comtesse de Lineuil, car il est peut-être un peu bien familier d'appeler Isabelle tout court la fille légitimée d'un prince, en était là de son monologue intérieur lorsqu'un grand laquais vint demander si madame la comtesse pouvait recevoir M. le duc de Vallombreuse, qui arrivait de voyage et demandait à la saluer.

« Qu'il vienne tout de suite, répondit la comtesse, sa visite me fera le plus grand plaisir. »

Cinq ou six minutes s'étaient à peine écoulées que

le jeune duc entrait dans le salon le teint brillant, l'œil vif, la démarche assurée et légère, avec cet air de gloire qu'il avait avant sa blessure ; il jeta son feutre à plume sur un fauteuil et prit la main de sa sœur qu'il porta à ses lèvres d'une façon aussi respectueuse que tendre.

« Chère Isabelle, je suis resté plus longtemps que je ne l'aurais voulu, car ce m'est une grande privation de ne pas vous voir, tant j'ai vite pris la douce habitude de votre présence ; mais je me suis bien occupé de vous pendant mon voyage et l'espoir de vous faire plaisir me dédommageait un peu.

— Le plus grand plaisir que vous eussiez pu me faire, répondit Isabelle, c'eût été de demeurer au château près de votre père et de moi, et de ne pas vous mettre en route, votre blessure à peine fermée, pour je ne sais quelle fantaisie.

— Est-ce que j'ai été blessé ? dit en riant Vallombreuse ; ma foi, s'il m'en souvient, il ne m'en souvient guère. Je ne me suis jamais mieux porté, et cette petite excursion m'a fait beaucoup de bien. La selle me vaut mieux que la chaise longue. Mais vous, bonne sœur, je vous trouve un peu maigrie et pâlie ; vous seriez-vous ennuyée ? Ce manoir n'est pas gai et la solitude ne convient pas aux jeunes filles. La lecture et la broderie sont des passe-temps mélancoliques à la longue, et il y a des instants où la plus sage, lasse de regarder par la fenêtre l'eau verte du fossé, aimerait à voir le visage d'un beau cavalier.

— Que vous êtes fâcheusement badin, mon frère,

et comme vous aimez à taquiner ma tristesse par vos folies ! N'avais-je pas la compagnie du prince, si aimablement paternel et abondant en paroles instructives et sages ?

— Sans doute, notre digne père est un gentilhomme accompli, prudent au conseil, hardi à l'action, parfait courtisan chez le roi, grand seigneur chez lui, docte et disert en toutes sortes de sciences; mais le genre d'amusement qu'il procure est un amusement grave, et je ne veux pas que ma chère sœur consume sa jeunesse d'une façon solennelle et maussade. Puisque vous n'avez pas voulu du chevalier de Vidalinc ni du marquis de l'Estang, je me suis mis en quête, et, dans mes voyages, j'ai trouvé votre affaire : un mari charmant, parfait, idéal, dont vous raffolerez, j'en suis sûr.

— C'est une cruauté, Vallombreuse, de me persécuter de ces plaisanteries. Vous n'ignorez pas, méchant frère, que je ne veux point me marier; je ne saurais donner ma main sans mon cœur, et mon cœur n'est plus à moi.

— Vous changerez de langage quand je vous présenterai l'époux que je vous ai choisi.

— Jamais, jamais, répondit Isabelle d'une voix altérée par l'émotion; je serai fidèle à un souvenir bien cher, car je ne pense pas que votre intention soit de forcer ma volonté.

— Oh ! non, je ne suis pas tyrannique à ce point; je vous demande seulement de ne pas repousser mon protégé avant de l'avoir vu. »

Sans attendre le consentement de sa sœur, Vallombreuse se leva et passa dans le salon voisin. Il en revint aussitôt amenant Sigognac, à qui le cœur battait bien fort. Les deux jeunes gens, se tenant par la main, restèrent quelque temps arrêtés sur le seuil, espérant qu'Isabelle tournerait les yeux de leur côté, mais elle les baissait modestement, regardant la pointe de son corsage et pensant à cet ami qu'elle ne soupçonnait pas si près d'elle.

Vallombreuse, voyant qu'elle ne prenait point garde à eux et retombait dans sa rêverie, avança de quelques pas vers sa sœur, conduisant le Baron par le bout des doigts comme on mène une dame à la danse, et fit un salut cérémonieux que répéta Sigognac. Seulement Vallombreuse souriait et Sigognac pâlissait. Brave avec les hommes, il était timide avec les femmes, comme tous les cœurs généreux.

« Comtesse de Lineuil, dit Vallombreuse d'un ton légèrement emphatique et comme outrant à dessein l'étiquette, permettez-moi de vous présenter un de mes bons amis que vous accueillerez favorablement, je l'espère : le baron de Sigognac. »

A ce nom, qu'elle prit d'abord pour une raillerie de son frère, Isabelle tressaillit pourtant et jeta un coup d'œil rapide au nouveau venu. Reconnaissant que Vallombreuse ne la trompait point, elle ressentit une émotion extraordinaire. D'abord elle devint toute blanche, le sang affluant au cœur; puis, la réaction se faisant, une rougeur aimable lui couvrit comme un nuage rose le front, les joues, et ce qu'on entrevoyait de son sein sous la gorgerette. Sans dire un mot, elle se leva et se jeta au col de Vallombreuse, cachant sa tête contre l'épaule du jeune duc. Deux ou trois sanglots agitèrent le gracieux corps de la jeune fille, et quelques larmes mouillèrent le velours du pourpoint à la place où elle appuyait la tête. Par ce joli mouvement, si pudique et si féminin, Isabelle montrait toute la délicatesse de son âme. Elle remerciait Vallombreuse, dont elle avait compris l'ingénieuse bonté, et, ne pouvant embrasser son amant, elle embrassait son frère.

Quand il pensa qu'elle avait eu le temps de se calmer, Vallombreuse se dégagea doucement de l'étreinte d'Isabelle, et, lui écartant les mains dont elle se voilait le visage pour cacher ses pleurs, il lui dit : « Chère sœur, laissez-nous un peu voir votre figure charmante, ou mon protégé croira que vous avez pour lui une insurmontable horreur. »

Isabelle obéit et tourna vers Sigognac ses beaux yeux éclairés d'une joie céleste, malgré les perles brillantes qui tremblaient encore à ses longs cils : elle lui tendit sa belle main, sur laquelle le Baron, s'inclinant, appuya le baiser le plus tendre. La sensation en monta jusqu'au cœur de la jeune fille, qui manqua défaillir ; mais on se remet vite de ces émotions délicieuses.

« Eh bien, n'avais-je pas raison, dit Vallombreuse, de soutenir que vous recevriez bien le prétendu de mon choix. Cela est bon quelquefois de s'opiniâtrer en sa fantaisie. Si je ne m'étais montré aussi entêté que vous étiez résolue, le cher Sigognac serait reparti pour sa gentilhommière sans vous avoir vue, et c'eût été dommage ; convenez-en.

— J'en conviens, cher frère ; vous avez été en tout cela d'une bonté adorable. Vous seul pouviez, en cette circonstance, opérer la réconciliation, puisque vous seul aviez souffert.

— Oui, dit Sigognac, M. le duc de Vallombreuse a fait preuve à mon endroit d'une âme grande et généreuse ; il a mis de côté des ressentiments qui pouvaient sembler légitimes, et il est venu à moi la main ouverte et le cœur sur la main. Du mal que je lui ai fait, il se venge noblement en m'imposant une reconnaissance éternelle, fardeau léger, et que je porterai avec joie jusqu'à la mort.

— Ne parlez pas de cela, mon cher Baron, répondit Vallombreuse ; vous en eussiez fait tout autant à ma place. Deux vaillants finissent toujours par s'entendre ; les épées liées lient les âmes, et nous devions former tôt ou tard une paire d'amis, comme Thésée et Pirithoüs, comme Nisus et Euryale, comme Pythias et Damon ; mais ne vous occupez pas de moi. Dites plutôt à ma sœur combien vous la regrettiez et pensiez à elle en ce manoir de Sigognac, où j'ai pourtant fait un des meilleurs repas de ma vie, quoique vous prétendiez que la règle est d'y mourir de faim.

— J'y ai aussi très-bien soupé, dit Isabelle en souriant, et j'en garde un agréable souvenir.

— Vous verrez, répliqua Sigognac, que tout le monde aura fait des festins de Balthazar dans cette tour de la famine ; mais je ne rougis pas de l'heureuse pauvreté qui m'a valu d'intéresser votre âme, chère Isabelle; je la bénis; je lui dois tout.

— M'est avis, dit Vallombreuse, que je ferais bien d'aller saluer mon père et de le prévenir de votre arrivée, à laquelle il s'attend un peu, je l'avoue. Ah çà, comtesse, il est bien sûr que vous acceptez le baron de Sigognac pour époux? je ne voudrais pas faire un pas de clerc. Vous l'acceptez? c'est bien. Alors je puis me retirer : des fiancés ont parfois à se dire des choses très-innocentes, mais que gênerait la présence d'un frère ; je vous laisse l'un à l'autre, certain que vous me remercierez, et puis, le métier de duègne n'est pas mon affaire. Adieu; je reviendrai bientôt prendre Sigognac pour le mener au prince. »

Après avoir jeté ces mots d'un air dégagé, le jeune duc se coiffa de son feutre et sortit en laissant ces parfaits amants à eux-mêmes. Quelque agréable que fût sa compagnie, son absence l'était encore davantage.

Sigognac se rapprocha d'Isabelle et lui prit la main qu'elle ne retira point. Pendant quelques minutes le jeune couple se regarda avec des yeux ravis. De tels silences sont plus éloquents que des paroles ; privés si longtemps du plaisir de se voir, Isabelle et Sigognac ne pouvaient se rassasier l'un de l'autre ; enfin le Baron dit à sa jeune maîtresse :

« J'ose à peine croire à tant de félicité. Oh! la bizarre étoile que la mienne ! vous m'avez aimé parce que j'étais pauvre et malheureux, et ce qui devait consommer ma perte est cause de ma fortune. Une troupe de comédiens me réservait un ange de beauté et de vertu ; une attaque à main armée m'a donné un ami, et votre enlèvement vous a fait reconnaître d'un père qui vous cherchait en vain ; tout cela parce qu'un chariot s'est égaré dans les landes par une nuit obscure.

— Nous devions nous aimer, c'était écrit là-haut. Les âmes sœurs finissent par se trouver quand elles savent s'attendre. J'ai bien senti, au château de Sigognac, que ma destinée s'accomplissait ; à votre vue, mon cœur qu'aucune galanterie n'avait su toucher, éprouva une commotion. Votre timidité fit plus que toutes les audaces, et dès ce moment je résolus de n'appartenir jamais qu'à vous ou à Dieu.

— Et pourtant, méchante, vous m'avez refusé votre main quand je la demandais à genoux : je sais bien que c'était par générosité ; mais c'était une générosité cruelle.

— Je la réparerai de mon mieux, cher Baron, et la voici cette main, avec mon cœur que vous possédiez déjà. La comtesse de Lineuil n'est pas obligée aux mêmes scrupules que la pauvre Isabelle. Je n'avais qu'une peur, c'est que vous ne voulussiez plus de moi, par fierté. Mais, bien vrai, en renonçant à moi, vous n'auriez pas épousé une autre femme ? Vous me seriez resté fidèle, même sans espérance ? Ma pensée occupait la vôtre lorsque Vallombreuse est allé vous relancer dans votre manoir ?

— Chère Isabelle, le jour, je n'avais pas une idée qui ne volât vers vous, et le soir, en posant ma tête sur l'oreiller effleuré une fois par votre front pur, je suppliais les divinités du rêve de me représenter votre charmante image dans leur miroir fantastique.

— Et ces bonnes divinités vous exauçaient-elles souvent?

— Elles n'ont pas trompé une fois mon attente, et le matin seul vous faisait disparaître par la porte d'ivoire. Oh! la journée me paraissait bien longue, et j'aurais voulu toujours dormir.

— Je vous ai vu aussi bien des nuits de suite. Nos âmes amoureuses se donnaient rendez-vous dans le même songe. Mais, Dieu soit loué, nous voici réunis pour longtemps, pour toujours, je l'espère. Le prince, avec qui Vallombreuse doit être d'accord, car mon frère ne vous aurait pas légèrement engagé dans cette démarche, accueillera, sans nul doute, votre demande avec faveur. A plusieurs reprises, il m'a parlé de vous en fort bons termes, tout en me jetant un regard singulier qui me troublait extrêmement, et dont je n'osais alors comprendre la signification, Vallombreuse n'ayant point dit encore qu'il renonçât à sa haine contre vous. »

En ce moment le jeune duc revint et dit à Sigognac que le prince l'attendait.

Sigognac se leva, salua Isabelle et suivit Vallombreuse à travers plusieurs appartements au bout desquels se trouvait la chambre du prince. Le vieux seigneur, vêtu de noir, décoré de ses ordres, était assis près de la fenêtre dans un grand fauteuil, derrière une table recouverte d'un tapis de Turquie et chargée de papiers et de livres. Sa pose, malgré son air affable, était un peu composée comme celle d'un homme qui attend une visite solennelle. La lumière, glissant sur son front en luisants satinés, y faisait briller comme des fils d'argent quelques cheveux détachés des boucles que le peigne du valet de chambre avait disposées au long de ses tempes. Son regard était doux, ferme et clair, et le temps qui avait laissé sur cette noble physionomie des traces de son passage, lui rendait en majesté ce qu'il lui dérobait en beauté. A l'aspect du prince, même eût-il été dénué des insignes de son rang, il était impossible de ne pas éprouver un sentiment de vénération. Le manant le plus inculte et le plus farouche eût reconnu en lui un vrai grand seigneur. Le prince se souleva sur son fauteuil pour répondre au salut de Sigognac et lui fit signe de s'asseoir.

« Monsieur mon père, dit Vallombreuse, je vous présente le baron de Sigognac, autrefois mon rival, maintenant mon ami, mon parent bientôt si vous y consentez. Je lui dois d'être sage. Ce n'est pas une mince obligation. Le Baron vient respectueusement vous faire une requête qu'il me serait bien doux de vous voir lui accorder. »

Le prince fit un geste d'acquiescement comme pour engager Sigognac à parler.

Encouragé de la sorte, le Baron se leva, s'inclina et dit : « Prince, je vous demande la main de madame la comtesse Isabelle de Lineuil, votre fille. »

Comme pour se donner le temps de la réflexion, le vieux seigneur garda quelques instants le silence, puis il répondit : « Baron de Sigognac, j'accueille votre demande et consens à ce mariage en tant que ma volonté paternelle s'accordera avec le bon plaisir de ma fille que je ne prétends forcer en rien. Je ne veux point user de tyrannie, et c'est à la comtesse de Lineuil qu'il appartient de décider sur ce point en dernier ressort. Il la faut consulter. Les fantaisies des jeunes personnes sont parfois bizarres. » Le prince dit ces mots avec la fine malice et le sourire spirituel du courtisan comme s'il ne savait pas dès longtemps qu'Isabelle aimait Sigognac ; mais il était de sa dignité de père de paraître l'ignorer, tout en laissant entrevoir qu'il n'en doutait aucunement.

Il reprit après une pause : « Vallombreuse, allez chercher votre sœur, car sans elle, vraiment, je ne puis répondre au baron de Sigognac. »

Vallombreuse disparut et revint bientôt avec Isabelle plus morte que vive. Malgré les assurances de son frère, elle ne pouvait croire encore à tant de bonheur ; son sein palpitant soulevait son corsage, les couleurs avaient quitté ses joues, et ses genoux se dérobaient sous elle. Le prince l'attira près de lui, et elle fut obligée, tant elle tremblait, de s'appuyer au bras du fauteuil pour ne pas choir tout de son long à terre.

« Ma fille, dit le prince, voici un gentilhomme qui vous fait l'honneur de me demander votre main. Je verrais cette union avec joie ; car il est de race ancienne, de réputation sans tache, et il me semble réunir toutes les conditions désirables. Il me convient ; mais a-t-il su vous plaire ? les têtes blondes ne jugent pas toujours comme les têtes grises. Sondez votre cœur, examinez votre âme, et dites si vous acceptez monsieur le baron de Sigognac pour mari. Prenez votre temps ; en chose si grave, il ne faut point de hâte. »

Le sourire bienveillant et cordial du prince faisait bien voir qu'il badinait. Aussi Isabelle enhardie mit ses bras autour du col de son père et lui dit d'une voix adorablement câline : « Il n'est pas nécessaire de tant réfléchir. Puisque le baron de Sigognac vous agrée, mon seigneur et père, j'avouerai avec une libre et honnête franchise que je l'aime depuis que je l'ai vu et je n'ai jamais désiré d'autre époux. Vous obéir sera mon plus grand bonheur.

« Eh bien, donnez-vous la main et embrassez-vous en signe de fiançailles, dit gaiement le duc de Vallombreuse. Le roman se termine mieux qu'on ne l'aurait pu croire d'après ses commencements embrouillés. A quand la noce ?

— Il faut bien, dit le prince, une huitaine de jours aux tailleurs pour couper et assembler les étoffes, autant aux carrossiers pour mettre en état les équipages ; en attendant, Isabelle, voici votre dot : la comté de Lineuil dont vous portez le titre et qui rend cinquante mille écus de rente avec ses bois, prés, étangs et terres labourables (et il lui tendit une liasse de papiers). Quant à vous, Sigognac, prenez cette ordonnance royale qui vous nomme gouverneur d'une province. Nul mieux que vous ne convient à cette place. »

Sur la fin de cette scène Vallombreuse s'était éclipsé, mais il reparut bientôt suivi d'un laquais qui portait une boîte enveloppée d'une chemise en velours rouge.

« Ma petite sœur, dit-il à la jeune fiancée, voici mon présent de noces, et il lui présenta la boîte. Sur le couvercle on lisait : « Pour Isabelle. » C'était l'écrin qu'il avait jadis offert à la comédienne et qu'elle avait vertueusement refusé. « Vous l'accepterez cette fois, ajouta-t-il avec un charmant sourire, empêchez ces diamants d'une eau magnifique et ces perles d'un orient parfait de faire une mauvaise fin. Qu'ils restent aussi purs que vous ! »

Isabelle, en souriant, prit un collier et le passa à son col, pour prouver à ces belles pierres qu'elle ne leur gardait pas rancune. Ensuite elle arrangea autour de son bras nacré un triple rang de perles, puis elle suspendit à ses oreilles de riches pendeloques.

Qu'ajouter à cela ? les huit jours passés, le chapelain de Vallombreuse unit Isabelle et Sigognac, à qui le marquis de Bruyères servait de témoin, dans la chapelle du château toute fleurie de bouquets, tout étincelante de cierges. Des musiciens amenés par le jeune duc chantèrent avec une voix qui semblait venir du ciel et y remonter un motet de Palestrina. Sigognac était radieux, Isabelle adorable sous ses longs voiles blancs, et jamais, à moins de le savoir, on n'eût pu soupçonner que cette belle personne si noble et si modeste à la fois, qui ressemblait à une princesse du sang, avait paru en des comédies, devant des chandelles. Sigognac, gouverneur de province, capitaine de mousquetaires, vêtu superbement, n'avait aucun rapport avec le malheureux gentillâtre dont la misère a été décrite au commencement de cette histoire.

Après un repas splendide où figuraient le prince, Vallombreuse, le marquis de Bruyères, le chevalier de Vidalinc, le comte de l'Estang et quelques vertueuses dames amies de la famille, les deux mariés disparurent; mais il nous faut les abandonner sur le seuil de la chambre nuptiale en chantant à mi-voix : « Hymen, ô Hyménée ! » à la façon antique. Les mystères du bonheur doivent être respectés, et d'ailleurs Isabelle est si pudique qu'elle mourrait de honte si l'on ôtait indiscrètement une épingle à son corsage.

XXII

LE CHATEAU DU BONHEUR

ÉPILOGUE.

On pense bien que la bonne Isabelle, devenue baronne de Sigognac, n'avait pas oublié dans les grandeurs ses braves camarades de la troupe d'Hérode. Ne pouvant les inviter à sa noce à cause de leur condition qui ne congruait plus à la sienne, elle leur avait fait à tous des cadeaux offerts avec une grâce si charmante qu'elle en doublait la valeur. Même, jusqu'au départ de la compagnie, elle alla souvent les voir jouer, les applaudissant à propos, comme quelqu'un qui s'y connaissait. Car la nouvelle baronne ne célait point qu'elle eût été comédienne, excellent moyen d'ôter aux mauvaises langues l'envie de le dire, comme elles n'y auraient pas manqué, si elle en eût fait mystère. Du reste, le sang illustre dont elle était imposait silence à tous, et sa modestie lui eut bientôt conquis les cœurs, même ceux des femmes, qui s'accordèrent à la trouver aussi grande dame que pas une à la cour. Le roi Louis XIII, ayant entendu parler des aventures d'Isabelle, la loua fort de sa sagesse et témoigna une particulière estime à Sigognac pour sa retenue, n'aimant pas, en chaste monarque qu'il était, les jeunesses audacieuses et débordées. Vallombreuse s'était notoirement amendé à la fréquentation de son beau-frère, et le prince en ressentait beaucoup de joie. Les jeunes époux menaient donc une charmante vie, toujours plus amoureux l'un de l'autre et n'éprouvant pas cette satiété du bonheur qui gâte les plus belles existences. Cependant, depuis quelque temps, Isabelle semblait animée d'une activité mystérieuse. Elle avait des conférences secrètes avec son intendant; un architecte venait la voir qui lui soumettait des plans; des sculpteurs et des peintres avaient reçu d'elle des ordres et étaient partis pour une destination inconnue. Tout cela se faisait en cachette de Sigognac, de complicité avec Vallombreuse, qui paraissait savoir le mot de l'énigme.

Un beau matin, après quelques mois écoulés nécessaires sans doute à l'accomplissement de son projet, Isabelle dit à Sigognac, comme si une idée subite lui eût traversé la fantaisie : « Mon cher seigneur, ne pensez-vous jamais à votre pauvre castel de Sigognac, et n'avez-vous pas envie de revoir le berceau de nos amours?

— Je ne suis pas si ingrat, et j'y ai plus d'une fois songé; mais je n'ai point osé vous engager à ce voyage, ne sachant pas s'il serait de votre goût. Je ne me serais pas permis de vous arracher aux délices de la cour dont vous êtes l'ornement, pour vous conduire à ce château lézardé, séjour des rats et des hiboux, lequel je préfère pourtant aux plus riches palais, comme étant la séculaire habitation de mes ancêtres et le lieu où je vous vis pour la première fois, place à jamais sacrée que volontiers je marquerais d'un autel.

— Pour moi, reprit Isabelle, je me suis demandé bien souvent si l'églantier du jardin avait encore des roses.

— Il en a, dit Sigognac, j'en jurerais ; ces arbustes agrestes sont vivaces, et d'ailleurs, ayant été touché par vous, il doit toujours produire des fleurs, même pour la solitude.

— A l'encontre des époux ordinaires, répondit en riant la baronne de Sigognac, vous êtes plus galant après le mariage qu'avant, et vous poussez des madrigaux à votre femme comme à une maîtresse. Puisque votre désir s'accorde avec mon caprice, vous plairait-il de partir cette semaine? La saison est belle, les fortes chaleurs sont passées, et nous ferons agréablement le voyage. Vallombreuse viendra avec nous et j'emmènerai Chiquita, à qui cela fera plaisir de revoir son pays. »

Les préparatifs furent bientôt faits. On se mit en route. Le voyage fut rapide et charmant ; Vallombreuse ayant fait disposer d'avance des relais de chevaux, au bout de quelques jours on arriva à cet endroit où s'embranchait, sur le grand chemin, l'allée conduisant au manoir de Sigognac. Il pouvait être deux heures de l'après-midi, et le ciel brillait d'une vive lumière.

Au moment où le carrosse tourna pour entrer dans l'allée et où la perspective du château se découvrit tout d'un coup, Sigognac eut comme un éblouissement ; il ne reconnaissait plus ces lieux si familiers pourtant à sa mémoire. La route aplanie n'offrait plus d'ornières. Les haies élaguées laissaient passer le voyageur sans l'égratigner de leurs griffes. Les arbres, taillés avec art, jetaient une ombre correcte, et leur arcade encadrait une vue tout à fait nouvelle.

Au lieu de la triste masure dont on se rappelle la description lamentable, s'élevait, sous un gai rayon de soleil, un château tout neuf, ressemblant à l'ancien comme un fils ressemble à son père. Cependant rien n'avait été changé dans sa forme. Il présentait toujours la même disposition architecturale ; seulement, en quelques mois, il avait rajeuni de plusieurs siècles. Les pierres tombées s'étaient remises en place. Les tourelles sveltes et blanches, coiffées d'un joli toit d'ardoises dessinant des symétries, se tenaient fièrement, comme des gardiennes féodales, aux quatre coins du castel, dressant dans l'azur leurs girouettes dorées. Un comble orné d'une élégante crête en métal avait fait disparaître le vieux toit effondré de tuiles lépreuses et moussues. Aux fenêtres, désobstruées de leurs fermetures en planches, brillaient des vitres neuves encadrées de plomb, formant des ronds et des losanges ; aucune lézarde ne bâillait sur la façade complétement restaurée. Une superbe porte en chêne, soutenue de riches ferrures, fermait le porche qu'autrefois laissaient ouvert deux vieux battants vermoulus à la peinture délavée. Sur le claveau de l'arcade, au milieu de ses lambrequins refouillés par un ciseau intelligent, rayonnaient les armoiries des Sigognac : trois cigognes sur champ d'azur, avec cette noble devise, naguère effacée, maintenant parfaitement lisible, en lettres d'or : *Alta petunt.*

Sigognac garda quelques minutes le silence, contemplant ce spectacle merveilleux, puis il se tourna vers Isabelle et lui dit : « C'est à vous, gracieuse fée, que je dois cette transformation de mon manoir. Il vous a suffi de le toucher de votre baguette pour lui rendre la splendeur, la beauté et la jeunesse. Je vous sais un gré infini de cette surprise ; elle est charmante et délicieuse comme tout ce qui vient de vous. Sans que j'aie rien dit, vous avez deviné le vœu secret de mon âme.

— Remerciez aussi, répondit Isabelle, un certain enchanteur qui m'a beaucoup aidée en tout ceci ; » et elle montrait Vallombreuse assis dans un coin du carrosse.

Le Baron serra la main du jeune duc.

Pendant cette conversation, le carrosse était parvenu sur une place régulière ménagée devant le château, dont les cheminées de briques vermeilles envoyaient au ciel de larges tourbillons de fumée blanche, prouvant qu'on attendait des hôtes d'importance.

Pierre, en belle livrée neuve, était debout sur le seuil de la porte, dont il poussa les battants à l'approche de la voiture, qui déposa le baron, la baronne et le duc au bas de l'escalier. Huit ou dix laquais, rangés en haie sur les marches, saluèrent profondément ces nouveaux maîtres qu'ils ne connaissaient pas encore.

Des peintres habiles avaient redonné aux fresques

des murailles leur fraîcheur disparue. Les hercules à gaîne soutenaient la fausse corniche avec un air d'aisance dû à leurs muscles ronflants à la florentine. Les empereurs romains se prélassaient dans leur pourpre d'un ton vif. Les infiltrations de pluies ne géographiaient plus la voûte de leurs taches, et le treillage simulé laissait voir un ciel exempt de nuages.

Une métamorphose semblable s'était opérée partout. Les boiseries et les parquets avaient été refaits. Des meubles neufs, d'une forme pareille, remplaçaient les anciens. Le souvenir se trouvait rajeuni et non dépaysé. La verdure de Flandres avec le chasseur de halbrans tapissait encore la chambre de Sigognac, mais un lavage savant en avait ravivé les couleurs. Le lit était le même, seulement un patient sculpteur sur bois avait bouché les piqûres de tarets, ajusté aux figurines de la frise les nez et les doigts qui manquaient, continué les feuillages interrompus, rendu leurs arêtes aux ornements frustes et remis le vieux meuble en son intégrité primitive. Une brocatelle verte et blanche du même dessin que l'autre se plissait entre les spirales des colonnes torses, bien cirées et bien frottées.

La délicate Isabelle n'avait pas voulu se livrer à un luxe intempestif, toujours facile quand on dispose de grosses sommes; mais elle avait pensé à charmer l'âme d'un mari tendrement aimé, en lui rendant ses impressions d'enfance dépouillées de leur misère et de leur tristesse. Tout semblait gai dans ce manoir naguère si mélancolique. Les portraits même des aïeux, débarbouillés de leur crasse, restaurés et vernis, souriaient, dans leurs cadres d'or, avec un air juvénile. Les douairières revêches, les chanoinesses prudes, ne faisaient plus, comme autrefois, la moue à Isabelle, de comédienne devenue baronne ; elles l'accueillaient comme de la famille.

Il n'y avait plus dans la cour ni orties, ni ciguës, ni aucune de ces mauvaises herbes que favorisent l'humidité, la solitude et l'incurie. Les pavés, sertis de ciment, ne présentaient plus cette bordure verte indice des maisons abandonnées. Par leurs vitres claires, les fenêtres des chambres dont les portes étaient jadis condamnées, laissaient voir des rideaux de riche étoffe qui montraient qu'elles étaient prêtes à recevoir des hôtes.

On descendit au jardin par un perron dont les marches, raffermies et dégagées de mousses, ne vacillaient plus sous le pied trop confiant. Au bas de la rampe s'épanouissait, précieusement conservé, l'églantier sauvage qui avait offert sa rose à la jeune comédienne, le matin du départ de Sigognac. Il en portait encore une qu'Isabelle cueillit et mit dans son sein, voyant là un présage heureux pour la durée de ses amours. Le jardinier n'avait pas moins travaillé que l'architecte ; grâce à ses ciseaux, l'ordre s'était remis dans cette forêt vierge. Plus de branches gourmandes barrant le chemin, plus de broussailles aux ongles acérés ; on y pouvait passer sans laisser sa robe aux épines. Les arbres avaient repris l'habitude du berceau et de la charmille. Les buis retaillés encadraient dans leurs compartiments toutes les fleurs que peut verser la corbeille de Flore. Au fond du jardin, la Pomone, guérie de sa lèpre, étalait sa blanche nudité de déesse. Un nez de marbre adroitement soudé lui restituait son profil à la grecque. Il y avait en son panier des fruits sculptés et non plus des champignons vénéneux. Le mufle de lion vomissait dans sa vasque une eau abondante et pure. Des plantes grimpantes, balançant des clochettes de toutes couleurs et accrochant leurs vrilles à un treillage solide peint en vert, cachaient pittoresquement la muraille de clôture et donnaient un air agréablement rustique au cabinet de rocailles servant de niche à la statue. Jamais, même en leurs beaux jours, le château ni le jardin n'avaient été accommodés avec tant de richesse et de goût. La splendeur de Sigognac, si longtemps éclipsée, brillait de tout son éclat !

Sigognac, étonné et ravi comme s'il marchait dans un rêve, serrait contre son cœur le bras d'Isabelle et laissait couler sans honte, sur ses joues, deux larmes d'attendrissement.

« Maintenant, dit Isabelle, que nous avons tout bien vu, il faut visiter les domaines que j'ai rachetés sous main, pour reconstituer telle qu'elle était ou peu s'en faut, l'antique baronnie de Sigognac. Permettez-moi d'aller mettre un habit de cheval. Je ne serai pas longue, ayant par mon premier métier l'habitude de changer prestement de costume. Pendant ce temps, choisissez vos montures et faites-les seller. »

Vallombreuse emmena Sigognac, qui vit dans l'écurie, naguère déserte, dix beaux chevaux séparés par des stalles de chêne, et piétinant une litière nattée. Leurs croupes fermes et polies brillaient d'une lueur satinée et, entendant des visiteurs, les nobles bêtes tournèrent vers eux leurs yeux intelligents. Un hennissement éclata soudain; c'était l'honnête Bayard qui reconnaissait son maître et le saluait à sa façon; ce vieux serviteur, qu'Isabelle n'avait eu garde de renvoyer, occupait au bout de la file la place la plus chaude et la plus commode. Sa mangeoire était pleine d'avoine moulue, pour que ses longues dents n'eussent pas la peine de la triturer; entre ses jambes dormait son camarade Miraut, qui se leva et vint lécher la main du Baron. Quant à Béelzébuth, s'il n'avait pas paru encore, il n'en faut pas accuser son bon petit cœur de chat, mais les habitudes prudentes de sa race, que tout ce remue-ménage en un lieu jadis si tranquille effarouchait singulièrement. Caché dans un grenier, il attendait la nuit pour se produire et rendre ses devoirs à son maître bien-aimé.

Le Baron, après avoir flatté Bayard de la main, choisit un bel alezan, qu'on sortit aussitôt de l'écurie; le duc prit un genêt d'Espagne à tête busquée, digne de porter un infant, et l'on mit pour la baronne, sur un délicieux palefroi blanc dont le pelage semblait argenté, une riche selle de velours vert.

Bientôt Isabelle parut habillée d'un costume d'amazone le plus galant du monde, qui faisait valoir les avantages de sa taille faite au tour. C'était une veste de velours bleu relevée de boutons, de brandebourgs et de soutaches d'argent, avec des basques tombant sur une longue jupe en satin gris de perle. Sa coiffure consistait en un chapeau d'homme, de feutre blanc, ombragé d'une plume bleue frisée, s'allongeant par derrière jusque sur le col. Pour que la rapidité de la course ne les dérangeât point, les blonds cheveux de la jeune femme étaient serrés dans un réseau d'azur à petites perles d'argent d'une coquetterie charmante.

Ajustée ainsi, Isabelle était adorable et, devant elle, les beautés les plus altières de la cour eussent été forcées d'amener pavillon. Cet habit cavalier faisait ressortir, dans la grâce ordinairement si modeste de la baronne, un côté fier qui sentait son origine illustre. C'était bien toujours Isabelle, mais c'était aussi la fille d'un prince, la sœur d'un duc, la femme d'un gentilhomme dont la noblesse datait d'avant les croisades. Vallombreuse le remarqua et ne put s'empêcher de dire : « Ma sœur, que vous avez aujourd'hui grande mine ! Hippolyte, reine des Amazones, n'était certes pas plus superbe et plus triomphante ! »

Isabelle, à qui Sigognac tint le pied, se mit légèrement en selle ; le duc et le baron enfourchèrent leurs montures, et la cavalcade déboucha sur la place du château, où elle rencontra le marquis de Bruyères et quelques gentilshommes du voisinage, qui venaient complimenter les nouveaux époux. On voulait rentrer, comme la politesse l'exigeait, mais les visiteurs prétendirent qu'ils ne seraient pas fâcheux jusqu'à interrompre une promenade commencée, et firent tourner tête à leurs chevaux, pour accompagner le jeune couple et le duc de Vallombreuse.

La chevauchée, grossie de cinq ou six personnes en habit de gala, car les hobereaux s'étaient faits les plus braves qu'ils avaient pu, prenait un air cérémonieux et magnifique. C'était un vrai cortége de princesse. On parcourut, en suivant un chemin bien entretenu, des prés verdoyants, des terres auxquelles la culture avait rendu la fertilité, des métairies en plein rapport, des bois savamment aménagés. Tout cela appartenait à Sigognac. La lande, avec les bruyères violettes, semblait s'être reculée du château.

Comme on passait dans un bois de sapins, sur la limite de la baronnie, des abois de chiens se firent entendre, et bientôt parut Yolande de Foix, suivie de son oncle le commandeur et d'un ou deux galants. Le chemin était étroit et les deux troupes se frôlèrent en sens inverse, bien que chacune tâchât de faire place à l'autre. Yolande, dont le cheval piaffait et se cabrait, effleura de sa jupe la jupe d'Isabelle. Le dépit empourprait ses joues, et sa colère cherchait quelque insulte, mais Isabelle avait une âme au-dessus des vanités féminines; l'idée de se venger du regard dédaigneux qu'Yolande avait autrefois laissé tomber sur elle avec ce mot : « bohémienne, » presque à cette même place, ne lui vint seulement pas à l'esprit; elle pensa que ce triomphe d'une rivale pouvait blesser, sinon le cœur, du moins l'orgueil d'Yolande, et d'un air digne, modeste et gracieux, elle salua mademoiselle de Foix, qui fut bien forcée, ce dont elle manqua enrager, de répondre par une légère inclination de tête. Le baron de Sigognac lui fit, d'un air détaché et tranquille, un salut parfaitement respectueux, et Yolande ne surprit pas dans les yeux de son ex-adorateur une étincelle de l'ancienne flamme. Elle cravacha son cheval et partit au galop entraînant sa petite troupe.

« Par les Vénus et les Cupidons, dit gaiement Vallombreuse au marquis de Bruyères près duquel il chevauchait, voici une belle fille, mais elle a l'air diablement revêche et farouche! Quels regards elle lançait à ma sœur! C'était autant de coups de stylet.

— Quand on a été la reine d'un pays, répondit le marquis, on n'est pas bien aise d'être détrônée, et la victoire reste décidément à madame la baronne de Sigognac. »

La cavalcade rentra au château. Un somptueux repas, servi dans la salle où jadis le pauvre Baron avait fait souper les comédiens avec leurs propres provisions, n'ayant rien en son garde-manger, attendait les hôtes, qui furent charmés de sa belle ordonnance. Une riche argenterie aux armes de Sigognac étincelait sur une nappe damassée, dont la trame montrait, parmi ses ornements, des cigognes héraldiques. Les quelques pièces de l'ancien service qui n'étaient pas tout à fait hors d'usage avaient été religieusement conservées et mêlées aux pièces modernes, pour que ce luxe n'eût pas l'air trop récent, et que l'ancien Sigognac contribuât un peu aux splendeurs du nouveau. On se mit à table. La place d'Isabelle était la même qu'elle occupait dans cette fameuse nuit qui avait changé le destin du Baron; elle y pensait, Sigognac aussi, car les époux échangèrent un sourire d'amants, attendri de souvenir et lumineux d'espérance.

Près de la crédence sur laquelle l'écuyer tranchant découpait les viandes, se tenait debout un homme de taille athlétique, à large face pâle entourée d'une épaisse barbe brune, vêtu de velours noir et portant au cou une chaîne d'argent, qui, de temps à autre, donnait des ordres aux laquais d'un air majestueux. Près d'un buffet chargé de bouteilles, les unes pansues, les autres effilées, quelques-unes nattées de sparterie, selon les provenances, se trémoussait avec beaucoup d'activité, malgré son tremblement sénile, une figure falotte, au nez rabelaisien tout fleuronné de bubelettes, aux joues fardées de purée septembrale, aux petits yeux vairons pleins de malice et surmontés d'un sourcil circonflexe. Sigognac, regardant par hasard de ce côté, reconnut dans le premier le tragique Hérode, dans le second le grotesque Blazius. Isabelle, voyant qu'il s'était aperçu de leur présence, lui dit à l'oreille que, pour mettre désormais ces braves gens à l'abri des misères de la vie théâtrale, elle avait fait l'un intendant et l'autre sommelier de Sigognac, conditions fort douces et n'exigeant pas grand travail; de quoi le Baron tomba d'accord et approuva sa femme.

Le repas allait son train, et les flacons, activement remplacés par Blazius, se succédaient sans interruption, lorsque Sigognac sentit une tête s'appuyer sur un de ses genoux, et sur l'autre des griffes acérées jouer un air de guitare bien connu. C'étaient Miraut et Béelzébuth qui, profitant d'une porte entr'ouverte, s'étaient glissés dans la salle, et, malgré la peur que leur inspirait cette splendide et nombreuse compagnie, venaient réclamer de leur maître leur part du festin. Sigognac opulent n'avait garde de repousser ces humbles amis de sa misère; il flatta Miraut de la main, gratta le crâne essorillé de Béelzébuth, et leur fit à tous deux une abondante distribution de bons morceaux. Les miettes consistaient cette fois en lardons de pâté, en reliefs de perdrix, en filets de poisson et autres mets succulents. Béelzébuth ne se sentait pas d'aise et, de sa patte griffue, il réclamait toujours quelque nouveau rogaton, sans lasser l'inaltérable patience de Sigognac, que cette voracité amusait. Enfin, gonflé comme une outre, marchant à pas écarquillés, pouvant à peine filer son rouet, le vieux chat noir se retira dans la chambre tapissée en verdure de Flandre, et se roula en boule à sa place accoutumée, pour digérer cette copieuse réfection.

Vallombreuse tenait tête au marquis de Bruyères, et les hobereaux ne se lassaient pas de porter la santé des époux avec des rouges bords, à quoi Sigognac, sobre de nature et d'habitude, répondait en trempant le bout de ses lèvres dans son verre toujours plein, car il ne le vidait jamais. Enfin les hobereaux, la tête pleine de fumées, se levèrent de table chancelants, et gagnèrent, un peu aidés des laquais, les appartements qu'on avait préparés pour eux.

Isabelle, sous prétexte de fatigue, s'était retirée au dessert. Chiquita, promue à la dignité de femme de chambre, l'avait défaite et accommodée de nuit, avec cette activité silencieuse qui caractérisait son service. C'était maintenant une belle fille que Chiquita. Son teint, que ne tannaient plus les intempéries des saisons, s'était éclairci, tout en gardant cette pâleur vivace et passionnée que les peintres admirent fort. Ses cheveux, qui avaient fait connaissance avec le peigne, étaient proprement retenus par un ruban rouge dont les bouts flottaient sur sa nuque brune ; à son col, on voyait toujours le fil de perles donné par Isabelle, et qui, pour la bizarre jeune fille, était le signe visible de son servage volontaire, une sorte d'*emprise* que la mort seule pouvait rompre. Sa robe était noire et portait le deuil d'un amour unique. Sa maîtresse ne l'avait pas contrariée en cette fantaisie. Chiquita, n'ayant plus rien à faire dans la chambre, se retira après avoir baisé la main d'Isabelle, comme elle n'y manquait jamais chaque soir.

Lorsque Sigognac rentra dans cette chambre où il avait passé tant de nuits solitaires et tristes, écoutant les minutes longues comme des heures, tomber goutte à goutte, et le vent gémir lamentablement derrière la vieille tapisserie, il aperçut, à la lueur d'une lanterne de Chine suspendue au plafond, entre les rideaux de brocatelle verte et blanche, la jolie tête d'Isabelle qui se penchait vers lui avec un chaste et délicieux sourire.

C'était la réalisation complète de son rêve, alors que, n'ayant plus d'espoir et se croyant à jamais séparé d'Isabelle, il regardait le lit vide avec une mélancolie profonde. Décidément, le destin faisait bien les choses !

Vers le matin, Béelzébuth, en proie à une agitation étrange, quitta le fauteuil où il avait passé la nuit, et grimpa péniblement sur le lit. Arrivé là, il heurta de son nez la main de son maître endormi encore, et il essaya un ron-ron qui ressemblait à un râle. Sigognac s'éveilla et vit Béelzébuth le regardant comme s'il implorait un secours humain, et dilatant outre mesure ses grands yeux verts vitrés déjà et à demi éteints. Son poil avait perdu son brillant lustré et se collait comme mouillé par les sueurs de l'agonie ; il tremblait et faisait pour se tenir sur ses pattes des efforts extrêmes. Toute son attitude annonçait la vision d'une chose terrible. Enfin il tomba sur le flanc, fut agité de quelques mouvements convulsifs, poussa un sanglot semblable au cri d'un enfant égorgé, et se roidit comme si des mains invisibles lui distendaient les membres. Il était mort. Ce hurlement funèbre interrompit le sommeil de la jeune femme.

« Pauvre Béelzébuth, dit-elle en voyant le cadavre du chat, il a supporté la misère de Sigognac, il n'en connaîtra pas la prospérité ! »

Béelzébuth, il faut l'avouer, mourait victime de son intempérance. Une indigestion l'avait étouffé. Son estomac famélique n'était pas habitué à de telles frairies.

Cette mort toucha Sigognac plus qu'on ne saurait dire. Il ne pensait point que les animaux fussent de pures machines, et il accordait aux bêtes une âme de nature inférieure à l'âme des hommes, mais capable cependant d'intelligence et de sentiment. Cette opinion, d'ailleurs, est celle de tous ceux qui, ayant vécu longtemps dans la solitude en compagnie de quelque chien, chat, ou tout autre animal, ont eu le loisir de l'observer et d'établir avec lui des rapports suivis. Aussi, l'œil humide et le cœur pénétré de tristesse, enveloppa-t-il soigneusement le pauvre Béelzébuth dans un lambeau d'étoffe, pour l'enterrer le soir, action qui eût peut-être paru ridicule et sacrilége au vulgaire.

Quand la nuit fut tombée, Sigognac prit une bêche, une lanterne, et le corps de Béelzébuth, roide dans son linceul de soie. Il descendit au jardin, et commença à creuser la terre au pied de l'églantier, à la lueur de la lanterne dont les rayons éveillaient les insectes, et attiraient les phalènes qui venaient en battre la corne de leurs ailes poussiéreuses. Le temps était noir. A peine un coin de la lune se devinait-il à travers les crevasses d'un nuage couleur d'encre, et la scène avait plus de solennité que n'en méritaient les funérailles d'un chat. Sigognac bêchait toujours, car il voulait enfouir Béelzébuth assez profondément pour queles bêtes de proie ne vinssent pas le déterrer. Tout à coup le fer de sa bêche fit feu comme s'il eût rencontré un silex. Le Baron pensa que c'était une pierre, et redoubla ses coups; mais les coups sonnaient bizarrement et n'avançaient pas le travail. Alors Sigognac approcha la lanterne pour reconnaître l'obstacle, et vit, non sans surprise, le couvercle d'une espèce de coffre en chêne, tout bardé d'épaisses lames de fer rouillé, mais très-solides encore; il dégagea la boîte en creusant la terre alentour, et, se servant de sa bêche comme d'un levier, il parvint à hisser, malgré son poids considérable, le coffret mystérieux jusqu'au bord du trou, et le fit glisser sur la terre ferme. Puis il mit Béelzébuth dans le vide laissé par la boîte, et combla la fosse.

Cette besogne terminée, il essaya d'emporter sa trouvaille au château, mais la charge était trop forte pour un seul homme, même vigoureux, et Sigognac alla chercher le fidèle Pierre, pour qu'il lui vînt en aide. Le valet et le maître prirent chacun une poignée du coffre et l'emportèrent au château, pliant sous le faix.

Avec une hache, Pierre rompit la serrure, et le couvercle en sautant découvrit une masse considérable de pièces d'or : onces, quadruples, sequins, génovines, portugaises, ducats, cruzades, angelots et autres monnaies de différents titres et pays, mais dont aucune n'était moderne. D'anciens bijoux enrichis de pierres précieuses étaient mêlés à ces pièces d'or. Au fond du coffre vidé, Sigognac trouva un parchemin scellé aux armes de Sigognac, mais l'humidité en avait effacé l'écriture. Le seing était seul encore un peu visible, et, lettre à lettre, le Baron déchiffra ces mots : « Raymond de Sigognac. » Ce nom était celui d'un de ses ancêtres, parti pour une guerre d'où il n'était jamais revenu, laissant le mystère de sa mort ou de sa disparition inexpliqué. Il n'avait qu'un fils en bas âge et, au moment de s'embarquer dans une expédition dangereuse, il avait enfoui son trésor, n'en confiant le secret qu'à un homme sûr, surpris sans doute par la mort avant de pouvoir révéler la cachette à l'héritier légitime. A dater de ce Raymond commençait la décadence de la maison de Sigognac, autrefois riche et puissante. Tel fut, du moins, le roman très-probable qu'imagina le Baron d'après ces faibles indices ; mais ce qui n'était pas douteux, c'est que ce trésor lui appartînt. Il fit venir Isabelle et lui montra tout cet or étalé.

« Décidément, dit le Baron, Béelzébuth était le bon génie des Sigognac. En mourant, il me fait riche, et s'en va quand arrive l'ange. Il n'avait plus rien à faire, puisque vous m'apportez le bonheur. »

FIN

TABLE DES MATIÈRES

Chapitre X. —	Une tête dans une lucarne............	1
XI. —	Le Pont-Neuf...................	46
XII. —	Le Radis Couronné	97
XIII. —	Double attaque..................	122
XIV. —	Les délicatesses de Lampourde.........	147
XV. —	Malartic à l'œuvre................	163
XVI. —	Vallombreuse	195
XVII. —	La bague d'améthyste..............	239
XVIII. —	En famille.....................	286
XIX. —	Orties et toiles d'araignée...........	314
XX. —	Déclaration d'amour de Chiquita.......	334
XXI. —	Hymen, ô hyménée!...............	349
XXII. —	Le château du bonheur.............	364

Paris. — Imprimerie P.-A. BOURDIER et Cie, rue Mazarine, 30.

www.ingramcontent.com/pod-product-compliance
Lightning Source LLC
Chambersburg PA
CBHW060601170426
43201CB00009B/853